Beiträge zum Islamischen Recht II

# Leipziger Beiträge zur Orientforschung

Herausgegeben von Hans-Georg Ebert
Begründet von Günter Barthel

Band 12

PETER LANG
Frankfurt am Main · Berlin · Bern · Bruxelles · New York · Oxford · Wien

Hans-Georg Ebert
Thoralf Hanstein
(Hrsg.)

# Beiträge zum Islamischen Recht II

PETER LANG
Europäischer Verlag der Wissenschaften

**Bibliografische Information Der Deutschen Bibliothek**
Die Deutsche Bibliothek verzeichnet diese Publikation in der Deutschen Nationalbibliografie; detaillierte bibliografische Daten sind im Internet über <http://dnb.ddb.de> abrufbar.

ISSN 0942-2323
ISBN 3-631-50174-9





www.peterlang.de

# VORWORT

Mit dem vorliegenden Band 12 der „Leipziger Beiträge zur Orientwissenschaft" veröffentlicht die „Gesellschaft für Arabisches und Islamisches Recht e. V." einige Beiträge, die auf der Jahrestagung der Gesellschaft am 19. und 20. Oktober in München, teilweise in Kooperation mit dem Max-Planck-Institut für Geistiges Eigentum, Wettbewerbs- und Steuerecht und mit Unterstützung der ARAG Lebensversicherungs-AG, gehalten wurden. Einige weitere Aufsätze entstammen dem Informationsseminar zum arabischen und islamischen Recht, welches am 3. und 4. Mai 2002 in Mannheim stattfand. Insofern ergibt sich – was die inhaltlichen Schwerpunkte dieses Buches angeht – eine Dreiteilung. Auf diese wird in der Gliederung jedoch nicht nochmals verwiesen.

Zunächst werden öffentlich- und privatrechtliche Probleme des Islamischen Rechts in Deutschland fokussiert (St. Muckel, M. Rohe, K. Bälz, L. Müller). Die Ereignisse vom 11. September 2001 haben sehr deutlich gemacht, welche Bedeutung gerade diesen Fragen zukommt. Die Autoren rücken unterschiedliche Facetten des Islamischen Rechts und seiner Anwendung in Deutschland in den Mittelpunkt der Untersuchungen. Insofern werden nicht nur aktuelle Aspekte aufgegriffen, sondern auch streitbare Lösungsvorschläge und Perspektiven aufgezeigt.

Der zweite Teil des Bandes (G. Deger, I. Weidlich, S. Hamadeh, Kanaan Al-Ahmar) beschäftigt sich mit dem Recht des geistigen Eigentums in den arabischen Ländern. Dankenswerterweise haben der Direktor des besagten MPI, Herr Professor Dr. Dr. hc. mult. G. Schricker, sowie Herr Professor Dr. A. Ohly, LL. M. die Tagung inhaltlich und organisatorisch unterstützt. Die besondere Rolle des ägyptischen Rechts für die arabische Welt wird auch in diesem Rechtsgebiet erkennbar. Einige arabische Länder orientieren sich direkt oder indirekt am ägyptischen Beispiel. Einige diesbezügliche Gesetzesveränderungen konnten aus redaktionellen Gründen nicht oder nicht detailliert eingearbeitet werden. Dennoch bietet sich ein interessantes Bild der Normen und Probleme im Immaterialgüterrecht.

Die Aufsätze von K. Bälz, A. Börner, H. H. Biesterfeldt und K. Lack basieren auf den Beiträgen des Mannheimer Seminars. Es ist insbesondere Herrn H. Elliesie zu danken, dass diese Aufnahme in den vorliegenden Band gefunden haben. Sie wenden sich nicht zuletzt an Interessenten und Studierende, die ihre Kenntnisse des Islamischen Rechts und des kulturellen Hintergrundes der arabischen Welt erweitern wollen und praktische Ratschläge in dieser Hinsicht benötigen.

Ein besonderer Dank gilt dem Vorsitzenden des Kuratoriums und langjährigen 1. Vorsitzenden der „Gesellschaft für arabisches und islamisches Recht e. V.“, Herrn Professor Dr. E. Klingmüller, der den vorliegenden Band einleitet.
Die einzelnen Beiträge widerspiegeln die Meinung der Autoren, nicht die der Herausgeber. Die Umschrift der arabischen Tremini erfolgt im Wesentlichen nach dem in der deutschen Orientalistik üblichen System. Jedoch sind einzelne Ausnahmen aufgrund inhaltlicher oder formaler Besonderheiten möglich.
Dem interessierten Leser soll sich ein Bereich der Diskussionen eröffnen, die gerade mit Blick auf die vielfältigen Konflikte in der islamischen Region und die Beziehungen zwischen Orient und Okzident auch in Zukunft zum besseren gegenseitigen Verständnis beitragen mögen.
Den Herausgebern ist es ein Bedürfnis, allen denjenigen zu danken, die am Gelingen des Buches Anteil haben. Dieser Dank richtet sich selbstverständlich zuallererst an die Autoren und die Mitglieder des Vorstandes der Gesellschaft, besonders an Frau RA Dr. S. Grapentin, an die Herren Professor Dr. M. Rohe (1. Vorsitzender), Professor Dr. O. Elwan und RA A. A. Al-Yaqout. Ohne die dankenswerte Mitarbeit von Frau I. Neuhoff und Frau C. Eck hätte der Band nicht in dieser Form erscheinen können. Es sei auch den Mitarbeiterinnen des Lang-Verlages, Frau. Dr. K. Timme und Frau Dr. Cl. Frank, für deren Bemühungen und Verständnis gedankt.

Hans-Georg Ebert / Thoralf Hanstein

## INHALTSVERZEICHNIS

## PROLOGUE

When we planned this joint conference which is devoted to the discussion of particular problems of countries in the Near East, the world was still in order. Our common interest in the development in the Near East, especially the acceptance and judicial incorporation of the new technologies by the legislature of the various Arab countries was the concrete cause, whereby the Islamic aspect should be taken into account more strongly from the point of view of our society. After the recent occurrences, Islam with all its aspects to religious, cultural, economic and political problems came to the forefront so that we should, other than in former years, rather pledge ourselves to relative substanciation. Life in Germany with approximately 3.5 million people from the Near East, among them 1.8 million Muslims, generates of course also legal problems of living together whereas Islam in the form of *šarī'a* is of rising importance. This applies above all to family law which gives rise to specific problems by the marriage between Germans and immigrants, but also in other legal cases, let me only mention the prohibition of interest which is still more or less observed in modern Islamic life. Here, the perhaps differing views of both parties are to be respected. We need to consider financial and penal law, in concrete concerning the sometimes bloody disputes among Muslims because of hurt family pride or violence out of religious fanaticism, although it is written in the Koran: There is no compulsion in religion (Koran Sura II:256). Incidentally, this verse should be interpreted extensively today.

We see it as our task to show the possibilities of peaceful coexistence by using particular examples of respect of our mutual legal life principles. This, by the way, is of special importance to the acceptance of new technologies and their integration into the native legal systems of the Arab countries, which applies not only to the material, but also to immaterial sphere.

Professor Dr. Ernst Klingmüller

# DER ISLAM IM ÖFFENTLICHEN RECHT

Professor Dr. Stefan Muckel, Köln

## Vorbemerkung

Mein Thema ist „Der Islam im öffentlichen Recht". Das ist nahezu so allgemein gefasst wie „Der Islam im Recht". Mit der Verengung auf das öffentliche Recht steht nur fest, dass ich von der Behandlung zivilrechtlicher und strafrechtlicher Probleme freigestellt bin. Im Übrigen aber ist die Thematik so umfassend, dass sie höchst heterogene Rechtsprobleme aus ganz unterschiedlichen Bereichen des öffentlichen Rechts erfasst. Ein großer Bogen lässt sich unter diesen Voraussetzungen nur schwer spannen.

Ich erlaube mir diese Vorbemerkung, um Sie gleichsam vorzuwarnen. Die folgenden Überlegungen werden vielgestaltig. Es wird etwa gehen um die Rechtsformen islamischer Vereinigungen (insbesondere die Frage des Körperschaftsstatus), um die Zulässigkeit des sog. Schächtens, um die Errichtung von Moscheen, um islamische Bestattungen, um das Kopftuch muslimischer Lehrerinnen an öffentlichen Schulen und um islamischen Religionsunterricht. Um die Dinge ein wenig zu systematisieren, werde ich Problemkreise bilden: Zunächst möchte ich die Frage ansprechen, wie muslimische Gemeinschaften in Deutschland organisiert sind bzw. sein können, also das Organisationsrecht. Als zweites möchte ich das Problem der religiösen Kindererziehung, also die Frage nach muslimischen Bildungseinrichtungen und islamischem Religionsunterricht an öffentlichen Schulen, beleuchten. Drittens dann sollen Fragen im Zusammenhang mit der grundrechtlichen Religionsfreiheit angesprochen werden.

## I. Einführung

Ich brauche in diesem Kreis der informierten Leserschaft wohl nicht die üblichen Vorbemerkungen über die Gründe und Hintergründe der muslimischen Präsenz in Deutschland zu machen. Ich möchte nur kurz festhalten, dass in der Bundesrepublik Deutschland nach amtlichen Schätzungen etwa 2,8 bis 3,2 Millionen Muslime leben[1] und dass sie zum ganz überwiegenden Teil dieses Land nicht - wie früher angenommen - wieder verlassen werden. Man möchte heute fragen: warum auch? Denn viele von ihnen sind Deutsche oder besitzen jeden-

---

[1] *Bundesregierung*, BT-Drucks. 14/4530 v. 8.11.2000, S. 5.

falls ein dauerhaftes Bleiberecht[2]. Es müssen also für die einzelnen Rechtsprobleme Lösungen gefunden werden, die von der dauerhaften Präsenz des Islam in Deutschland, und zwar in nennenswertem Umfang, ausgehen.

## II. Islamische Gemeinschaften

Ich wende mich dem ersten Problemkreis zu, der Frage, wie muslimische Gemeinschaften sich organisieren können.

Art. 140 GG i. V. m. Art. 137 Abs. 2 und 7 WRV gewährleistet die Freiheit der Vereinigung zu Religions- und Weltanschauungsgemeinschaften. Dabei versteht man unter einer Religionsgemeinschaft einen Verband, der die Angehörigen ein und desselben Glaubensbekenntnisses - oder mehrerer verwandter Glaubensbekenntnisse - zu allseitiger Erfüllung der durch das gemeinsame Bekenntnis gestellten Aufgaben zusammenfasst[3]. Davon zu unterscheiden sind religiöse Vereine, deren Gründung durch die allgemeine Vereinigungsfreiheit aus Art. 9 Abs. 1 GG geschützt wird[4]. Religiöse Vereine haben - anders als Religionsgemeinschaften - hinsichtlich der Pflege des religiösen Lebens ihrer Mitglieder nur eine partielle Zielsetzung[5]. Sie erheben nicht wie die Religionsgemeinschaften den Anspruch, alle wesentlichen Fragen des menschlichen Daseins zu behandeln, sondern beschränken sich auf einzelne Aufgaben. Muslimische Gemeinschaften können sich ohne weiteres als religiöse Vereine organisieren, etwa nach Maßgabe des zivilrechtlichen Vereinsrechts. Auch können sie in der Organisationsform des eingetragenen Vereins Religionsgemeinschaften bilden.

Ob die Muslime in Deutschland Religionsgemeinschaften bilden können oder schon eine oder mehrere von ihnen gebildet haben, ist allerdings seit Jahren umstritten. Dieser Streit betrifft juristisch nicht das zivilrechtliche Vereinsrecht. Das BGB fragt nicht danach, ob der jeweilige Verein eine Religionsgemeinschaft ist. Die Frage stellt sich im Zusammenhang mit dem Körperschaftsstatus, den nach Art. 140 GG i.V.m. Art. 137 Abs. 5 WRV Religionsgemeinschaften erwerben können. Mit dem Status einer Körperschaft des öffentlichen Rechts

---

2 Vgl. *Hillgruber*, JZ 1999, 538, 539.

3 So die grundlegende Definition von *Anschütz*, WRV, 14. Aufl. 1933, Art. 137 Anm. 2 (S. 633); aufgegriffen etwa von *Kirchhof*, in: Listl/Pirson (Hrsg.), HdbStKirchR, Bd. 1, 2. Aufl. (1994), S. 651 (680 f. m. Fußn. 147); zum Begriff der Religionsgemeinschaft auch *Poscher*, Der Staat 39 (2000), S.49 ff.

4 Vgl. *Muckel*, in: Friauf/Höfling (Hrsg.), Berliner Kommentar zum Grundgesetz, Art. 4 Rdnr. 40 m.w.N.; a. A.: BVerfGE 83, 341, 355, wo das das Recht zur Gründung religiöser Vereine aus Art. 4 GG abgeleitet wird.

5 Vgl. dazu *Muckel*, in: Listl/Pirson (o. Fußn. 3), S. 827, 828 m.w.N.

sind zahlreiche Privilegien verbunden, wie z. B. das Recht zur Erhebung von Steuern nach Art. 140 GG i. V. m. Art. 137 Abs. 6 WRV, die Befugnis, Beamte zu haben und öffentlich-rechtliche Dienstverhältnisse zu begründen, die nicht dem Arbeits- und Sozialversicherungsrecht unterliegen, Vergünstigungen und Befreiungen im Steuer-, Kosten- und Gebührenrecht sowie verstärkte Einflussmöglichkeiten im Bereich des Rundfunks und der Jugendfürsorge[6].

Die Verleihung der Körperschaftsrechte setzt voraus, dass die Religionsgemeinschaft durch ihre Verfassung und die Zahl ihrer Mitglieder die Gewähr der Dauer bietet. Darüber hinaus hat das *BVerfG* in seiner Entscheidung zu den Zeugen Jehovas vom 19.12.2000[7] als (ungeschriebene) Verleihungsvoraussetzung verlangt, dass eine Religionsgemeinschaft, die Körperschaft des öffentlichen Rechts werden will, rechtstreu sein muss. Sie müsse die Gewähr dafür bieten, dass sie das geltende Recht beachten werde und vor allem auch die ihr übertragene Hoheitsgewalt in Einklang mit den verfassungsrechtlichen und den sonstigen gesetzlichen Vorgaben ausüben werde[8]. Außerdem müsse sie die Gewähr dafür bieten, dass ihr künftiges Verhalten die in Art. 79 Abs. 3 GG genannten fundamentalen Verfassungsprinzipien (u. a. die Prinzipien der Demokratie und der Rechtsstaatlichkeit), die dem staatlichen Schutz anvertrauten Grundrechte Dritter sowie die Grundprinzipien des freiheitlichen Religions- und Staatskirchenrechts des Grundgesetzes (Verbot der Staatskirche, Grundsätze der Neutralität und Parität) nicht gefährde[9]. Möglicherweise mit Blick auf die anhängigen Anträge muslimischer Gemeinschaften auf Verleihung der Körperschaftsrechte hat das *BVerfG* auch betont, eine Religionsgemeinschaft, die den Körperschaftsstatus anstrebe, dürfe nicht darauf hinwirken, den säkularen Staat durch eine theokratische Herrschaftsordnung zu ersetzen[10].

Mehrere muslimische Vereinigungen haben bei den zuständigen Kultusverwaltungen der Länder Anträge auf Verleihung der Körperschaftsrechte gestellt, doch blieben diese Anträge ausnahmslos ohne Erfolg. Derzeit liegen in Nordrhein-Westfalen entsprechende Anträge vom Islamrat für die Bundesrepublik Deutschland, vom Verband der Islamischen Kulturzentren und von der Föderation der Aleviten Gemeinden e. V. vor. Über sie wurde, soweit ich unterrichtet

---

6 Umfassend dazu *Jeand'Heur/Korioth*, Grundzüge des Staatskirchenrechts, 2000, Rdnrn. 240 ff.; *Muckel*, Der Staat 38 (1999), 569, 575 ff.

7 BVerfGE 102, 370. Siehe dazu *Zacharias*, KuR 2001, 33 ff. (= 210, 21 ff.); *Muckel*, Jura 2001, 456 ff.

8 BVerfGE 102, 370, 390.

9 BVerfGE 102, 370, 392.

10 BVerfGE 102, 370, 395.

bin, noch nicht entschieden[11]. Die Verleihung der Körperschaftsrechte an muslimische Organisationen stößt unter fünf Gesichtspunkten auf rechtliche Schwierigkeiten. Ich kann diese fünf Aspekte hier nur kurz nennen, wenn ich den Rahmen dieses Aufsatzes nicht sprengen will:

(1) Zunächst stellt sich die grundlegende Frage, ob es sich bei der betreffenden Vereinigung um eine Religionsgemeinschaft handelt. Das sind eben nicht religiöse Vereine, die nur eine partielle religiöse Zielsetzung haben wie etwa die Errichtung und den Betrieb von Schulen oder Kindergärten. Auch islamische Gruppen, die sich dem politischen Islam und damit einer Veränderung der bestehenden politischen Verhältnisse im In- oder Ausland verschrieben haben[12], sind keine Religionsgemeinschaften, selbst wenn sie ihre Ziele mit religiösen Motiven begründen[13].

Dachverbände, denen nur juristische Personen beitreten können, können zumindest nicht ohne weiteres als Religionsgemeinschaften angesehen werden[14]. Sie können den Körperschaftsstatus zunächst dann erwerben, wenn die in ihnen zusammengeschlossenen Gemeinschaften bereits Körperschaften des öffentlichen Rechts sind[15] (vgl. Art. 137 Abs. 5 Satz 3 WRV). Bei Dachverbänden, die über natürliche Personen als Mitglieder verfügen, kommt es auf darauf an, dass der Verband ein „persönliches Substrat“[16] hat; erforderlich ist also eine - durchaus unterschiedlich vorstellbare - Gemeinschaft der natürlichen Personen auf der Ebene des Dachverbandes[17].

(2) Die Religionsgemeinschaft muss nach Organisation, Ausstattung und Mitgliederzahl die Gewähr der Dauer bieten[18]. Dabei wird zunächst eine Organisa-

---

11 *Bundesregierung* (o. Fußn. 1), S. 35. Siehe bereits *Albrecht*, KuR 1995, 25 (= 210, 1) Fußn. 3; *Muckel*, DÖV 1995, 311, 311.

12 Siehe zum politischen Islam *R. Schulze*, in: Nirumand (Hrsg.), Im Namen Allahs. Islamische Gruppen und der Fundamentalismus in Deutschland, 1990, S. 9 ff.

13 Vgl. *Muckel*, in: Isensee/Rees/Rüfner (Hrsg.), Festschr. für Listl, 1999, S. 239, 244.

14 Vgl. etwa § 4 Abs. 1 der Satzung für den Verein „Islamrat für die Bundesrepublik Deutschland/Islamischer Weltkongress Deutschland e. V.“ v. 4.9.1999, der lediglich eine Mitgliedschaft juristischer Personen vorsieht. Siehe in diesem Zusammenhang *VG Düsseldorf*, NWVBl. 2001, 110 m. Anm. von *Rüfner*, ebd., 114 f.

15 *Muckel*, DÖV 1995, 311, 312; *ders.*, JZ 2001, 58, 60.

16 *H. Weber*, ZevKR 34 (1989), 337, 347.

17 Näher dazu *Muckel*, JZ 2001, 58, 60 f.

18 Vgl. BVerfGE 102, 370, 384 f. Siehe auch *v. Campenhausen*, in: v. Mangoldt/Klein/v. Campenhausen (Hrsg.), GG, 3. Aufl., Bd. 14, 1991, Art. 140/137 Abs. 5 WRV Rdnr. 150; *Ehlers*, in: Sachs (Hrsg.), GG, 2. Aufl. (1999), Art. 140/Art. 137 WRV Rdnr. 20; *H. Weber*, ZevKR 34 (1989), 337, 350.

tionsstruktur gefordert, die das Verfahren der Willensbildung regelt, Organe erkennen lässt und Instanzen benennt, die dem Staat als Ansprechpartner zur Verfügung stehen und befugt sind, verbindlich über Lehre und Ordnung der Religionsgemeinschaft zu entscheiden[19].

(3) Die Gewähr der Dauer bietet eine Religionsgemeinschaft überdies erst, wenn sie über einen gewissen Zeitraum bestanden hat. Die Verleihungspraxis der Länder verlangt dabei, dass die konkrete Organisation im Regelfall eine Mindestbestandszeit von 30 Jahren aufweist[20].

(4) Der Mitgliederbestand muss nach den „Empfehlungen der Kultusministerkonferenz über die Verleihung der öffentlichen Körperschaftsrechte an Religionsgesellschaften und Weltanschauungsvereinigungen"[21] in dem einzelnen Bundesland so groß sein, dass die Organisation eine gewisse Bedeutung im öffentlichen Leben erlangt hat. Die Verleihungspraxis der Länder ist nicht einheitlich. Als Richtwert gilt ein Promille der Bevölkerung des jeweiligen Bundeslandes[22]. Viele muslimische Gemeinschaften verfügen nach eigenen Angaben über einen derart großen Mitgliederbestand[23]. Fraglich ist aber mitunter, ob die Religionsgemeinschaft über hinreichend klare Mitgliedschaftsregelungen verfügt[24]. Nur dann kann ihre Mitgliederzahl wirklich erfasst werden. Im Übrigen bergen Unklarheiten in den Mitgliedschaftsregelungen die Gefahr in sich, dass die Religionsgemeinschaft als Körperschaft des öffentlichen Rechts Hoheitsrechte gegenüber Nichtmitgliedern ausübt[25].

---

19 *Tillmanns*, DÖV 1999, 441, 445; *Hollerbach*, in: Isensee/Kirchhof (Hrsg.), Handbuch des Staatsrechts, Bd. 6, 1989, § 138 Rdnr. 135.

20 *Bundesregierung* (o. Fußn. 1), S. 36. Insoweit zustimmend *Tillmanns*, DÖV 1999, 441, 446.

21 Abgedruckt bei *H. Weber*, ZevKR 34 (1989), 337, 377 f.

22 *Bundesregierung* (o. Fußn. 1), S. 36; *P. Kirchhof*, in: Listl/Pirson (o. Fußn. 3), S. 651, 686; *H. Weber*, ZevKR 34 (1989), 337, 354 f.

23 Vgl. die Zahlenangaben bei *Abdullah*, Was will der Islam in Deutschland?, 1993, S. 38 ff.

24 Die Mitgliedschaft im Verband der islamischen Kulturzentren e. V. erwirbt nach § 6 Abs. 2 Satz 2 der Satzung nur, wer aufgrund einer Entscheidung des Vorstandes aufgenommen wird. Außerdem nimmt der Verband für sich in Anspruch, Nichtmitglieder islamischen Glaubens zu betreuen und zu unterstützen (§ 2 Abs. 2 Satz 3 der Satzung). Eine eindeutige Regelung über die Bindung der Gläubigen an die Gemeinschaft kann darin ebensowenig gesehen werden, wie in Art. I Abs. 3 Satz 3 und Abs. 4 der Gemeindeordnung des Islamrates für die Bundesrepublik Deutschland - Landesverband Nordrhein-Westfalen. Danach kann keiner Person islamischen Glaubens die Teilnahme am Leben der als Verein organisierten Gemeinde verwehrt werden; die islamische Gemeinde hat vielmehr eine Fürsorgepflicht auch für außerhalb des Vereins stehende Muslime.

25 *Muckel*, DÖV 1995, 311, 315.

(5) Schließlich werden immer wieder Zweifel geäußert, ob die einzelnen islamischen Gemeinschaften rechtstreu sind[26]. Diese Voraussetzung ist vom *BVerfG* in der erwähnten Entscheidung zu den Zeugen Jehovas[27] aufgewertet worden. Sie umfasst jetzt auch in dem vom *BVerfG* formulierten Sinne Kompatibilität mit der Verfassung. Zwar haben einige muslimische Vereinigungen bereits in ihre Satzungen ein förmliches Bekenntnis zur Rechtstreue aufgenommen[28]. Eine solche Satzungsbestimmung kann jedoch allenfalls als ein Indiz gewertet werden[29].

## III. Islam und Bildung

Ich komme zum zweiten Problemkreis, dem der islamischen Kindererziehung. Zwei Aspekte möchte ich ansprechen: islamische Bildungseinrichtungen und Religionsunterricht an öffentlichen Schulen.

### 1. Islamische Bildungseinrichtungen

Bekenntnisgebundene staatliche Schulen wären mit der Neutralitätspflicht des Staates in Fragen von Religion und Weltanschauung nicht zu vereinbaren. Art. 7 Abs. 4 Satz 1 GG gewährleistet jedoch das Recht, Privatschulen zu errichten und zu betreiben. Dieses Recht steht jedermann zu, ist also nicht den Religionsgemeinschaften im verfassungsrechtlichen Sinne vorbehalten[30]. Deshalb können grundsätzlich auch muslimische Verbände private Schulen errichten und betreiben. Der Unterrichtsbetrieb untersteht jedoch staatlicher Rechtsaufsicht (vgl. Art. 7 Abs. 1 GG)[31]. Ersatzschulen, d. h. Bildungseinrichtungen, die grundsätzlich gleiche Bildungsgänge wie staatliche Schulen anbieten und zu den gleichen Abschlüssen führen[32], bedürfen gem. Art. 7 Abs. 4 Satz 2 GG staatlicher Genehmigung. Die Genehmigung muss erteilt werden, wenn Lehrziele, Einrichtungen und wissenschaftliche Ausbildung der Lehrkräfte nicht hinter den öffentlichen Schulen zurückstehen und eine Sonderung der Schüler nach den Besitzver-

---

26 Vgl. *Bundesregierung* (o. Fußn. 1), S. 36.

27 BVerfGE 102, 370.

28 Vgl. § 2 Abs. 2 der Satzung des Islamrates (o. Fußn. 24).

29 *Tillmanns*, DÖV 1999, 441, 448.

30 Vgl. *Robbers*, in: v. Mangoldt/Klein/Starck, (Hrsg.), Das Bonner Grundgesetz, Bd. 1, 4. Aufl. (1999), Art. 7 Rdnrn. 171, 173; *Gröschner*, in: Dreier (Hrsg.), GG, Bd. 1, 1996, Art. 7 Rdnr. 86.

31 Vgl. *Gröschner* (o. Fußn. 30), Art. 7 Rdnr. 91.

32 Vgl. BVerfGE 27, 195, 201 f.; 75, 40, 76 f.; s. a. BVerwGE 17, 236, 238 ff.; *Vogel*, DÖV 1992, 505 ff.; *U. Becker*, BayVBl. 1996, 609 ff.

hältnissen der Eltern nicht gefördert wird (Art. 7 Abs. 4 Satz 3 GG). Das bedeutet, dass die Privatschulen im Vergleich mit den staatlichen Schulen gleichwertig sein müssen, nicht aber gleichartig[33]. Die Privatschulfreiheit soll eigenverantwortlich geprägten und gestalteten Unterricht insbesondere im Hinblick auf die Erziehungsziele, die religiöse bzw. weltanschauliche Basis, die Lehrmethoden und die Lehrinhalte ermöglichen[34]. Für die Genehmigung privater Grund- und Hauptschulen muss über die in Art. 7 Abs. 4 Satz 3 GG genannten Voraussetzungen hinaus nach Art. 7 Abs. 5 GG ein besonderes pädagogisches Interesse vorliegen. Das gilt aber nicht, wenn es sich um eine private Gemeinschafts-, Bekenntnis- oder Weltanschauungsschule handelt und eine äquivalente staatliche Schule in der Gemeinde nicht besteht. Insofern tritt das religiöse oder weltanschauliche Interesse an die Stelle des besonderen pädagogischen Interesses[35]. Rechtsprechung und Literatur leiten überdies aus Art. 7 Abs. 4 GG eine Verpflichtung des Staates ab, Privatschulen (finanziell) zu fördern[36], zumal die Privatschulen im Bereich der Erziehung und Bildung öffentliche Aufgaben wahrnehmen, die an sich von ihm zu erfüllen wären[37].

In Deutschland sind lediglich drei islamische Schulen bekannt[38]: 1995 wurde in Bonn die saudi-arabische „König Fahd Akademie" eröffnet. Dabei handelt es sich um eine arabische Schule, die von der ersten Grundschulklasse bis zum saudi-arabischen Abitur führen soll. In München gibt es eine weiterführende islamische Schule mit vier Klassen, die vom „Islamischen Zentrum München" betrieben wird. Außerdem gibt es in Berlin eine staatlich anerkannte private „Islamische Grundschule" der Islamischen Föderation Berlin. Diese Schule wird mit öffentlichen Mitteln teilfinanziert[39].

### 2. Islamischer Religionsunterricht

In Deutschland ist die Kultusverwaltung Sache der Bundesländer. In einer Reihe von Bundesländern werden Inhalte des Islam an öffentlichen Schulen unterrich-

---

33 *Hemmrich*, in: v. Münch/Kunig (Hrsg.), Grundgesetz-Kommentar, Bd. 1, 5. Aufl. (2000), Art. 7 Rdnr. 41; *Maunz*, in: Maunz/Dürig, GG, Art. 7 Rdnr. 75.

34 Vgl. BVerfGE 27, 195, 200 f.

35 *Robbers* (o. Fußn. 30), Art. 7 Rdnr. 235.

36 Vgl. nur BVerfGE 90, 107, 115; 75, 40, 62 ff.; *Robbers* (o. Fußn. 30), Art. 7 Rdnr. 210 ff.; *Hemmrich* (o. Fußn. 33), Art. 7 Rdnr. 45; *Jach*, DÖV 1995, 925 ff.

37 Vgl. BVerfGE 75, 40, 65 f.

38 Siehe dazu *Bundesregierung* (o. Fußn. 1), S. 39.

39 Dazu *Hillgruber*, JZ 1999, 538, 545.

tet[40]. Das geschieht häufig im Rahmen des muttersprachlichen Ergänzungsunterrichts, so etwa in Bayern (für einen Teil der Schüler), in Niedersachsen und in Nordrhein-Westfalen. In Bayern wird seit Mitte der achtziger Jahre zudem eine religiöse Unterweisung für türkische Schüler muslimischen Glaubens in den Klassen 1 bis 5 als Pflichtfach angeboten. An drei Gymnasien des Landes wird eine islamische Unterweisung in Modellklassen angeboten. Nordrhein-Westfalen erprobt seit Beginn des Schuljahres 1999/2000 die Einführung von Islam-Unterricht in deutscher Sprache als ordentliches Lehrfach[41]. In anderen Bundesländern ist die religiöse Unterweisung durch die diplomatischen und konsularischen Vertretungen der Herkunftsstaaten organisiert[42].

Islamischer Religionsunterricht im Sinne von Art. 7 Abs. 3 GG wurde bisher in keinem Bundesland eingerichtet. Nach dieser Vorschrift ist der Religionsunterricht an öffentlichen Schulen mit Ausnahme der bekenntnisfreien Schulen ordentliches Lehrfach. Mit dem Begriff des Religionsunterrichts ist dabei ein Schulfach gemeint, das einerseits auf Wissensvermittlung gerichtet ist und an höheren Schulen sogar auf wissenschaftlichem Niveau in die Lehre des Bekenntnisses einführt, das aber andererseits auch Elemente der Glaubensverkündigung aufweist. Religionsunterricht ist also ein bekenntnisgebundenes Fach[43]. Er geht über eine bloße Religionskunde hinaus, die sich auf die Vermittlung von Informationen über die Religionen, ihr Kulturgut und ihre sozialen Auswirkungen beschränkt. Die Bezeichnung als ordentliches Lehrfach stellt klar, dass der Religionsunterricht eine staatliche Aufgabe und Angelegenheit ist. Mit der Stellung eines islamischen Religionsunterrichts als ordentliches Lehrfach wäre verbunden, dass der Unterricht in deutscher Sprache abgehalten wird. Erforderlich wäre überdies, dass die Religionslehrer über eine hinreichende Qualifikation verfügen[44].

Nach Art. 7 Abs. 3 GG werden die Inhalte des Religionsunterrichts von den Religionsgemeinschaften bestimmt. An die Religionsgemeinschaften, denen die Erteilung von Religionsunterricht im Sinne von Art. 7 Abs. 3 GG zu gestatten

---

40 Vgl. dazu und zum Folgenden *Muckel*, JZ 2001, 58, 63 m. Nachw.; *Bundesregierung* (o. Fußn. 1), S. 41.

41 Siehe dazu RdErl. des Ministeriums für Schule, Weiterbildung, Wissenschaft und Forschung v. 28.5.1999, Abl. NRW 1 Nr. 6/99, S. 96; *Pfaff*, Islamische Unterweisung an Schulen in Nordrhein-Westfalen, in: SchulVerwaltung NRW 1999, S. 170, 171; *dens.*, epd-Dokumentation Nr. 2/2000, S. 42 f.

42 Vgl. *Bundesregierung* (o. Fußn. 1), S. 41; *Heckel*, JZ 1999, 741, 742 f.; *Langenfeld*, AöR 123 (1998), 375, 382 f.

43 Vgl. BVerfGE 74, 244, 253 m.w.N.

44 Umfassend *Muckel*, JZ 2001, 58, 60.

ist, werden ähnliche Anforderungen gestellt, wie sie für die Verleihung der Körperschaftsrechte bestehen[45]. Die rechtlichen Probleme sind beim Religionsunterricht deshalb ähnlich denjenigen, die bei der Frage nach dem Körperschaftsstatus für muslimische Vereinigungen bestehen:

(1) Die Religionsgemeinschaft muss über exakte Mitgliedschaftsregelungen verfügen. Das ergibt sich daraus, dass der Religionsunterricht als ordentliches Lehrfach Pflichtfach ist[46]. Zwar können die Eltern ihre Kinder, und später die Schüler sich selbst, vom Religionsunterricht abmelden (Art. 7 Abs. 2 GG), doch knüpft die Schulpflicht zunächst einmal an die Mitgliedschaft in der Religionsgemeinschaft an und verlangt von dem Schüler die Teilnahme am Unterricht.

(2) Außerdem muss die Religionsgemeinschaft kooperationsfähig und -bereit sein, um in Zusammenarbeit mit staatlichen Stellen den Unterricht inhaltlich zu gestalten[47]. Sie muss dazu über eine Institution verfügen, die für den Staat als Ansprechpartner fungiert und befugt ist, für die Gemeinschaft verbindliche Erklärungen abzugeben und Aufgaben wahrzunehmen[48].

Im Hinblick auf dieses Erfordernis hat beispielsweise die Islamische Religionsgemeinschaft Hessen (IRH), die sich nicht zuletzt mit Blick auf den Wunsch nach Religionsunterricht gebildet hat[49], in ihrer Satzung eine „Kommission Islamischer Religionsunterricht - KIRU“ vorgesehen, der die Zusammenarbeit mit

---

45 Vgl. *Muckel*, JZ 2001, 58, 60 ff.; *Heimann*, in: Haratsch/Janz/Rademacher/Schmahl/Weiß (Hrsg.), Religion und Weltanschauung im säkularen Staat, 2001. S. 81ff. Allerdings fordert lediglich eine Mindermeinung, die Einführung islamischen Religionsunterrichts vom Erwerb des Status einer Körperschaft des öffentlichen Rechts seitens der islamischen Gemeinschaft abhängig zu machen, so *Korioth*, NVwZ 1997, 1041, 1047 f.; *Jeand'Heur/Korioth* (o. Fn. 6), Rdnr. 324; zust. *Hillgruber*, JZ 1999, 538, 546; die h. L. lehnt die Verknüpfung des Religionsunterrichts mit dem Körperschaftsstatus zu Recht ab, vgl. nur *VG Düsseldorf*, NWVBl. 2001, 110, 112; *Robbers* (o. Fußn. 30), Art. 7 Rdnr. 151; *Schmitt-Kammler* in: Sachs (o. Fußn. 18), Art. 7 Rdnr. 42 m. Fußn. 106; *Heckel*, JZ 1999, 741, 752.

46 Vgl. *Robbers* (o. Fn. 30), Art. 7 Rdnr. 136 m.w.N.

47 *Muckel*, JZ 2001, 58, 61 f.

48 Vgl. *VG Düsseldorf*, NWVBl. 2001, 110, 112; *Link*, in: Listl/Pirson, (Hrsg.), HdbStKirchR, Bd. 2, 2. Aufl. (1995) S. 439, 501; *Loschelder*, in: Marré/Stüting (Hrsg.), Essener Gespräche zum Thema Staat und Kirche 20 (1986), S. 149, 171; s. a. *Rohe*, ZRP 2000, 207, 209; *Langenfeld*, AöR 123 (1998), 375, 387, 401, 403, 406 f.

49 Vgl. §§ 5 und 7 Abs. 3 der Satzung vom 26.4.1998.

dem Hessischen Kultusministerium und anderen für diesen Bereich zuständigen Behörden obliegt[50].

(3) Dem Recht der Religionsgemeinschaften, die Inhalte des Religionsunterrichts zu bestimmen, sind Grenzen gesetzt, die sich aus der Verfassung selbst ergeben:

So sind die Religionsgemeinschaften bei der Festlegung der Grundsätze, nach denen der Religionsunterricht erteilt werden soll, zunächst an die staatlichen Bildungs- und Erziehungsziele gebunden[51]. Da der Religionsunterricht dem staatlichen Bildungs- und Erziehungsauftrag zuzurechnen ist[52], muss er sich inhaltlich in das Gesamtkonzept der staatlichen Bildungs- und Erziehungsziele einfügen lassen. Ein Religionsunterricht, in dem religiöse Intoleranz gepredigt oder zum Glaubenskampf aufgerufen wird, ist mit der staatlichen Erziehung zu Toleranz[53], Duldsamkeit[54] und Friedfertigkeit[55] nicht zu vereinbaren. Der Staat darf einen solchen Gegenunterricht zum staatlichen Unterricht nicht dulden.

Darüber hinaus sind die Religionsgemeinschaften bei der Festlegung ihrer Grundsätze in weitem Sinne an das Erfordernis der Rechtstreue gebunden. Der Staat darf als „Unternehmer"[56] des Religionsunterrichts nicht hinnehmen, dass

---

50 § 3 Nr. 4 der Satzung. Das *BVerwG* ist in einer neueren Entscheidung zu dem Ergebnis gelangt, dass es sich bei der IRH nicht um eine Religionsgemeinschaft handele. Die IRH repräsentiere nach ihrem eigenen Vorbringen „die Vielfalt der Muslime in Hessen" und deren religiösen Konsens. Sie verstehe sich somit in glaubensmäßiger Hinsicht als bloßes Sammelbecken von Moslems unterschiedlicher Herkunft und Bekenntnisse in einer bestimmten Region. Angesichts dieser Zielsetzung sei die IRH nicht in der Lage, Glaubenswahrheiten verbindlich festzulegen, die innerhalb des Islams umstritten seien (*BVerwG*, NJW 2001, 1225, 1227). Vgl. auch die Bewertung dieser Organisation durch *Rohe*, ZRP 2000, 207, 210.

51 Vgl. *Schmitt-Kammler* (o. Fußn. 45), Art. 7 Rdnr. 59 m.w.N.; *Fechner*, NVwZ 1999, 735, 737.

52 *Korioth*, NVwZ 1997, 1041, 1048; *Link* (o. Fußn. 48), S. 439, 463 f.; *Mückl*, AöR 112 (1997), 513, 524; *Robbers* (o. Fußn. 30), Art. 7 Rdnr. 130.

53 Vgl. Art. 15 Abs. 4 Verf. Mecklenburg-Vorpommern; Art. 27 Abs. 1 Verf. Sachsen-Anhalt; Art. 22 Abs. 1 Verf. Thüringen.

54 Vgl. Art. 26 Abs. 1 Verf. Bremen; Art. 7 Abs. 2 Verf. Nordrhein-Westfalen; Art. 56 Abs. 4 Verf. Hessen; Art. 33 Verf. Rheinland-Pfalz.

55 Vgl. Art. 28 Verf. Brandenburg; Art. 26 Verf. Bremen; Art. 22 Abs. 1 Verf. Thüringen.

56 Zum Terminus *Loschelder* in: Marré/Stüting (o. Fußn. 48), S. 149, 169 m.w.N. in Fußn. 167.

in dem von ihm umfassend[57] verantworteten Religionsunterricht die staatliche Rechtsordnung unterwandert oder offen zum Rechtsbruch aufgerufen wird.

Schließlich dürfen die Inhalte des Religionsunterrichts nicht in einem prinzipiellen Widerspruch zu den Grundlagen der staatlichen Ordnung stehen[58]. Zu diesen Grundlagen gehören die religiös-weltanschauliche Neutralität und die Säkularität des Staates, das staatliche Gewaltmonopol und als dessen Kehrseite das grundsätzliche Verbot für den Einzelnen, Gewalt anzuwenden[59], ferner die Menschenwürdegarantie (Art. 1 Abs. 1 GG) sowie das Verbot geschlechtsspezifischer Diskriminierungen (Art. 3 Abs. 2 GG).

In letzter Zeit haben zahlreiche muslimische Gemeinschaften bei den zuständigen Kultusverwaltungen die Einführung islamischen Religionsunterrichts als ordentliches Lehrfach beantragt[60]. Bisher wurde über keinen dieser Anträge positiv entschieden.

Die beiden muslimischen Dachverbände, der Zentralrat der Muslime in Deutschland e. V. und der Islamrat für die Bundesrepublik Deutschland, hatten deshalb im Jahr 2000 beim *VG Düsseldorf* ein Verfahren auf Gewährung vorläufigen Rechtsschutzes angestrengt mit dem Ziel, das Land Nordrhein-Westfalen zu verpflichten, beginnend mit dem Schuljahr 2000/2001 islamischen Religionsunterricht in Übereinstimmung mit den von einer gemeinsamen „Kommission für den Islamischen Religionsunterricht (KIRU)" aufgestellten Grundsätzen zu erteilen. Das Gericht lehnt jedoch den Antrag ab[61]. Zur Begründung führte es aus, dass es sich bei den Antragstellern nicht um Religionsgemeinschaften handele, da ihnen ausschließlich islamische Vereine bzw. Vereinigungen angehörten, nicht jedoch natürliche Personen. Ansprechpartner für den Staat könne zwar auch ein von der Religionsgemeinschaft verschiedenes Subjekt sein, wenn dieses durch die Religionsgemeinschaft legitimiert sei. Deshalb komme auch ein Dachverband als Ansprechpartner des Staates in Frage, wenn er durch eine bis

---

57 Vgl. *Schmitt-Kammler* (o. Fußn. 45), Art. 7 Rdnr. 59; vgl. auch *Link* (o. Fußn. 48), S. 439, 498.

58 *Muckel*, JZ 2001, 58, 62 m. Nachw. in Fußn. 57.

59 Vgl. *Loschelder*, KuR 1999, 137, 141 (= 730, 31, 35); zum Gewaltverbot als schutzbereichsimmanenter Grenze jeder Grundrechtsausübung *Muckel*, Religiöse Freiheit und staatliche Letztentscheidung. Die verfassungsrechtlichen Garantien religiöser Freiheit unter veränderten gesellschaftlichen Verhältnissen, 1997 S. 206 ff.; *ders.*, in: Dörr/Fink/Hillgruber/Kempen/Murswiek (Hrsg.), Festschr. für Schiedermair, 2001, S. 347, 353 ff.

60 Vgl. *Bundesregierung* (o. Fußn. 1), S. 42.

61 *VG Düsseldorf*, NWVBl. 2001, 110 m. Anm. von *Rüfner*, ebd., 114 f.

auf die Religionsgemeinschaft und deren Mitglieder, d. h. natürliche Personen, zurückzuführende Legitimationskette ausgewiesen sei und ein entsprechendes Mandat habe. Nicht ausreichend sei dagegen, dass die Eltern der schulpflichtigen Kinder einen bestimmten Verband als religiöse Autorität im Bereich der inhaltlichen Gestaltung des Religionsunterrichts anerkennen. Die Eltern in einer Schule könnten ebenso wenig wie eine unorganisierte Vielzahl von Anhängern einer Religion einen Ansprechpartner des Staates autorisieren. Es bedürfe stets einer Legitimation durch eine organisierte Religionsgemeinschaft, die natürliche Personen als Mitglieder hat[62]. Da eine solche bei der „Kommission für den Islamischen Religionsunterricht (KIRU)" nicht ersichtlich sei, sei diese auch nicht in der Lage, über den religiösen Inhalt islamischen Religionsunterrichtes zu bestimmen.

Zu einem anderen Ergebnis war das *OVG Berlin* in einer Entscheidung aus 1998 gekommen[63]. Es hatte einer Klage der Islamischen Föderation in Berlin e. V. stattgegeben, die darauf gerichtet war, der Klägerin zu gestatten, an Berliner Schulen Religionsunterricht zu erteilen[64].

Die Unterschiede zwischen beiden Entscheidungen liegen darin begründet, dass in Berlin eine andere Rechtslage besteht als in Nordrhein-Westfalen und dass das *VG Düsseldorf* zu Recht höhere Anforderungen an die Religionsgemeinschaften gestellt hat als das *OVG Berlin*[65]. In Berlin gilt - ebenso wie in Bremen - wegen der sog. Bremer Klausel des Art. 141 GG die Vorschrift des Art. 7 Abs. 3 GG nicht. Der Religionsunterricht liegt dort allein in der Verantwortung der Religionsgemeinschaften. Es erfolgt keine inhaltliche Abstimmung mit dem Staat. Deshalb kommt es nicht darauf an, dass dem Staat ein Ansprechpartner zur Verfügung steht, der die Inhalte des Religionsunterrichts verbindlich festlegt. Es genügt ein Verband, der gewährleistet, dass der Religionsunterricht gemäß den für den allgemeinen Unterricht geltenden Bestimmungen durchgeführt wird[66]. Die Entscheidung ist deshalb auf Länder, in denen die Geltung des Art. 7 Abs. 3 GG nicht durch Art. 141 GG dispensiert ist, nicht übertragbar[67].

---

62 Vgl. *Tillmanns*, RdJB 1999, 471, 476 f.

63 *OVG Berlin*, DVBl. 1999, 554 m. Anm. von *Muckel*, ebd., 558 ff.; *Loschelder*, KuR 1999, 137 ff. (= 730, 31 ff.); *Tillmanns*, RdJB 1999, 471 ff.; *Fechner*, NVwZ 1999, 735 ff.

64 Das Urteil wurde in letzter Instanz durch das *BVerwG* bestätigt; vgl. *BVerwG*, DVBl. 2000, 1001.

65 Siehe dazu *Rüfner*, NWVBl. 2001, 114, 115.

66 *Rüfner*, NWVBl. 2001, 114, 115.

67 *Rüfner*, NWVBl. 2001, 114, 115; s. a. *Muckel*, DVBl. 1999, 558, 559; *Fechner*, NVwZ 1999, 735, 736; *Heckel*, JZ 1999, 741, 755.

## IV. Probleme der Religionsfreiheit

Ich komme zu den Problemen um die Religionsfreiheit. Dabei geht es um eine Reihe von Einzelfragen, die inhaltlich nur gemein haben, dass Muslime sich gegen staatliche Vorgaben wehren und sich dabei auf besondere religiöse Vorstellungen und rechtlich auf ihre Religionsfreiheit aus Art. 4 GG berufen. Ich will zunächst das Problem des rituellen Schlachtens von Schafen und Rindern beleuchten, weil ich glaube, dass die Lösung dieses Problems auch bei vielen der anderen Probleme weiterhilft.

### 1. Rituelles Schlachten

Nach § 4a Abs. 1 Tierschutzgesetz (TierSchG) darf ein warmblütiges Tier nur geschlachtet werden, wenn es vor Beginn des Blutentzugs betäubt worden ist. Unter den islamischen Gruppierungen in der Bundesrepublik wird die Frage, ob eine vor der Schlachtung vorgenommene Betäubung des Tieres mit den religiösen Geboten des Islam vereinbar ist, kontrovers diskutiert. Von einem nicht unerheblichen Teil der Muslime wird das Fleisch von Tieren nur dann als zum Verzehr geeignet angesehen, wenn auf eine Betäubung verzichtet wurde[68]. Das Tierschutzgesetz sieht für religiös motivierte Schlachtungen eine Ausnahme vom Betäubungszwang in § 4a Abs. 2 Nr. 2 TierSchG vor. Nach dieser etwas komplizierten Vorschrift kann die zuständige Behörde für eine Schlachtung ohne Betäubung eine Ausnahmegenehmigung erteilen, soweit dies erforderlich ist, um den Bedürfnissen von Angehörigen bestimmter Religionsgemeinschaften zu entsprechen, denen zwingende Vorschriften ihrer Religionsgemeinschaft das Schächten vorschreiben (Alt. 1) oder den Genuss von Fleisch nicht geschächteter Tiere untersagen (Alt. 2).

Das *BVerwG* ist in zwei Entscheidungen zum betäubungslosen Schlachten davon ausgegangen, dass der in § 4a Abs. 1 TierSchG angeordnete Betäubungszwang sowie die Beschränkung der Ausnahmegenehmigung gem. § 4a Abs. 2 Nr. 2 TierSchG auf die Angehörigen von Religionsgemeinschaften, die „zwingende Vorschriften" aufweisen, nicht gegen das in Art. 4 GG verbürgte Grundrecht auf Religionsfreiheit verstoßen. In der ersten Entscheidung aus dem Jahre 1995[69] hatte das Gericht über die Revision eines Hamburger Kantinenwirts zu befinden, dessen Antrag, „Schlachtungen nach islamischen Ritus durchführen zu dürfen", von der zuständigen Behörde abgelehnt worden war. Das *BVerwG* ver-

---

[68] Vgl. insoweit die Stellungnahme des Islamrates der Bundesrepublik Deutschland e. V. vom 18.3.2000, abrufbar unter http://www.islamrat.de/infothek/info/halal-regeln.htm.

[69] BVerwGE 99, 1.

trat damals den Standpunkt, dass durch den Betäubungszwang nicht in die Religionsausübungsfreiheit der betroffenen Muslime eingegriffen werde, weil sie weder rechtlich noch tatsächlich gezwungen seien, entgegen ihrer religiösen Überzeugung das Fleisch nicht geschächteter Tiere zu verzehren.

Gegen einen Eingriff spricht nach Auffassung des Gerichts auch, dass die Gläubigen, denen religiöse Gebote den Verzehr von Fleisch nicht geschächteter Tiere unmöglich machten, sowohl auf Nahrungsmittel pflanzlichen Ursprungs als auch auf Fleischimporte aus Ländern zurückgreifen könnten, die die betäubungslose Schlachtung von Warmblütern gestatten[70]. Die Argumentation des *BVerwG* ist im wissenschaftlichen Schrifttum zum Teil auf kritischen Widerspruch gestoßen. Einerseits wird geltend gemacht, das *BVerwG* verliere die zentrale Bedeutung des Glaubens für das Gesamtverhalten einer Person aus dem Blick, die sich auf die Beachtung eines von der Religion vorgeschriebenen Nahrungsmittelverbots erstrecke[71]. Das Schächten und der ausschließliche Verzehr des Fleisches geschächteter Tiere seien eine einheitliche religiöse Lebensäußerung, die nicht künstlich aufgespalten und teilweise aus dem Schutzbereich der Religionsfreiheit herausgenommen werden dürfe[72]. Andererseits wird an der Entscheidung des *BVerwG* kritisiert, dass sie einen zu engen Eingriffsbegriff zugrunde lege, dem zufolge nur finale und unmittelbare Beeinträchtigungen der Religionsfreiheit als Eingriffe zu qualifizieren seien. Das *BVerfG* gehe indessen von einem erweiterten Eingriffsbegriff aus, unter den jedes staatliche Verhalten zu subsumieren sei, dass ein vom Schutzbereich des betroffenen Grundrechts erfasstes Verhalten unzumutbar beeinträchtige[73]. Die Religionsfreiheit schütze nicht nur den engen Bereich kultischer Handlungen, sondern sichere als eng mit der Menschenwürde verzahntes Freiheitsrecht ein breites Spektrum religiöser Verhaltensweisen vor staatlicher Beeinflussung. Art. 4 GG ermögliche es dem Einzelnen, sein gesamtes Verhalten an den Lehren seines Glaubens auszurichten und seiner religiösen Überzeugung entsprechend zu handeln[74]. Für Muslime, denen aufgrund religiöser Gebote der Verzehr von Fleisch nicht geschächteter Tiere untersagt sei, bedeute der in § 4a Abs. 1 TierSchG angeordnete Betäubungszwang häufig einen unfreiwilligen Verzicht auf jeglichen Fleischkonsum, weil das Fleisch entsprechend geschlachteter Tiere in der Bundesrepublik nicht in ausreichendem Maße zur Verfügung stehe[75]. Der vollständige Verzicht auf

---

[70] BVerwGE 99, 1, 8. Zustimmend etwa *Hillgruber*, JZ 1999, 538, 541; *Muckel* (o. Fn. 4), Art. 4 Rdnr. 30; einschränkend dagegen *Sojka*, AgrarR 1996, 61.

[71] Vgl. *Müller-Volbehr*, JuS 1997, 223, 224.

[72] *Müller-Volbehr*, JuS 1997, 223, 224.; s. a. *Kuhl/Unruh*, DÖV 1994, 644, 646.

[73] Vgl. *Mayer*, NVwZ 1997, 561, 562.

[74] Vgl. BVerfGE 33, 23, 28.

[75] Vgl. *Müller-Volbehr*, JuS 1997, 223, 224.

ein so allgemein gängiges Nahrungsmittel wie Fleisch sei den Gläubigen aber nicht zuzumuten, so dass ein Eingriff in das Grundrecht der Religionsfreiheit vorliege.

Während das *BVerwG* bei einem religiös fundierten Verbot des Verzehrs von Fleisch nicht geschächteter Tiere den Eingriffscharakter des § 4a Abs. 1 TierSchG verneint, sieht es bei den Gläubigen, die sich auf ein zwingendes Gebot zur Schächtung von Tieren berufen können, in seiner jüngsten Entscheidung zum Schächten vom 23.11.2000 einen Eingriff in die Religionsfreiheit als gegeben an. Für diese Gläubigen stelle das Schächten als solches einen Akt religiöser Betätigung dar, der durch den Betäubungszwang unmöglich gemacht werde[76]. Der mit dem Betäubungszwang verbundene Eingriff in die Religionsfreiheit wird nach Ansicht des *BVerwG* auch nicht durch die Ausnahmebestimmung des § 4a Abs. 2 Nr. 2 Alt. 1 TierSchG ausgeschlossen. Diese Vorschrift lässt eine Ausnahme vom Betäubungszwang nur zu, wenn das Schächtgebot durch eine *Religionsgemeinschaft* zur *zwingenden Verhaltensvorschrift* erklärt worden ist. Sie vermag einen Eingriff in die Religionsfreiheit also dort nicht auszuschließen, wo der einzelne Gläubige von einem verbindlichen Schächtgebot ausgeht, obwohl diesbezüglich eine „zwingende Vorschrift" seiner Religionsgemeinschaft oder eine Religionsgemeinschaft selbst nicht existiert. Auch für den Fall, dass der Gläubige von einem Schächtgebot ausgeht, diesem aber kein „zwingender" Charakter beigemessen wird, ist § 4a Abs. 2 Nr. 2 TierSchG nicht anwendbar. Die Regelung des § 4a Abs. 1 TierSchG greift in diesen Fällen somit in das Grundrecht aus Art. 4 GG ein.

Der durch § 4a Abs. 1 TierSchG bewirkte Eingriff in die Religionsfreiheit ist jedoch nach Auffassung des *BVerwG* verfassungsrechtlich gerechtfertigt. Zwar lässt sich dem Tierschutz, der in der Verfassung lediglich in der Kompetenzbestimmung des Art. 74 Abs. 1 Nr. 20 GG Erwähnung findet, kein Verfassungsrang zusprechen[77], so dass eine Rechtfertigung des Grundrechtseingriffs kraft kollidierenden Verfassungsrechts ausscheidet. Das *BVerwG* geht jedoch davon aus, dass die durch Art. 140 GG in das Grundgesetz inkorporierte Bestimmung des Art. 136 Abs. 1 WRV auf Art. 4 GG anzuwenden sei. Nach Art. 136 Abs. 1 WRV werden die bürgerlichen und staatsbürgerlichen Rechte und Pflichten durch die Ausübung der Religionsfreiheit weder bedingt noch beschränkt. Zu den staatsbürgerlichen Pflichten gehört die Pflicht des Staatsbürgers zum Geset-

---

76 *BVerwG*, NJW 2001, 1225, 1226.

77 A. A. *Brandhuber*, NVwZ 1994, 561, 564; *Kluge*, ZRP 1992, 141, 143 f. Mit Recht kritisch gegenüber einem Verfassungsrang des Tierschutzes *Kloepfer*, JZ 1986, 205, 207; *Kuhl/Unruh*, DÖV 1991, 94, 100.

zesgehorsam[78]. Dementsprechend wurde Art. 136 Abs. 1 WRV bereits zur Weimarer Zeit als (qualifizierter) Gesetzesvorbehalt gedeutet, der die Ausübung der Religionsfreiheit von der Beachtung der allgemeinen Gesetze abhängig machte[79]. Für die Zulässigkeit eines Rückgriffs auf Art. 140 GG i.V.m. Art. 136 Abs. 1 GG spricht zunächst, dass es sich - wie das *BVerfG* zu Recht konstatiert hat - bei den Vorschriften der Weimarer Reichsverfassung um vollgültiges Verfassungsrecht handelt, das gegenüber anderen Normen des Grundgesetzes nicht auf einer Stufe minderen Ranges steht[80]. Auch die Entstehungsgeschichte des Art. 140 GG im Parlamentarischen Rat spricht für das Verständnis des Art. 136 Abs. 1 WRV als Gesetzesvorbehalt für die Religionsfreiheit aus Art. 4 Abs. 1 und 2 GG. Gleichwohl - das muss man korrekterweise betonen - hat es das *BVerfG* bislang abgelehnt, Art. 4 GG durch Art. 140 GG i. V. m. Art. 136 Abs. 1 WRV einzuschränken. Das *BVerfG* hat sich in seiner bisher einzigen Entscheidung zu dem Problem - die aus dem Jahre 1972 stammt - aber nicht hinreichend vertiefend mit Art. 136 Abs. 1 WRV befasst. Ich kann die Diskussion hier nicht in den Einzelheiten aufrollen. Richtig erscheint mir, den in der Verfassung vorhandenen Gesetzesvorbehalt für die Religionsfreiheit auch anzuwenden. Dieser im Schrifttum bereits seit längerem vertretenen Auffassung[81] hat sich das *BVerwG* unter Aufgabe seiner bisherigen Rechtsprechung nunmehr angeschlossen.

Die Religionsfreiheit unterliegt folglich der in Art. 140 GG i. V. m. Art. 136 Abs. 1 WRV statuierten Schranke der allgemeinen Gesetze. Da es sich bei § 4a Abs. 1 TierSchG um ein allgemeines Gesetz, d. h. nicht gegen die Religionsfreiheit als solche gerichtetes Sonderrecht handelt, ist die Vorschrift grundsätzlich geeignet, die Religionsfreiheit des Art. 4 GG einzuschränken. Fraglich kann aber sein, ob § 4a Abs. 1 TierSchG mit Blick auf das rechtsstaatliche Übermaßverbot noch als angemessen bezeichnet werden kann, d. h. ob die Belange des Tierschutzes die Interessen der Muslime, ihren Speiseplan entsprechend den Geboten ihrer Religion zu gestalten und dabei nicht auf Fleisch als übliches Nahrungsmittel verzichten zu müssen, überwiegen. Dabei stehen sich die Interessen der Muslime und die Belange des Tierschutzes gegenüber. Man wird die beiden Fälle unterscheiden müssen: Schächten zum Opferfest und Konsum von Fleisch im Übrigen. Für das Schächten nur zum Opferfest wird man dem religiösen Interesse der Muslime den Vorrang zubilligen müssen. Soweit die Aus-

---

78 Vgl. *Mausbach*, Kulturfragen der Deutschen Verfassung, 1920, S. 55.

79 Vgl. dazu *Muckel* (o. Fußn. 59), S. 230.

80 Siehe etwa BVerfGE 19, 206, 219; *Jarass*, in: Jarass/Pieroth, GG, 5. Aufl. 2000, Art. 140 Rdnr. 1.

81 Vgl. nur die umf. Nachw. bei *Muckel* (o. Fußn. 59), S. 225 Fußn. 6.

nahmevorschrift des § 4a Abs. 2 Nr. 2 TierSchG auf Vorschriften von Religionsgemeinschaften abstellt, die Muslime eben (noch) nicht haben, wird man die Vorschrift in der Weise verfassungskonform auslegen können, dass auch entsprechende Wünsche einzelner Muslime oder Erklärungen anderer Verbände als Religionsgemeinschaften ausreichen, wenn sie hinreichend substantiiert werden und plausibel sind. Was den anderen Fall angeht, also den Konsum von Fleisch unabhängig vom Opferfest, so muss man sehen, dass das Schächtverbot von Muslimen, die am Betäubungsverbot festhalten, fordert, sich entweder fleischlos zu ernähren oder auf geschächtetes Importfleisch zurückzugreifen. Ersteres stellt einen gravierenden Eingriff in die private Lebensführung dar, der wohl kaum als verhältnismäßig (i.e.S.) bezeichnet werden kann. Letzteres dagegen, also der Rückgriff auf Importfleisch, erscheint zumutbar. Insoweit wird man das grundsätzliche Schächtverbot als verfassungsmäßig betrachten müssen.

### 2. Islamische Bestattungen

Auch die islamische Bestattung wirft in Deutschland Probleme auf, und zwar deshalb, weil Muslime sie häufig nach Regeln vornehmen wollen, auf die die Friedhofspraxis nicht eingerichtet ist, die teilweise aber auch nicht im Einklang mit dem Friedhofs- und Bestattungsrecht der Länder stehen[82]. So verlangen Muslime, dass ihre Toten nach einer rituellen Waschung ohne Sarg auf eigenen Friedhöfen oder zumindest räumlich gesonderten Gräberfeldern bestattet werden, und zwar innerhalb von 24 Stunden. Im Hinblick auf diese Wünsche haben sich in der Praxis häufig Lösungen finden lassen. Auf zahlreichen Friedhöfen stehen bereits Räumlichkeiten zur Verfügung, in denen die rituelle Leichenwaschung erfolgen kann[83]. Im Hinblick auf die Beisetzung ohne Sarg herrscht unter Muslimen die verbreitete Auffassung, dass eine Bestattung im Sarg ausnahmsweise zulässig ist, wenn zwingende gesetzliche Vorschriften oder die Friedhofsordnung dies vorschreiben[84].

---

[82] Zur Bestattung nach islamischen Vorstellungen etwa *Abdullah*, in: Nach Mekka gewandt. Zum Umgang türkischer Muslime mit ihren Verstorbenen in der Türkei und in Deutschland, hrsgg. vom Beauftragten für Islam- und Ausländerfragen im Amt für Gemeindedienst der Ev.-luth. Landeskirche Hannovers, 1997, S. 20 ff.; *Khoury*, in: Khoury/Heine/Oebbecke Handbuch Recht und Kultur des Islam in der deutschen Gesellschaft, 2000, S. 114, 116 ff.; *Lemmen*, Islamische Bestattungen in Deutschland, 2. Aufl. (1999), S. 16 ff.; *Hertlein*, NVwZ 2001, 890 f.; *Zacharias*, Islamisches und deutsches Bestattungsrecht im Widerstreit (der Beitrag erscheint in der Zeitschrift für evangelisches Kirchenrecht - ZevKR).

[83] Vgl. *Bundesregierung* (o. Fußn. 1), S. 22 f.

[84] Vgl. *Lemmen* (o. Fußn. 82), S. 41 f.

Die Möglichkeit, konfessionelle Friedhöfe einzurichten, ist grundsätzlich gegeben[85]. Das Friedhofsrecht der Länder eröffnet sie jedoch durchweg nur den Religionsgemeinschaften, die Körperschaften des öffentlichen Rechts sind. Da bisher noch keine muslimische Gemeinschaft den Körperschaftsstatus besitzt, müssen die Muslime ihre Verstorbenen, wenn sie sie nicht - wie dies immer noch überwiegend geschieht[86] - zur Beisetzung in ihr Herkunftsland überführen, auf kommunalen oder kirchlichen Friedhöfen bestatten. Zahlreiche Kommunen haben deshalb auf ihren Friedhöfen bereits islamische Gräberfelder ausgewiesen[87].

Als besonders konfliktträchtig erweist sich das islamische Gebot der „ewigen" Totenruhe[88]. Das deutsche Friedhofsrecht sieht nur selten eine Ruhezeit von über 30 Jahren vor, häufig eine deutlich kürzere[89]. Nach der unter Muslimen vorherrschenden Auffassung reicht diese Zeitspanne nicht aus. Allerdings wird von manchen Muslimen auch die Auffassung vertreten, dass Gräber nach einer Frist von 20 Jahren zum Zwecke der Neubelegung eingeebnet werden dürften, wenn die Gebeine des vorher Bestatteten nicht entfernt, sondern tiefer gelegt und ausreichend mit Erdreich bedeckt würden[90].

Sofern die betreffenden Muslime geltend machen, dass eine Bestattung ihres Angehörigen in einem Sarg, eine Wiederbelegung der Grabstelle oder sonstige Anforderungen, die sich aus dem Friedhofs- und Bestattungsrecht ergeben, ihren religiösen Vorstellungen widersprechen, ist der Schutzbereich der Religionsausübungsfreiheit aus Art. 4 Abs. 2 GG berührt. Wenn sich der Staat mit den gegenläufigen Vorschriften durchsetzen will, muss er im Einzelfall darlegen, dass die Regelungen des Friedhofsrechts über das Bestattungswesen mit ihren Zielen des Gesundheitsschutzes, des Landschaftsschutzes bzw. einer sachgerechten Stadtplanung[91] den grundrechtlich geschützten religiösen Interessen der Muslime vorgehen[92]. Der verfassungsrechtliche Ansatzpunkt ist auch dann wieder der

---

85 Vgl. dazu *Engelhardt*, in: Listl/Pirson (o. Fußn. 48), S. 109 ff.

86 Vgl. *Bundesregierung* (o. Fußn. 1), S. 21 f.; *Lemmen* (o. Fußn. 82), S. 7 ff.

87 *Lemmen* (o. Fußn. 82), S. 31 f.; siehe auch die dortige Auflistung S. 48 ff.

88 Vgl. *Kokkelink*, in: Höpp/Jonker (Hrsg.), In fremder Erde. Zur Geschichte und Gegenwart der islamischen Bestattung in Deutschland, 1996, S. 63, 70 f.

89 Vgl. *Gaedke*, Handbuch des Friedhofs- und Bestattungsrechts, 8. Aufl. (2000), S. 165 f.

90 *Lemmen* (o. Fußn. 82), S. 36 f.

91 Vgl. zu dieser Zielsetzung der Regelungen über das Friedhofs- und Bestattungswesen *Morlok*, in: Dreier (o. Fußn. 30), Art. 4 Rdnr. 103; *Müller-Volbehr*, in: Listl/Pirson (o. Fußn. 3), S. 289, 312; *Gaedke* (o. Fußn. 89), S. 30, 44 f.

92 *Muckel*, Der Islam unter dem Grundgesetz. Muslime in einer christlich vorgeprägten Rechtsordnung, in: Kirche und Recht Heft Nr. 273, 2000, S. 11; *ders.* (o. Fußn. 4), Art. 4 Rdnr. 34.

Gesetzesvorbehalt für die grundrechtliche Religionsfreiheit in Art. 140 GG i.V.m. Art. 136 Abs. 1 WRV. Die Vorschriften des Friedhofs- und Bestattungsrechts wird man als allgemeine Gesetze i.S. des Art. 136 Abs. 1 WRV ansehen müssen. Ob sie Eingriffe vorsehen, die verhältnismäßig sind, muss dagegen differenziert beurteilt werden. Diejenigen Vorschriften, die den Belangen des Gesundheitsschutzes dienen, werden den religiös begründeten Interessen der Muslime eher vorgehen als solche Regelungen, die etwa der Stadtplanung dienen (z.B. neues Gräberfeld). Darüber hinaus können Umstände des Einzelfalles von Bedeutung sein, die verallgemeinernde Lösungen erschweren.

### 3. Die Errichtung von Moscheen

In Deutschland gibt es bereits 70 große Kuppelbau-Moscheen mit Minarett, 32 weitere stehen vor der Fertigstellung[93]. Zu nennen sind etwa die Mannheimer Moschee mit 2.500 Gebetsplätzen, die Zentrum-Moschee in Frankfurt am Main mit 3.000 Gebetsplätzen und die „Moschee des Märtyrertums" am Columbiadamm in Berlin mit 5.000 Gebetsplätzen[94]. Hinzu kommen 2.204 sonstige Gebetshäuser[95].

Für Bauvorhaben der Religionsgemeinschaften gelten grundsätzlich dieselben bauplanungs- und bauordnungsrechtlichen Vorschriften wie für vergleichbare säkulare Vorhaben[96]. Bei der Auslegung und Anwendung der allgemeinen Bauvorschriften ist zu beachten, dass die Religionsausübungsfreiheit aus Art. 4 Abs. 2 GG das Recht der Religionsgemeinschaften umfasst, Gebäude zu errichten, die nach ihrem Selbstverständnis für die individuelle Religionsausübung durch die Mitglieder erforderlich sind[97]. Da für praktizierende Muslime das Freitagsgebet in der Moschee zum religiösen Minimum gehören dürfte, das das dauerhafte Leben außerhalb des islamischen Territoriums erst erlaubt[98], genießt der Bau von

---

93 Pastoralblatt für die Diözesen Aachen, Berlin, Essen, Hamburg, Hildesheim, Köln, Osnabrück, Heft 6/2001, 192.

94 *Bundesregierung* (o. Fußn. 1), S. 13.

95 Pastoralblatt (o. Fußn. 93), 192.

96 *Oebbecke* (o. Fußn. 82), S. 287, 299.

97 *BayVGH*, BayVBl. 1997, 144, 145; zust. *OVG Rh.-Pf.*, NVwZ 2001, 933, 934 = ZevKR 46 (2001), S. 350 m. Anm. *Cancik*; s. a. *Hoppe/Beckmann*, DVBl. 1992, 188, 190; *Kokott*, in: Sachs (o. Fußn. 18), Art. 4 Rdnr. 53; *Muckel* (o. Fußn. 4), Art. 4 Rdnr. 30.

98 *Rohe*, RabelsZ 64 (2000), 256, 277; *ders.*, Der Islam - Alltagskonflikte und Lösungen. Rechtliche Perspektiven, 2001, S. 124.

Moscheen grundrechtlichen Schutz[99]. Andererseits stellen die Vorschriften des öffentlichen Baurechts verfassungsrechtlich einwandfreie allgemeine Gesetze dar und können deshalb auf der Grundlage des Art. 140 GG i.V.m. Art. 136 Abs. 1 WRV das Grundrecht der Religionsausübungsfreiheit einschränken. Es kommt deshalb auch hier auf eine Gewichtung gegenläufiger Interessen nach Maßgabe des Verhältnismäßigkeitsgrundsatzes und mit dem Ziel eines schonenden Ausgleichs an. Die Grundrechtsposition ist jedenfalls prinzipiell geeignet, sich gegenüber öffentlichen und privaten Belangen, die dem Bauvorhaben entgegenstehen, durchzusetzen.

Die Religionsfreiheit spielt im Baurecht immer dann eine Rolle, wenn es um Abwägungs- oder Ermessensentscheidungen geht. Wenn sich dabei eine Kollision zwischen der Religionsfreiheit und städtebaulichen, nachbarlichen oder sonstigen (öffentlichen oder privaten) Interessen ergeben sollte, ist nach Möglichkeit ein schonender Ausgleich zu suchen mit dem Ziel, praktische Konkordanz herzustellen[100]. Dementsprechend ließen sich in der Praxis häufig selbst große religiöse Bauten auf der Grundlage von Kompromissen verwirklichen, zumal für Muslime die äußere bauliche Form ihres Bethauses zwar von kulturhistorischer, nicht jedoch von religiöser Relevanz ist[101].

### 4. Muslimische Lehrerinnen mit Kopftuch an öffentlichen Schulen

Gegenstand heftiger Diskussionen ist in Deutschland z.Z. die Frage, ob Lehrerinnen im Unterricht an staatlichen Schulen ein Kopftuch tragen dürfen. Auslöser war der Fall einer deutschen Muslimin afghanischer Herkunft, der „Fall Ludin". Das Land Baden-Württemberg hatte ihr wegen des staatlichen Ausbildungsmonopols im Bereich des Schulwesens gestattet, den Vorbereitungsdienst für das Lehramt an Grund- und Hauptschulen abzuleisten, obwohl sie darauf bestand, auch während des Unterrichts ein Kopftuch zu tragen. Nach erfolgrei-

---

99 Dasselbe gilt für den Bau von Minaretten; vgl. *BayVGH*, BayVBl. 1997, 144, 145 f.; *OVG* Rh.-Pf., NVwZ 2001, 933, 934; *Muckel* (o. Fußn. 4), Art. 4 Rdnr. 30. *Rohe*, RabelsZ 64 (2000), 256, 277, weist zwar darauf hin, dass Minarette - selbst in der islamischen Welt - durchaus entbehrlich sind. Dennoch besteht ein unmittelbarer religiöser Bezug. Die Errichtung von Minaretten sollte deshalb nicht anders beurteilt werden als der Bau von Kirchtürmen (siehe dazu *Hense*, Glockenläuten und Uhrenschlag. Der Gebrauch von Kirchenglocken in der kirchlichen und staatlichen Rechtsordnung, 1998, S. 226).

100 Vgl. *Hesse*, Grundzüge des Verfassungsrechts der Bundesrepublik Deutschland, 20. Aufl. (1995), Rdnr. 72; s. a. *Muckel* (o. Fußn. 59), S. 10, 63 f., 242, 272 f.

101 Vgl. *Rohe*, Der Islam - Alltagskonflikte und Lösungen. Rechtliche Perspektiven, 2001, S. 127; *dens.*, RabelsZ 64 (2000), 256, 277.

chem Abschluss des Vorbereitungsdienstes lehnte das Land jedoch eine endgültige Übernahme in den staatlichen Schuldienst ab[102]. Das *VG Stuttgart* wies die hiergegen gerichtete Klage der Muslimin ab und gab dem Land Recht[103]. In seiner Begründung ging das Gericht zunächst davon aus, dass der Wunsch der Klägerin, auch während des Unterrichts ein Kopftuch zu tragen, vom Schutzbereich der Religionsfreiheit aus Art. 4 GG[104] sowie Art. 9 EMRK erfasst ist. Die grundgesetzlich wie auch völkerrechtlich geschützte Bekenntnisfreiheit müsse allerdings hinter der negativen Religionsfreiheit der Schüler und dem elterlichen Erziehungsrecht aus Art. 6 Abs. 2 Satz 1 GG zurückstehen. Die Schüler seien dem Anblick des Kopftuches als religiösem Symbol ohne zumutbare Ausweichmöglichkeit ausgesetzt, zumal im Grund- und Hauptschulbereich das Klassenlehrerprinzip gelte. Hieraus ergebe sich die Gefahr einer religiösen Beeinflussung der Schüler durch die als Respektsperson empfundene Lehrkraft, auch wenn diese nicht gewollt sei. Das Tragen des Kopftuches widerspreche daher der um des Schutzes der genannten Grundrechte bestehenden Neutralitätspflicht des Staates und mithin den Dienstpflichten einer im staatlichen Schuldienst beschäftigten Lehrkraft. Da die Klägerin darauf bestehe, während des Unterrichts ein Kopftuch zu tragen, fehle ihr die für die Einstellung in den Schuldienst erforderliche persönliche Eignung. Die gegen diese Entscheidung eingelegte Berufung der Klägerin blieb vor dem *VGH Baden-Württemberg* erfolglos[105]. Zur Begründung macht sich das Gericht im wesentlichen die Ausführungen des *VG Stuttgart* zu eigen.

Zum gegenteiligen Ergebnis kam das *VG Lüneburg* im Falle einer im Erwachsenenalter zum Islam konvertierten gebürtigen Deutschen[106]. Das Gericht vertrat die Auffassung, es stelle eine unzulässige Benachteiligung der Klägerin wegen ihres Glaubens und ihres nach außen gewendeten Bekenntnisses dar, wenn allein daraus, dass sie ein Kopftuch trage, auf ihre mangelnde Eignung geschlossen werde. Als zukünftige Lehrerin habe die Klägerin beim Unterricht und der Erziehung der ihr anvertrauten Schüler den Bildungs- und Erziehungsauftrag des

---

[102] Siehe dazu *VG Stuttgart*, NVwZ 2000, 959; *VGH Bad.-Württ.*, NJW 2001, 2899; *Alan/Steuten*, ZRP 1999, 209 ff.; *Bader*, NWVBl. 1998, 361 ff.; *Battis*, ZTR 1998, 529 ff.; *Jestaedt*, in: Festschr. für Listl (o. Fußn. 13), S. 259, 261 ff.; *Oebbecke* (o. Fußn. 82), S. 287, 311 f.; *Janz/Rademacher*, JuS 2001, 440 ff.

[103] *VG Stuttgart*, NVwZ 2000, 959 m. Anm. von *Halfmann*, NVwZ 2000, 862 ff.; *Goerlich*, NJW 1999, 2929 ff.; *Langenfeld*, RdJB 2000, 303 ff.; *Zuck*, NJW 1999, 2948 f.; *Janz/Rademacher*, JuS 2001, 440 ff.

[104] Siehe in diesem Zusammenhang *Muckel* (o. Fußn. 4), Art. 4 Rdnr. 23; *dens.* (o. Fußn. 13), S. 239, 247 f.

[105] *VGH Bad.-Württ.*, NJW 2001, 2899.

[106] *VG Lüneburg*, NJW 2001, 767 m. Anm. von *Böckenförde*, NJW 2001, 723 ff.

Staates (Art. 7 Abs. 1 GG) und das Erziehungsrecht der Eltern (Art. 6 Abs. 2 GG) zu beachten. Bei der Erfüllung des Bildungs- und Erziehungsauftrages sei weder der Staat noch der einzelne Lehrer einer „absoluten Neutralität“ in dem Sinne verpflichtet, dass er sich in allen wertungsabhängigen Fragen und Problemstellungen zurückhalten müsse und hierbei keinen eigenen Standpunkt einnehmen dürfe. Ein Lehrer habe vielmehr in Anlehnung an das Grundgesetz Orientierung zu bieten und dabei zugleich ganz allgemein dem Toleranzgebot aus den Rechtsgrundsätzen der Art. 4, 3 Abs. 3 und 33 Abs. 3 GG Rechnung zu tragen. Das verlange von ihm eine angemessene Rücksichtnahme auf heute in einer pluralistischen Gesellschaft sehr unterschiedliche Kindes- und Elternstandpunkte in weltanschaulichen, philosophischen, religiösen und gesellschaftspolitischen Fragen. Die Neutralitätspflicht im Sinne des Toleranzgebotes mit der Pflicht zur Herstellung praktischer Konkordanz wirke sich so aus, dass je nach den Umständen des Einzelfalles unter Beachtung des Gebots der Zurückhaltung in weltanschaulich-religiösen Fragen eine Kleidung nur und erst dann beanstandet werden könne, wenn sie jede Toleranzgrenze ganz eindeutig überschreite oder durch sie der Schulfriede nachhaltig gestört werde. Dergleichen lasse sich im Falle der Klägerin nicht feststellen.

Der Unterschied zu den Urteilen des *VG Stuttgart* und des *VGH Baden-Württemberg* besteht darin, dass das *VG Lüneburg* die Neutralität des Staates im Bereich des Schulwesens nicht in einem eher laizistischen Sinne begreift. Die Neutralität verlangt danach nicht von dem Lehrer pauschal, dass er seine Religion und deren Inhalte verheimlicht. Vielmehr muss im Einzelfall ein Ausgleich zwischen seiner Religionsfreiheit und widerstreitenden Belangen gefunden werden[107].

Beide Urteile sind noch nicht rechtskräftig. Es bleibt daher abzuwarten, welche Auffassung sich in der Rechtsprechung durchsetzen wird. Die Gerichte werden zu berücksichtigen haben, dass nach Art. 33 Abs. 3 GG die Zulassung zu öffentlichen Ämtern unabhängig ist von dem religiösen Bekenntnis. Weil nach dieser Vorschrift die religiöse Überzeugung als solche einem Beamten bei der Einstellung in den öffentlichen Dienst nicht zum Nachteil gereichen darf, kann allein das Tragen des Kopftuches weder eine Verletzung beamtenrechtlicher Pflichten darstellen noch mangelnde Eignung des Bewerbers für den betreffenden Beruf begründen[108].

---

[107] Vgl. dazu gerade in Bezug auf das Kopftuch *Muckel* (o. Fußn. 4), Art. 4 Rdnr. 50.
[108] Vgl. *Muckel* (o. Fußn. 4), Art. 4 Rdnr. 50.

## VIII. Fazit

Auf vielen Gebieten des öffentlichen Rechts stoßen Muslime in Deutschland auf Schwierigkeiten. Viele Probleme erscheinen allerdings lösbar. Das Recht bietet Spielräume, es ist durchaus flexibel. Da auch der Islam - wie mir scheint und wie die Praxis auch teilweise belegt (z.B. im Hinblick auf Moscheebau und islamische Bestattungen) - für viele Muslime pragmatische Lösungen zulässt, hängt vieles vom guten Willen der Beteiligten ab.

Aber nicht alle Wünsche der Muslime können erfüllt werden (z.B. beim Schächten). Der Staat kann den normativen Anspruch seines öffentlichen Rechts nicht unter einen totalen „Religionsvorbehalt“ stellen. Dann wäre die Rechtsgleichheit gefährdet und damit eine tragende Säule dessen, was wir Gerechtigkeit nennen.

# DER ISLAM UND DEUTSCHES ZIVILRECHT [1]

Professor Dr. Mathias Rohe, M.A., Richter am OLG, Erlangen

## I. Einführung

In unseren Tagen mag man sich fragen, ob die Wechselwirkungen zwischen Islam und deutschem Zivilrecht angesichts der weltpolitischen Verwerfungen nicht Quisquilien sind, mit denen sich allenfalls unverbesserliche Elfenbeintürmer abgeben mögen. Ich meine allerdings, dass gerade jetzt die - so es geht - möglichst unaufgeregte Beschäftigung mit Fragen des rechts- und religionskulturellen Zusammenlebens bedeutsam ist. Die deutsche Rechtsordnung und nicht zuletzt das Zivilrecht sind Ausprägungen einer freiheitlichen demokratischen Grundhaltung, die weltweit insbesondere dann attraktiv ist, wenn sie nicht nur propagiert, sondern auch realisiert wird.
Mögliche Interdependenzen können sich sowohl aus den rechtlichen als auch den zahlenmäßig ganz überwiegenden religiösen Anteilen der islamischen Šarī'a[2] ergeben. Zunächst stellt sich die Grundsatzfrage, ob und in welchem Umfang Wechselwirkungen zwischen Islam und deutschem Zivilrecht überhaupt entstehen können. Hier sind drei Ebenen zu unterscheiden.

1. Soweit der Islam als Privatrechtsordnung ausgeformt ist, kann eine Kollision im Sinne eines möglichen Konflikts um das anwendbare Recht in den Anwendungsfällen des Internationalen Privatrechts entstehen. Die Nicht-Juristen unter Ihnen werden möglicherweise nicht wissen, dass die Anwendung ausländischen Rechts bei grenzüberschreitenden Sachverhalten wie z.B. gemischt-nationalen Familienbeziehungen zum juristischen Alltagsgeschäft zählt. Keine Rechtsordnung der Gegenwart beansprucht für sich uneingeschränkte territoriale Geltung. Im Bereich des Bürgerlichen Rechts, das im Wesentlichen die Rechtsbeziehungen zwischen Privatpersonen regelt, steht das Wohl dieser Personen im Vordergrund. Hat jemand sein Leben auf die Gegebenheiten einer bestimmten Rechtsordnung ausgerichtet, so verdient diese Lebensplanung auch dann Schutz, wenn der Betreffende seinen Aufenthalt wechselt. Demnach muss das vertraute "Heimatrecht" auch nach Grenzübertritt fortgelten. Andererseits liegt es im Interesse der Rechtsgemeinschaft, dass in bestimmten Angelegenheiten

---

1 Die Vortragsform wurde beibehalten; der Text wurde zum Stand 1. Juli 2002 aktualisiert.

2 Vgl. *Rohe*, Der Islam - Alltagskonflikte und Lösungen. Rechtliche Perspektiven, 2001, insbes. 19 ff.

dasselbe Recht für jeden im Lande Befindlichen gilt. Die Frage, ob inländisches oder ausländisches Sachrecht (Vorschriften des materiellen Rechts) anzuwenden ist, bestimmt sich nach den Vorschriften des Internationalen Privatrechts (Kollisionsrechts), die in Deutschland zum großen Teil im Einführungsgesetz zum Bürgerlichen Gesetzbuch (Artt. 3 ff. EGBGB) enthalten sind. Diese Vorschriften treffen eine Abwägung zwischen den eben skizzierten Interessen. Im Bereich des Familien- und Erbrechts (Voraussetzungen und Rechtsfolgen der Eheschließung, Voraussetzungen und Rechtsfolgen der Eheauflösung, Rechtsbeziehungen zwischen Eltern, Kindern und anderen Familienangehörigen einschließlich von Unterhaltsansprüchen, Adoption, Vormundschaft und Betreuung, erbrechtliche Beziehungen) ist häufig das "Heimatrecht" Beteiligter anzuwenden, wobei die "Heimat" durch die Staatsangehörigkeit definiert wird. Konkret heißt dies beispielsweise, dass sich die Scheidung einer zwischen muslimischen Tunesiern in Tunesien geschlossenen Ehe in Deutschland grundsätzlich nach den Vorschriften des tunesischen Personenstandsgesetzbuchs richtet. Schließt eine Deutsche mit einem Ägypter die Ehe in Deutschland und ist eine dauerhafte Übersiedlung nach Ägypten geplant, so kann ägyptisches Familienrecht über die Ehewirkungen befinden. Insoweit tritt also ausländisches Sachrecht an die Stelle der entsprechenden deutschen Sachrechtsvorschriften.

Aus der eben skizzierten Anwendbarkeit islam-rechtlich geprägter Rechtsregeln können Rechtsprobleme z.B. in Deutschland entstehen, wenn ihre Anwendung zu einem Ergebnis führt, das mit wesentlichen Grundsätzen des deutschen Rechts einschließlich der Grundrechte offensichtlich unvereinbar ist (Verstoß gegen den sog. "ordre public", vgl. Art. 6 EGBGB). Dauernde Konfliktfälle sind etwa das einseitige Scheidungsrecht des Ehemannes (ṭalāq), die pauschale, die nur an Geschlecht und Lebensalter anknüpfende Zuweisung des Sorgerechts für Kinder oder das Adoptionsverbot.[3] In solchen Fällen wird dann doch (meist) deutsches Sachrecht anstelle des eigentlich berufenen ausländischen Sachrechts angewendet.[4] Allerdings unterliegt auch der ordre public sich wandelnden Verständnissen. Wenn nun in Deutschland die Prostitution nicht mehr sittenwidrig sein und gar der Lohn für entsprechende Dienste gerichtlich

---

3 Vgl. *Rohe* (Fn. 2), 105 ff.

4 Vgl. aus der jüngeren Rechtsprechung BGHZ 120, 29 = NJW 1993, 848, 849; BGH NJW-RR 1993, 962; BGH NJW 1997, 3024, 3025; OLG Stuttgart FamRZ 1997, 882, 883; OLG Düsseldorf FamRZ 1998, 1113, 1114; OLG Zweibrücken NJW-RR 2002, 581; sehr differenziert OLG Frankfurt a.M. NJW-RR 1992, 136; OLG Bremen NJW-RR 1992, 1288; OLG Hamm FamRZ 1993, 111.

einklagbar sein soll[5], wird es schwieriger, tragfähige Argumente gegen die schiitische Eheschließung auf Zeit (sog. mut'a-Ehe) oder gegen die Polygamie beizubringen.
Rechtliche Kollisionsfälle sind nicht selten: Die Zahl in Deutschland geschlossener bi-nationaler Ehen stieg von 3,6% im Jahre 1950 auf 12,7% im Jahre 1997. Als Ehemänner waren dabei am häufigsten solche türkischer, marokkanischer oder algerischer Staatsangehörigkeit beteiligt.[6] Die Türkei hat sich allerdings mit der Übernahme des Schweizer Zivilgesetzbuchs im Jahre 1926 explizit von der islam-rechtlichen Tradition abgewandt. Nach türkischer Gerichtspraxis verstoßen einige Kerninstitute des klassischen Islamischen Rechts wie die Polygamie sogar gegen den türkischen ordre public.[7] Diese Fragen möchte ich jedoch hier nicht weiter vertiefen.

2. Soweit der Islam religiöse oder rechtliche, aber zumindest außerhalb der islamischen Welt nicht rechtlich verpflichtende Vorschriften enthält, stellt sich die Frage, ob und in welchem Umfang das deutsche Zivilrecht eine *"islamkonforme" Rechtsgestaltung* zulässt. Der im deutschen Zivilrecht weitreichende Grundsatz der Privatautonomie lässt solche Gestaltung im Rahmen des so genannten dispositiven Rechts zu. Eine Überschneidung zur unter 1. genannten Fragestellung ergibt sich daraus, dass bei grenzüberschreitenden Sachverhalten auch das anwendbare Recht schlechthin in gewissem Umfang gewählt werden kann. Eine andere Möglichkeit besteht jedoch darin, den Gestaltungsrahmen des deutschen Sachrechts zu nutzen und innerhalb dieses Rahmens "islam-konforme" Lösungen zu finden.

3. Auf einer dritten Ebene kann der Islam auf das Zivilrecht einwirken, indem das *Grundrecht auf Religionsfreiheit* aus Art. 4 GG *gestaltende Wirkungen auf Zivilrechtsbeziehungen* entfaltet. Hier ausgespart bleiben soll der staatliche Bereich, in dem dieses Grundrecht unstreitig unmittelbare Wirkungen insbesondere im Verhältnis zwischen Bürger und Staat entfaltet (z.B. bei der Frage, ob Schülerinnen, Lehrerinnen oder Richterinnen bei Ausübung ihres Dienstes ein Kopftuch tragen dürfen). Wie die anderen verfassungsmäßigen Grundrechte ist auch die Religionsfreiheit als

---

5 Vgl. VG Berlin Urt. v. 1.12.2000, NJW 2001, 983 sowie nunmehr das Gesetz zur Verbesserung der rechtlichen und sozialen Lage Prostituierter (BGBl. 2001 I, S. 3983).

6 Vgl. "Immer mehr Deutsche im Ausland auf Brautschau", SZ v. 5.6.1998, 12.

7 Vgl. *Tekinalp*, Milletlerarasi Hukuk Bağlama Kurallari, Istanbul 1992, 212 f., zit. bei *Serozan*, Das türkische Erbrecht verglichen mit dem deutschen Erbrecht: mehr Gemeinsamkeiten als Besonderheiten, ZEV 1997, 473, 474.

subjektives Abwehrrecht gegen mögliche Eingriffe des Staates entstanden.[8] Jedoch bildet sie auch ein Element der objektiven Rechtsordnung und wirkt damit auch in privatrechtliche Verhältnisse wie z.B. Arbeitsverträge hinein. Nach herrschender Auffassung entfalten die Grundrechte und damit auch Art. 4 GG insoweit eine "mittelbare Drittwirkung"[9].

Auf einer anderen Ebene schließlich liegt die Frage der *Lösung rechtlicher Streitigkeiten*. Der Weg zu den staatlichen Gerichten ist im Streitfall in Deutschland nicht generell zwingend. Zum einen ist es in gewissem Umfang möglich, Schiedsgerichte nach eigener Wahl an die Stelle staatlicher Gerichte zu setzen (vgl. §§ 1029 ff. ZPO). Zum anderen steht der Weg zu außergerichtlichen Schlichtungsinstanzen offen.

## II. Wichtige Berührungspunkte zwischen Islam und Zivilrecht in Deutschland

### 1. Arbeitsrecht

Das Grundrecht der Religionsfreiheit (Art. 4 GG) entfaltet wie erwähnt in gewissem Umfang mittelbare "Drittwirkung" auf private Rechtsbeziehungen wie Arbeitsverträge. Deshalb können sich auch muslimische Arbeitnehmer oder Arbeitgeber bei der Interessenabwägung in rechtlichen Konfliktfällen auf religiöse Vorschriften berufen. Freilich kann der rechtliche Schutz der Religionsfreiheit hierbei nicht annähernd denselben Umfang annehmen wie im Verhältnis zum Staat. Privatpersonen - auch Arbeitgeber - sind selbst Grundrechtsträger und können ihre geschäftlichen Interessen in eigener Entscheidungsfreiheit verfolgen.[10] Hierbei gibt es allerdings Einschränkungen aus der mittelbaren Drittwirkung der Grundrechte. Dies gilt beispielsweise bei der Auslegung, wann ein "wichtiger Grund" vorliegt, welcher die außerordentliche Kündigung (also ohne Einhaltung der vorgesehenen Vertragslaufdauer oder Kündigungsfrist) rechtfertigen kann. Eine noch um einiges weiterreichende Besserstellung von Arbeitnehmern kann sich aus der Richtlinie des Rates der Europäischen Union "zur Festlegung eines allgemeinen

---

8 Vgl. v. Münch/Kunig- *v. Münch*, Grundgesetz-Kommentar, 4. Aufl. 1992, Art. 4 Rn. 3; *Zippelius*, Bonner Kommentar (Loseblattslg.), Art. 4 Rn. 63.

9 v. Münch/Kunig- *v. Münch*, (Fn. 8), Art. 4 Rn. 5; *Steiner*, Der Grundrechtsschutz der Glaubens- und Gewissensfreiheit, JuS 1982, 157, 164.

10 Vgl. LAG Düsseldorf JZ 1964, 258; *Rupp*, Verfassungsprobleme der Gewissensfreiheit, NVwZ 1991, 1033, 1037 f.

Rahmens für die Verwirklichung der Gleichbehandlung in Beschäftigung und Beruf" vom 27.11.2000 ergeben;[11] deren Regelungen zur Diskriminierung wegen der Religion sind spätestens bis zum 2.12.2003[12] in deutsches Recht umzusetzen.

Praktische Rechtsprobleme entstehen meist dann, wenn betriebliche Bedürfnisse und die Einhaltung religiöser Vorschriften miteinander kollidieren. Ein prägnantes Beispiel ist das Gebot fünfmaligen täglichen Gebets zu bestimmten, je nach Sonnenstand wechselnden Zeiten[13] oder das Gebet am Freitagmittag, das in der (Freitags-)Moschee verrichtet werden soll. Dem letztgenannten Gebet kommt eine besondere Rolle zu, weil sich die gesamte Moscheegemeinde zu diesem Anlass trifft und der Vorbeter eine Ansprache (ḫuṭba) hält, in der auch wichtige Gemeindebelange zur Sprache kommen können. Der Wunsch nach Teilnahme kann hier besonders dringlich sein. Weitere wichtige Anliegen können das Fasten im Monat Ramadan und die abschließenden Feierlichkeiten des Fastenbrechens sowie das Opferfest im Monat D̲u al-Ḥiğğa sein, die auch eine wichtige soziale Rolle spielen. Für Frauen kann der Wunsch bedeutsam werden, auch während der Arbeitszeit ein Kopftuch zu tragen. Von praktisch geringerem Gewicht sind Kollisionen mit religiösen Speisevorschriften wie dem Verbot des Konsums von Schweinefleisch oder Alkohol oder der Wunsch, die für Vermögende vorgeschriebene Pilgerfahrt nach Mekka auszuführen. In ersterer Hinsicht kann es allenfalls zum Kontakt mit solchen Gegenständen kommen, keinesfalls aber zwingend zum Konsum, wenngleich für manche Muslime schon der Kontakt mit verbotenen Gegenständen zum Problem werden kann. Sozialrechtliche Folgefragen stellen sich, wenn aus religiösen Gründen eine bestimmte mögliche Beschäftigung nicht übernommen bzw. aufgegeben wird.[14]

In der konkreten Rechtsanwendung ist in solchen Fällen meist das Direktionsrecht des Arbeitgebers zur Durchsetzung betrieblicher Interessen gegen den Wunsch des Arbeitnehmers auf Freistellung von der Arbeit (z.B. durch Gewährung von Urlaub oder entsprechende Einrichtung der Arbeitszeiten) zu einer bestimmten Zeit oder von bestimmten Arten von Arbeit abzuwägen. Im Ergebnis stellt sich die Frage, ob die Verweigerung der angewiesenen Arbeit zur

---

[11] Richtlinie 2000/78/EG des Rates v. 27.11.2000, ABlEG Nr. L 303 v. 2.12.2000, S. 16, insbes. Artt. 1 u. 3 der Richtlinie und Erwägungsgründe 11, 12, 29; zur offenbar vergleichbaren schon bestehenden Lage in den Niederlanden vgl. *van Bijsterveld*, The Legal Status of Islam in the Kingdom of the Netherlands, in: Ferrari/Bradney (Hrsg.), Islam and European Legal Systems, Aldershot u.a. 2000, 125, 133.

[12] Art. 18 der Richtlinie 2000/78/EG.

[13] Vgl. hierzu jüngst LAG Hamm NJW 2002, 1970.

[14] Vgl. hier nur BVerfG NJW 1984, 912; ausführlicher *Rohe* (Fn. 2) 184 f.

außerordentlichen Kündigung führen kann bzw. ob der Arbeitnehmer wegen seiner Bedürfnisse zur Kündigung berechtigt ist[15], in anderen Konstellationen kann die Frage aufkommen, ob die religiösen Bedürfnisse eines arbeitsuchenden Muslim ein Grund für die Verweigerung der Einstellung sein können. Dasselbe gilt im Grundsatz auch für Staatsbedienstete.[16]

Die Abwägung, ob (sachlich begründete) betriebliche Bedürfnisse oder die (ebenso sachlich begründeten) Bedürfnisse des einzelnen Arbeitnehmers vorgehen, hängt von den jeweiligen Umständen des Einzelfalles ab. Einzelheiten können hier nicht dargestellt werden.[17] Jedoch ist es möglich, sich an der vorhandenen Rechtsprechung zu Konfliktfällen zu orientieren, in denen es um die Einhaltung christlicher Religionsgebote oder weltanschaulicher Überzeugungen ging. Insgesamt wird den Bedürfnissen des Arbeitnehmers besonderes Gewicht zukommen, wenn es sich um hervorgehobenes religiöses Bedürfnis handelt (auch der Islam kennt Abstufungen), wenn der Arbeitgeber dieses Bedürfnis schon bei der Einstellung kannte und/oder wenn er dem Bedürfnis ohne größeren Aufwand Rechnung tragen kann. Letzteres wird insbesondere dann der Fall sein, wenn es sich um einen Großbetrieb handelt und/oder wenn die Arbeitsleistung des Betreffenden leicht durch andere Kollegen oder zeitlich verschoben erbracht werden kann. Insbesondere in Fällen, in denen erst eine Änderung der betrieblichen Tätigkeit oder des konkreten Einsatzes im Betrieb den religiösen Konflikt auslöst, werden Schutzbedürfnisse des Arbeitnehmers im Vordergrund stehen.

Andererseits kommt betrieblichen Bedürfnisse dann besonderes Gewicht zu, wenn eine Berücksichtigung der Interessen des Arbeitnehmers erheblichen Aufwand bereitet, seine Tätigkeit deutlich entwertet oder wenn es sich um weniger bedeutsame Gebote handelt. Als Beispiel sei der englische Fall genannt, in dem ein muslimischer Busfahrer auf die Einhaltung der täglichen Gebetszeiten bestand; die Kündigung wurde für gerechtfertigt erklärt.[18] Ein Ruhen des öffentlichen Verkehrs zu den islamischen Gebetszeiten ist in der Tat nicht zumutbar - auch in den meisten islamischen Ländern findet es im Übrigen

---

15 Vgl. *Bosch/Habscheid*, Vertragspflicht und Gewissenskonflikt, JZ 1954, 213, 214 mwN; krit. A. *Blomeyer*, JZ 1954, 309 ff; vermittelnd *Wieacker*, JZ 1954, 466 ff.

16 Vgl. für einen praktischen Fall aus England (Lehrer) Ahmad v. Inner London Education Authority, [1978] 1 AllER 574.

17 Am Lehrstuhl des Verfassers entsteht gegenwärtig eine Dissertation, die sich solchen Fragen widmet; vgl. aus der Rechtsprechung LAG Düsseldorf JZ 1964, 258, die noch zu besprechende neueste Entscheidung des LAG Hessen (Fn. 24) sowie die kurze Übersicht in Ministerium für Arbeit, Gesundheit und Soziales des Landes Nordrhein-Westfalen (Auftraggeber), Türkische Muslime in Nordrhein-Westfalen, 3. Aufl. 1997, 81 ff.

18 Bericht bei *Shadid/Van Koningsveld* Religious Freedom and the Position of Islam in Western Europe, Kampen 1995, 102.

nicht statt, was den Schluss zulässt, dass die Einhaltung der täglichen Gebetszeiten nicht zwingend über den Erfordernissen des täglichen Lebens steht. Besonders gewichtige betriebliche Bedürfnisse sind weiterhin Sicherheitsbelange, z.B. im Hinblick auf Kleidungserfordernisse. Auch in Fällen, in denen der Arbeitnehmer erst nach Einstellung im Verlauf der Zeit seine religiösen Überzeugungen ändert, wird zumindest für eine gewisse Übergangszeit der betriebliche Bedarf oft das Übergewicht haben. Allerdings kann das Recht des Arbeitnehmers auf Änderung seiner Überzeugungen mit Wirkungen für die Arbeitstätigkeit nicht dauerhaft eingeschränkt bleiben. Weniger Schutz verdient der Arbeitnehmer schließlich auch dann, wenn er die Arbeitsstelle trotz vorhersehbarer Konflikte mit seinen religiösen Überzeugungen übernommen hat.[19]

Insgesamt ist eine tragfähige Grundlage für Kompromisslösungen vorhanden. Die allgemeine koranische Aussage, dass Gott den Menschen nichts abverlangt, das ihre Kräfte übersteigt (Sure 2, 286), kann hier hilfreich wirken. So darf ein arbeitstätiger Muslim die täglichen Pflichtgebete außerhalb der vorgesehenen Zeiten "zusammenziehen" bzw. nachholen.[20] Andererseits kann daraus nicht abgeleitet werden, dass die Verrichtung der Gebete überhaupt kein berücksichtigenswerter Belang ist. Hilfslösungen aus Gründen äußerer Notwendigkeit haben für die Betroffenen nicht dieselbe Qualität wie das "eigentlich" gebotene Verfahren.[21]

Insbesondere die gewünschte Teilnahme am Freitagsgebet sollte nach Möglichkeit gewährleistet werden. Sie fällt ohnehin in die Mittagszeit, in der häufig Arbeitspausen vorgesehen sind. Vor- oder Nacharbeiten werden meist möglich sein. Die Beteiligung an Feierlichkeiten wie zu Ende des Ramadan oder die Pilgerfahrt nach Mekka können wohl in der Regel durch bezahlten oder unbezahlten Urlaub sichergestellt werden. Intransigenz auf Seiten einzelner Arbeitgeber ist rechtlich nicht hinzunehmen. So wurden in einem englischen Rechtsstreit[22] Muslimen Ersatzzahlungen[23] zugebilligt, weil ihnen entgegen der zuvor gängigen Praxis unbezahlter Urlaub am Festtag des Fastenbrechens verweigert wurde, obwohl sie die Ableistung von Überstunden zur

---

19 Vgl. BAG NZA 1986, 21, 22.

20 Vgl. *Balić*, Ruf vom Minarett, 3. Aufl. 1984, 70.

21 Vergleichbar nun auch LAG Hamm (Fn. 17) 1971.

22 Entscheidung des Employment Appeal Tribunal in J H Walker v. Hussain and others [1996] IRLR 11.

23 Die Rechtsgrundlage hierfür findet sich in s. 57 (3) Race Relations Act 1976; dieses Gesetz ist grds. problematisch, weil es religiöse Diskriminierung nur dann erfasst, wenn sie eine ethnische Komponente aufweist.

Kompensation angeboten hatten. Aus der Sicht des deutschen Rechts wären hier jedenfalls Abmahnungen oder Kündigungen unrechtmäßig.
Der Kontakt mit Schweinefleisch oder Alkohol wird sich in der Regel vermeiden lassen. Im Falle mangelnder Vermeidbarkeit - beispielsweise bei Produktionsvorgängen mit alkoholischen Substanzen oder bei Tätigkeiten in der Gastronomie - ist es ein Unterschied, ob solche Substanzen verzehrt werden müssen oder ob man damit nur auf andere Weise in Kontakt kommt. Letzteres wird trotz eventueller innerer Vorbehalte in der Regel zumutbar sein. Vergleichbares gilt für die Ausführung verzinslicher Geschäfte, beispielsweise als Angestellter im Kreditgewerbe oder in der Buchhaltungsabteilung von Unternehmen.
Das vielleicht schwierigste Problem dürfte in der Beschäftigung von Frauen liegen, die aus religiösen Gründen ein Kopftuch tragen möchten, sofern ihre Tätigkeit publikumsorientiert ist.[24] Anders als im Verhältnis zum Staat gelten die Grundrechte unter Privaten nicht unmittelbar: Auch der mögliche Verpflichtete ist ja seinerseits Träger von Grundrechten wie dem Recht auf freie Entfaltung der Persönlichkeit und auf Berufsfreiheit (vgl. Artt. 2 Abs. 1, 12 Abs. 1 GG). So mag ein Arbeitgeber vor dem Problem stehen, dass er zwar selbst das Tragen eines Kopftuchs ohne weiteres akzeptiert, die Kundschaft dies aber anders sieht. In der Regel wird man ihn derzeit nicht dazu zwingen können, seine legitimen geschäftlichen Interessen unbeachtet zu lassen und die Kunden zu toleranterem Verhalten zu bewegen - sie werden vermutlich eher den Geschäftskontakt beenden. Die Verweigerung einer Einstellung wird daher in Deutschland, anders als z.B. in Dänemark[25], regelmäßig ohne rechtliche Folgen bleiben. Eine Kündigung aus wichtigem Grund bzw. eine verhaltensbedingte Kündigung im Anwendungsbereich des Kündigungsschutzes kann hingegen nicht ohne weiteres ausgesprochen werden[26]; allerdings wird die Arbeitnehmerin es möglicherweise hinnehmen müssen, in weniger publikumswirksame Unternehmensbereiche umgesetzt zu werden. Sollte eine solche Umsetzung nicht möglich sein, ist im Einzelfall aber doch auch eine personenbedingte ordentliche Kündigung zulässig. Das LAG Hessen hat jüngst in einer von

---

24 Vgl. zu Kündigungen wegen aus religiösen oder weltanschaulichen Gründen getragener Kleidung LAG Düsseldorf DB 1985, 391; ArbG Hamburg ArbuR 1996, 243 sowie jüngst LAG Hessen Urt. v. 21.06.2001, NJW 2001, 3650.

25 Hier hat ein Gericht einer abgewiesenen muslimischen Praktikantin Schadensersatz in Höhe von 10.000 Kronen (ca. 2.700 DM) gewährt; vgl. den Nachweis in NJW 35/2000, XLVII.

26 Vgl. ArbG Frankfurt a.M. AiB 1993, 472 ; für Belgien Tribunal du Travail de Charleroi, Urt. v. 26.10.1992, abgedruckt bei *Panafit*, Quand le droit écrit l'islam, Bruxelles 1999, 531.

Muslimen heftig kritisierten[27], aber wohl doch zutreffenden Entscheidung[28] die ordentliche Kündigung einer Verkäuferin in einem Warenhaus gehobener Ausrichtung mit einem überwiegend ländlichen Kundenkreis in einer Gegend mit geringer ausländischer Wohnbevölkerung für wirksam erklärt. Die Arbeitnehmerin hatte sich zehn Jahre nach ihrer ersten Anstellung wegen gewandelter religiöser Auffassungen entschieden, das Kopftuch nicht abzulegen. Dies widersprach der sich aus betrieblicher Übung ergebenden Nebenpflicht zur Kleidung "ohne auffällige, provozierende, ungewöhnliche oder fremdartige Akzente"; diese wiederum nahm in arbeitsrechtlich zu billigender Weise Rücksicht auf die "Vorstellungen des ländlich-konservativ geprägten Kundenkreises". Die Urteilsbegründung zeigt allerdings auch auf, dass die bloße Behauptung solcher Umstände nicht ausreichen kann. Das Arbeitsrecht stößt hier insgesamt an seine Grenzen: Größere Akzeptanz lässt sich meist nicht durch rechtliche Maßnahmen erzwingen.

Auch bei männlichen Arbeitnehmern können sich dem Vorgenannten vergleichbare Probleme stellen. Kann man etwa einem muslimischen Profifußballer[29] abverlangen, auf dem Rasen z.B. für das Münchner Hofbräuhaus Reklame zu laufen? Gilt dies jedenfalls dann, wenn sich kein anderweitiger Sponsor fände und der Verein auf die Werbeeinnahmen existentiell angewiesen ist? Gerichtskundig sind einschlägige Probleme aber noch nicht geworden.

In der mir zugänglichen Rechtspraxis noch nicht aufgetaucht ist die umgekehrte Konstellation, in der ein islamisch ausgerichteter institutioneller Arbeitgeber das Arbeitsverhältnis mit einem Mitarbeiter wegen erheblicher Verstöße gegen wesentliche Glaubensgrundsätze kündigt. Hier wird in Anlehnung an die Arbeitsverhältnisse mit christlichen Trägern darauf abzustellen sein, ob die Glaubwürdigkeit der Institution es erfordert, den Verstoß durch Kündigung zu ahnden.[30]

---

27 Drastisch fällt die von wenig Sachkunde getrübte Kritik des Vorsitzenden der Islamischen Gemeinschaft Milli Görüş *Erbakan* aus, vgl. "Hessisches Landesarbeitsgericht bestätigt Diskriminierung von muslimischen Frauen", Milli Görüş-Perspektive Juli/August 2001, 31.

28 AaO (Fn. 24), insbes. S. 14 f.

29 Die hM in Rechtsprechung und Literatur qualifiziert auch Profi-Mannschaftssportler als Arbeitnehmer und nicht als selbständige Dienstleistende; vgl. BAG AP Nr. 29 zu § 138 BGB; BAG AP Nr. 2 zu § 611 Berufssport; MünchArbR-*Gitter*, § 202 Rn. 15 ff; aA *Fischer*, SpuRt 1997, 181 ff.

30 Vgl. die Übersicht bei v. Münch/Kunig-*v. Münch* (Fn. 8) Art. 4 Rn. 50 „Kündigung".

## 2. Familien- und Erbrecht

### a) Rechtsgestaltung mit grenzüberschreitender Perspektive

Im Hinblick auf Familien mit grenzüberschreitender Lebensperspektive stellt sich die Frage nach der Wahl der passenden rechtlichen Grundlagen mit besonderer Dringlichkeit. Hierfür stehen im Grundsatz zwei unterschiedliche Wege offen. Ein Weg besteht darin, auf kollisionsrechtlicher Ebene Möglichkeiten zulässiger Rechtswahl zu nutzen. So steht für gemischt-nationale Familien in wichtigen familienrechtlichen Fragen die Wahl einer der beteiligten Rechtsordnungen offen (vgl. für Allgemeine Ehewirkungen und Ehegüterstand Artt. 14 Abs. 2 - 4; 15 Abse. 2, 3 EGBGB). Muslime in Deutschland ohne deutsche Staatsangehörigkeit können ihre familien- und erbrechtlichen Verhältnisse auf solchem Wege den Regelungen des deutschen Sachrechts unterstellen, wenn sie dies wünschen, beispielsweise im Hinblick auf das Ehegüterrecht (vgl. Art. 15 Abs. 2 EGBGB) oder das Erbrecht an Immobilien (vgl. Art. 25 Abs. 2 EGBGB). Dabei sind in der Regel besondere Formvorschriften zu beachten.

Der andere Weg führt zur möglicherweise weitreichenden Gestaltung der Rechtsbeziehungen auf der Basis des dispositiven deutschen Sachrechts. Der letztgenannte Weg deckt sich zumindest teilweise auch mit Gestaltungsmöglichkeiten auf der Basis des islamischen Rechts. Er ist deshalb attraktiv, weil auf solche Weise stabile Rechtsbeziehungen erzeugt werden können, die den Anforderungen mehrerer möglicherweise berufener Rechtsordnungen genügen. So können z.B. das Ehegüterrecht und das Erbrecht, nach Islamischem Recht auch das Recht der Ehescheidung in erheblichem Umfang abweichend vom gesetzlichen Modell bzw. durch Wahl einer von mehreren rechtlichen Optionen gestaltet werden.[31] Durch inhaltliche Annäherung an die Optionen mehrerer Rechtsordnungen verringert sich die Gefahr, dass eine nur nach deutschem Sachrecht gestaltete Regelung wegen Verstoßes gegen den islam-rechtlichen ordre public im Ausland nicht anerkannt wird.[32]

Zum einen kann es für Ehefrauen bedeutsam werden, ihre Rechtsposition im Hinblick auf islam-rechtlich geprägte Regelungen zu verbessern. Zum anderen können im Inland ansässige Muslime ein Interesse daran haben, ihre

---

31 Vgl. hierzu *Rieck*, Die Rolle des Islam bei Eheverträgen mit einem nichtmoslemischen Ehepartner, in: Ebert (Hrsg.), Beiträge zum Islamischen Recht, 2000, 69 ff.

32 Vgl. hierzu *Jung*, Der arabische internationale ordre public als Einfallstor für islamisches Recht, in: Ebert (Fn. 31) 53 ff.; *Rohe*, Rechtsfragen der Eheschließung mit muslimischen Beteiligten, StAZ 2000, 161 ff.

*bürgerlichen* Rechtsverhältnisse in Anlehnung an islam-rechtliche Vorschriften zu regeln.
Wird die Ehe in einem Land geführt, dessen Rechtsordnung die Gleichberechtigung der Geschlechter und Religionen durchsetzt, so besteht ein vergleichsweise geringer Bedarf an individuellen Regelungen. Indes ist bei Eheschließung meist noch nicht abzusehen, wo auf Dauer der Lebensmittelpunkt der Ehegatten liegen wird. Stammt der Ehepartner aus einem Land, in dem die Bindungen in (Groß-)Familienstrukturen noch sehr eng sind, muss damit gerechnet werden, dass irgendwann der Wunsch auf Übersiedlung in dieses Land aufkommen wird. Zu diesem Zeitpunkt lassen sich jedoch die Rechtsverhältnisse, wenn überhaupt, nur noch unter Schwierigkeiten neu gestalten. Der geeignete Zeitpunkt für Regelungen ist also spätestens die Eheschließung. Dabei ist der dringlichste und praktisch häufigste Fall der, in dem ein Muslim aus einem islamischen Land eine europäische Nicht-Muslimin heiratet.
Dabei ergibt sich kein wesentlicher Unterschied daraus, ob der/die muslimischen Ehegatten deutsche Staatsangehörige sind oder nicht.[33] Dies gilt jedenfalls dann, wenn der Ehegatte (oder das Kind) weiterhin auch die Staatsangehörigkeit des Herkunftslandes besitzt. Die Herkunftsrechtsordnung kann im Hinblick auf diesen Personenkreis anwendbar bleiben, soweit die Betroffenen die alte Staatsangehörigkeit nicht aufgeben konnten. Viele islamische Länder entlassen in der Tat ihre Angehörigen nicht aus der Staatsangehörigkeit und behandeln sie dann nach ihrem Kollisionsrecht stets als Inländer.[34] Sobald sich also die Betroffenen im Herkunftsland des Ehemannes aufhalten, wird dieser ungeachtet seiner deutschen Staatsangehörigkeit wie ein Staatsbürger dieses Landes angesehen. Bei der Eheschließung sollte im Interesse der Beteiligten hierauf aufmerksam gemacht werden, weil insoweit nach meinen Erfahrungen weitestgehend Unkenntnis herrscht.
Dabei sei der Hinweis erlaubt, dass mir eine ganze Anzahl im In- oder Ausland glücklich geführter Ehen zwischen Muslimen und Nicht-Muslimen bekannt ist, aber auch nicht wenige andere Fälle. In der Regel führt dabei nicht die Religionsverschiedenheit selbst zum Konflikt, sondern die unterschiedliche kulturelle oder soziale Prägung. Da meist nicht vorab verlässlich einzuschätzen

---

33 Vgl. zur Tendenz in der islamischen Welt, alle Muslime als Angehörige einer einzigen rechtlichen Gemeinschaft (umma) zu betrachten, *Déprez*, Droit international privé et conflits de civilisations, Académie de Droit International, Recueil des cours 1988 IV, Dordrecht u.a. 1990, 9, 342 ff.

34 Vgl. nur *Kotzur*, Kollisionsrechtliche Probleme christlich-islamischer Ehen, 1988, 40 mwN für Algerien, 50 mwN für Marokko; *Menhofer*, Religiöses Recht und internationales Privatrecht, 1995, 48 ff., 53 ff. für Ägypten.

ist, in welche Richtung sich die eigene Beziehung entwickeln wird, sollte doch Vorsorge auch für die denkbaren schlechteren Zeiten getroffen werden.
Vorsorge muss vor allem diejenige künftige Ehefrau treffen, die von den europäischen Lebensverhältnissen der Gegenwart geprägt ist und die sich nicht ohne weiteres in das eher archaische Rollenschema einfügen möchte, das dem Islamischen Recht in seiner traditionellen Form zugrunde liegt.[35] Insbesondere ist zu bedenken, dass die in ein islamisches Land zugewanderte Ehefrau sich im Konfliktfall nicht auf eigene, vor Ort anwesende Familienangehörige stützen kann, denen im dortigen Lebensalltag eine wichtige Vermittler- und Hilfsfunktion zukommt. Insofern muss die vorsorgliche Rechtsgestaltung diejenigen Aufgaben übernehmen, welche auf gesellschaftlich-familiärer Ebene aus äußeren Gründen nicht gelöst werden können.
Demnach ergeben sich besondere Aufgaben für die Rechtsanwendung in Deutschland. Werden hier neue Rechtsbeziehungen geschaffen - insbesondere bei der Eheschließung, aber auch bei Scheidungen - so bedarf es zumindest hinreichender Information der Beteiligten, am besten durch Initiative der Betroffenen selbst. Standesbeamte sollten insbesondere dann, wenn eine mit einem muslimischen Ehemann aus einem islam-rechtlich geprägten Herkunftsland beabsichtigte Eheschließung angemeldet wird, auf die möglichen Probleme aus der Anwendbarkeit ausländischen Rechts und die mögliche ehevertragliche Vorsorge gegen Rechtsnachteile für die Ehefrau hinweisen. Zwar ist in vielen islamischen Ländern eine Tendenz zu beobachten, die Rechte der Frauen zu stärken; einige Nachteile bestehen jedoch fort.[36]
Entsprechende Beratung ist nicht etwa diskriminierend, sondern im Interesse aller Beteiligten sehr zu empfehlen. Solche Empfehlungen werden auch von muslimischen Autoren gegeben[37], dies sogar für Eheschließungen unter Muslimen aus unterschiedlichen Kulturregionen.[38] Derartige Eheverträge sind in der islamischen Welt wie auch außerhalb zumindest in gebildeteren Kreisen durchaus üblich.[39] In Deutschland liegt eine ausführliche, nach (Herkunfts-)

---

35 Vgl. hierzu *Rohe*, Das neue ägyptische Familienrecht - auf dem Weg zu einem zeitgemäßen Islamischen Recht, StAZ 2001, 193 ff.

36 Vgl. exemplarisch den Sachverhalt in OLG Hamm FamRZ 1981, 875, 876.

37 Vgl. zu Vereinbarungen anlässlich der Eheschließung ("nikah-nama") unter indischen Muslimen *Ansari*, Muslim Women's Rights: Goals and Strategy of Reform, Islamic and Comparative Law Review XV-XVI (1995-96), 111, 115 f.

38 Vgl. für indische Muslime *Ansari* (Fn. 37) 111, 115 f.; für Europa *Balić* (Fn. 20) 87; *Douallal/Rüschoff*, Al-Islam 1/1999, 13, 16 sowie die im Tatbestand der Entscheidung BGH NJW 1999, 574 wiedergegebene Vereinbarung.

39 Lausanne 1996, insbes. 28 ff. (*S. Aldeeb*).

Staaten gegliederte Empfehlung des Bundesverwaltungsamts vor.[40] Regelungsvorschläge enthält auch die vom Schweizerischen Institut für Rechtsvergleichung herausgegebene Broschüre "Gemischte Ehen zwischen Schweizern und muslimischen Ausländern".[41]
Nach klassischem Islamischem Recht ist die Vereinbarung eines so genannten "mahr" oder "ṣadāq" (Zahlung des Bräutigams an die Braut) bei der Eheschließung geboten. Gleiches gilt für viele bestehende Rechtsordnungen in der islamischen Welt. Sozialer Hintergrund dieses Instituts ist die finanzielle Absicherung der Ehefrau zum Ausgleich für nur geringe nacheheliche Unterhaltsansprüche und weitgehend fehlende Alterssicherungssysteme. Zudem kann durch die Vereinbarung von Zahlungspflichten unter der aufschiebenden Bedingung der Ehescheidung eine finanzielle Barriere gegen das verbreitete einseitige Scheidungsrecht des Ehemannes ("ṭalāq") errichtet werden: die zu erwartenden Zahlungspflichten sind geeignet, Neigungen zu einer willkürlichen Verstoßung deutlich zu dämpfen.[42]
Erwägenswert ist die Aussetzung eines mahr insbesondere dann, wenn eine Lebensführung im Herkunftsland des Ehemannes nicht auszuschließen ist. Der mahr kann dann zum einen unterhaltsrechtliche Nachteile kompensieren. Zum anderen kann er die erwähnte Funktion übernehmen, die leichtfertige Ausübung des einseitigen Scheidungsrechts durch den Ehemann zu verhindern. Andererseits kann nicht unerwähnt bleiben, dass nach Erfahrungen aus der islamischen Welt der Gegenwart nicht zuletzt sehr hohe Brautgabenforderungen dazu geführt haben, dass viele junge Männer sich eine Eheschließung nicht mehr "leisten" können.[43] So finden sich schon gesetzliche, sogar strafbewehrte Regelungen zur Begrenzung der Brautgabenhöhe.[44] Verpflichtungen zu erheblichen Sofortzahlungen sind von daher je nach den Umständen des Einzelfalles nicht unproblematisch.
Regelungen des Unterhalts sind dann nicht vordringlich, wenn die Ehe in Deutschland oder anderen Ländern geführt werden soll, welche die Regelung des Unterhalts an das Recht des gewöhnlichen Aufenthaltsorts knüpfen. In den

---

40 Bundesverwaltungsamt, Merkblätter für Auslandstätige und Auswanderer, Islamische Eheverträge (*J. Rieck*), Stand 1996; vgl. für weitere, hier nicht erschöpfend behandelte Regelungsvorschläge *Rieck* (Fn. 31) 85 u.a.; zu vielerlei praktischen Aspekten "*baz*" (Binationales Austausch-Zentrum Kairo), Über Grenzen und Chancen des ägyptischen Ehevertrages für die binationale Ehe, Papyrus 9-10/2001, 27 ff.

41 Lausanne 1996, insbes. 28 ff (S. Aldeeb).

42 Vgl. nur OLG Hamm FamRZ 1988, 516, 517; OLG Celle FamRZ 1998, 374, 375.

43 Vgl. nur *Krüger*, Das Recht der Eheschließung in den VAR, StAZ 1999, 65, 66 f; *Ebert*, Das Personalstatut arabischer Länder, Frankfurt a.M. u.a. 1996, 92 f. mwN.

44 *Krüger* (Fn.43) 67 für die Vereinigten Arabischen Emirate.

übrigen Fällen ist daran zu denken, den mahr mit der aufschiebenden Bedingung der Eheführung in einem Land mit islam-rechtlich dominiertem Ehe- und Familienrecht und/oder der Ehescheidung zu verknüpfen. In jedem Falle ist zu beachten, dass der mahr einen polyfunktionalen Charakter hat. So mag er im Einzelfall auch ehegüterrechtlichen Regelungsgehalt aufweisen; insoweit kann z.B. die notarielle Beurkundung gemäß § 1378 Abs. 3 BGB erforderlich werden.[45]

Ferner sollte an den Unterhalt der Ehefrau insbesondere für die Zeit nach einer möglichen Trennung gedacht werden. Zwar wird das deutsche Kollisionsrecht in vielen Fällen zur Anwendbarkeit deutschen Unterhaltsrechts führen. Das nützt aber wenig, wenn der Unterhaltspflichtige sich nicht in einem Land aufhält, in dem eventuelle Unterhaltsansprüche leicht durchzusetzen sind. Der islamischen Tradition, der Ehefrau während der Ehe nach Möglichkeit regelmäßige Vermögenszuwendungen zu machen, entspräche möglicherweise eine entsprechende vertragliche Vereinbarung. Der Sicherungseffekt wird dabei größer, wenn die Ehefrau die alleinige Verfügungsmacht darüber behält, was zwar der Konzeption des Islamischen Rechts, aber nicht durchweg der Tradition entspricht. Dabei sollte darauf geachtet werden, dass der Zugriff auf dieses Vermögen auch dadurch erleichtert wird, dass es im Inland oder im Geltungsbereich der EuGVO bzw. des EuGVÜ angelegt wird.

Wichtig für Ehefrauen kann die Vereinbarung eines erweiterten Rechts auf Ehescheidung werden (sog. "ḫul‘"[46]). Nachdem die meisten islamisch geprägten Rechtsordnungen der Ehefrau nur unter sehr engen Voraussetzungen ein Recht auf Ehescheidung einräumen, kommt einem solchen Recht erhebliche praktische Bedeutung zu. Es übernimmt funktional die Möglichkeit einer Ehescheidung wegen unheilbarer Zerrüttung ohne Verschuldensprüfung. Allerdings ist zu bedenken, dass die Ehefrau für die Scheidung im Wege des ḫul‘ meist einen hohen Preis zu zahlen hat, indem sie in aller Regel auf sämtliche gegen den Ehemann bestehenden Vermögensansprüche verzichten oder dafür sogar eine Zahlung leisten muss.

Ebenfalls kann festgelegt werden, dass bei einer späteren polygamen Eheschließung die Erstfrau ein uneingeschränktes Recht auf Ehescheidung erhält.[47] Empfehlenswert sind weiterhin Regelungen über das Sorgerecht für Kinder aus der zu schließenden Ehe.[48] Nach vielen islamisch geprägten

---

45 Vgl. OLG Celle FamRZ 1998, 374, 375; vgl. auch BGH NJW 1987, 2161, 2163 f.

46 Vgl. El *Alami/Hincliffe*, Islamic Marriage and Divorce Laws of the Arab World, London u.a. 1996, 27 f. sowie die im Tatbestand des Urteils BGH NJW 1999, 574 wiedergegebene Vereinbarung.

47 Vgl. hierzu *El-Alami*, The Marriage Contract in Islamic Law, London u.a. 1992, 130 ff.

48 Exemplarisch für Problemfälle BGH NJW 1999, 1344.

Rechtsordnungen erhält in der Regel nur der Ehemann die Vermögenssorge (walāya), während die tatsächliche Personensorge (ḥaḍāna) je nach Alter und Geschlecht des Kindes regelmäßig zunächst der Mutter und ab einem bestimmten Alter dem Vater zusteht. Hier ließen sich ehevertragliche Modifikationen versuchen; allerdings kann nicht ausgeschlossen werden, dass bei Rechtsstreitigkeiten im Herkunftsland entsprechende Regelungen über den dortigen ordre public abgewehrt und damit faktisch unwirksam werden.[49] Auch hier verbleibt also mehr als ein Rest von Unsicherheit.

Empfehlenswert ist es auch, die Religionszugehörigkeit der Kinder zu regeln[50] und die Eintragung der Kinder in den Reisepass der Mutter vorzunehmen, soweit möglich. Andernfalls wird eine Ausreise ohne Zustimmung des Vaters unmöglich. Um Reisen mit Kindern zu erleichtern, könnten sich Eltern auch gegenseitig zur Ausübung des Sorgerechts für den jeweiligen Ehepartner bevollmächtigen, wobei das Recht zur Änderung des Lebensmittelpunkts ausgeschlossen wird, sinnvollerweise in Kombination mit einer Verpflichtung, das Kind nach der Reise an den bisherigen Lebensmittelpunkt zurückzubringen.[51]

Auch erbrechtliche Regelungen sind zu bedenken. Nach klassischem Islamischen Recht kann der Erblasser über maximal 1/3 des Nachlasses Verfügungen treffen. Die feste Bindung von 2/3 des Nachlasses für bestimmte nahestehende Verwandte[52] dürfte angesichts der funktional vergleichbaren Pflichtteilsregelung in §§ 2303 ff BGB nicht anzugreifen sein. Umso wichtiger kann es werden, bereits zu Lebzeiten finanzielle Vorsorge zu treffen. Zu denken ist hierbei auch an mögliche interreligiöse Erbverbote des ausländischen Sachrechts.[53] Dessen Regelungen sollten abbedungen werden, wenngleich die Durchsetzung einer solchen Vereinbarung im Herkunftsland schwierig werden könnte. Insofern empfiehlt sich zusätzlich der Rat, vorhandene Vermögenswerte

---

49 Nachweise *Krügers* (Fn.43, 67 f.) aus der Rechtsprechung der Vereinigten Arabischen Emirate zeigen allerdings, dass derlei Vereinbarungen auch im Rahmen des dort geltenden Rechts getroffen werden können.

50 Zwar ordnet § 4 des deutschen Gesetzes über die religiöse Kindererziehung v. 15.07.1921 i.d.F. v. 12.09.1990 (BGBl. I, S. 2002, 2023) an, dass Verträge über die religiöse Erziehung eines Kindes ohne bürgerliche Wirkung sind. Sie mögen aber nach anderen Rechten wirksam sein oder doch jedenfalls Anhaltspunkte für eine Entscheidung nach dem Kindeswohl liefern.

51 Letztere Vorschläge verdanke ich dem Mitglied unserer Gesellschaft Herrn RA Rieck, München.

52 Vgl. nur *Spies/Pritsch*, Klassisches Islamisches Recht, in: Spuler (Hrsg.), Handbuch der Orientalistik, Erste Abteilung, Ergänzungsband 3, Leiden u.a. 1964, 220, 230 f; Koran Sure 4 Verse 11 ff., 33, 176; Sure 2 Verse 180, 240 f.

53 Vgl. nur *Menhofer* (Fn. 34) 76 ff., 236 ff. für Ägypten.

auch außerhalb des Herkunftslandes anzulegen. Zudem empfehlen sich Regelungen über die Vererbung des Hausrats. So kann es insoweit günstig erscheinen, die mögliche Erbberechtigung der Familie des Erblassers auszuschließen.[54]
Im Bereich gerichtlicher Entscheidungen schließlich erscheint es angezeigt, bei einer Sorgerechtsentscheidung das Umgangsrecht eines ausländischen muslimischen Vaters von einer Erklärung abhängig zu machen, dass er die Entscheidung des deutschen Gerichts billigt. So ließe sich vielleicht eine ansonsten praktisch irreversible Kindesentführung in das Herkunftsland auch dort rechtlich angreifbar machen.[55]
Ein Beispiel für eigenständige Rechtsgestaltung aus der jüngeren Rechtsprechung ist die Vereinbarung einer Brautgabe (mahr).[56] Generell sollten Muslime allerdings prüfen, ob eine Übertragung traditioneller islam-rechtlicher Vorstellungen wirklich geeignet ist, den erkennbaren Sinn islam-rechtlicher Regelungen zu treffen. Ein konkretes Beispiel mag genügen. Die Bemessung der Erbquoten mit nur hälftiger Berücksichtigung weiblicher Nachkommen verfolgt nach verbreiteter Deutung den Zweck, die grundsätzlich alleinige Unterhaltspflicht männlicher Nachkommen finanziell auszugleichen.[57] Diese Funktion wird aber dann verfehlt, wenn das - weitgehend zwingende - im Aufenthaltsstaat anwendbare Unterhaltsrecht auch die weiblichen Nachkommen gleichermaßen zur Unterhaltsverpflichtung heranzieht. Würde ein Erblasser dennoch den Töchtern nur den halben Erbteil von Söhnen zumessen, so würde es sich gegen den Sinn der islam-rechtlichen Regeln wenden.
Insgesamt scheint hier eine der großen Aufgaben juristisch gebildeter Muslime in Ländern außerhalb der islamischen Welt zu liegen. Bislang ist nur in Ansätzen[58] der Versuch erkennbar, ein islamkonformes bürgerliches Recht für Muslime in der Diaspora zu entwickeln, obwohl die Rechtsordnungen der westlichen Welt vielfältige Gestaltungsmöglichkeiten zulassen und obwohl die pauschale Übernahme von Vorschriften, die in ihren Einzelheiten für eine andere Weltregion und andere Zeiten entwickelt wurden, in der Praxis wenig Erfolg versprechen dürfte.

---

54 Vgl. "baz" (Fn. 40) 28.

55 Vgl. OLG Karlsruhe IPRax 1989, 249.

56 Vgl. OLG Celle FamRZ 1998, 374, 375.

57 Vgl. *Rohe* (Fn. 2) 51 f.

58 Vgl. z.B. den eher vagen Hinweis auf mögliche unterhaltsrechtliche Verwerfungen bei *v. Denffer*, Die Familie im Islam und in der gegenwärtigen Gesellschaft, Al-Islam 2/2001, 4, 7.

### b) Rechtsgestaltung mit inländischer Perspektive

Im Grundsatz gelten die eben getroffenen Aussagen zur Rechtsgestaltung mit grenzüberschreitender Perspektive auch für Inlandsverhältnisse, beispielsweise unter deutschen Muslimen mit inländischem gewöhnlichem Aufenthalt. Allerdings kann die deutsche Staatsangehörigkeit oder auch der Inlandsaufenthalt in gewissem Maße einschränkend wirken. So gerät ein "Ausweichen" auf ausländische Rechtsordnungen vergleichsweise leichter zum Anwendungsfall des deutschen ordre public (Art. 6 EGBGB), dessen Eingreifen sich ja maßgeblich nach der Intensität des Inlandsbezugs des jeweiligen Sachverhalts bemisst. Beispielsweise dürfte in solchen Konstellationen eine polygame Eheschließung im Ausland, das eine solche Eheform kennt, regelmäßig nicht anerkannt werden. Dem vergleichbar ist eine Beurteilung von frauenbenachteiligenden Regelungen als sittenwidrig i.S.v. § 138 BGB näherliegend, soweit eine billigenswerte Begründung aus einer grenzüberschreitenden Lebensperspektive entfällt. Allerdings bleibt insgesamt ein zurückhaltender Umgang mit dem Verdikt der Sittenwidrigkeit geboten. Eine Ablösung des früheren Maitressentestaments durch das islamische Testament drängt sich nicht eben auf. Privatautonomie heißt auch, gesellschaftlich Wünschenswertes nicht ohne weiteres mit rechtlichen Geboten oder Verboten zwangsweise durchzusetzen. Vergleichbares gilt für im Inland geschlossene polygame Ehen. Sie sind schlicht unwirksam. Damit muss es aber sein Bewenden haben, ist doch die rechtlich ungeregelte ménage à trois oder erst recht die einverständliche räumlich getrennte Unterhaltung außerehelicher Beziehungen in Deutschland keinen rechtlichen Sanktionen ausgesetzt.

## 3. Allgemeines Vertragsrecht und Wirtschaftsrecht

### a) Verbot von Zinsnahme und Risikogeschäften; Verträge über "Verbotenes"

Im Wirtschaftsrecht herrscht weitreichende Gestaltungsfreiheit. Sie ermöglicht es den Muslimen in Deutschland und Europa, wirtschaftsrechtliche Beziehungen so zu gestalten, wie es ihrer Glaubens- und Rechtsüberzeugung entspricht. Hierzu stehen ihnen auch die rechtlich vorgesehenen Organisationsformen wie z.B. eingetragener Verein (§§ 21 ff. BGB), stille Gesellschaft (§§ 230 ff. HGB) oder Stiftung (§§ 80 ff. BGB) zur Verfügung.[59] Problemlagen und mögliche Lösungen seien in gebotener Kürze an drei Problemkreisen illustriert, die sich aus der klassischen Ausprägung des Islamischen Rechts ergeben.

Zum Ersten wird im Koran[60] ein Gegensatz zwischen erlaubtem Handeltreiben und Verbot des " ribā" gebildet. Was "ribā" genau ist, wird nicht definiert und ist deshalb der Auslegung zugänglich.[61] Eine stärker werdende Minderheit neuzeitlicher Rechtsgelehrter versteht darunter nur das Verbot von Wucherzinsen. Diese interpretieren das ribā-Verbot nach seinem erkennbaren Sinn und berücksichtigen den Zeitwert von Kapital. So sollen z.B. Zinsanteile, die nur den Wertverlust des Kapitals durch Inflation oder Verwaltungskosten abdecken, nicht als verbotener ribā gelten.[62] Zinsen für verspätete Leistung (Verzugszinsen) werden als legitimer Schadensersatz anerkannt.[63] Auch die Kreditkartennutzung in nicht-islamischen Ländern, in denen keine islamische Banken arbeiten, erklärt z.B. der Europäische Rat für Rechtsgutachten als (religiös) erlaubt.[64] Der Mufti von Ägypten Ṭantāwī hat 1989 ein Rechtsgutachten abgegeben, nach dem verzinsliche Staatsschatzbriefe nicht gegen das ribā-Verbot verstoßen. Allerdings gibt es auch Gegenbewegungen, u.a. vehementen Protest gegen Ṭantāwīs Gutachten.[65] Nach einer Pressemeldung aus dem Jahre 1994 hat eine islamistische ägyptische Terrororganisation alle Bankkunden aufgefordert, ihre der Verzinsung unterliegenden Konten aufzulösen, weil der Islam Zinsen verbiete.[66] Insgesamt ist wohl noch die Mehrheit der Rechtsgelehrten der Überzeugung, es werde jegliche Zinsnahme

---

59 Vgl. hierzu *Rohe*, Möglichkeiten und Grenzen der Bildung islamischer Religionsgemeinschaften in Deutschland, in: Landeszentrale für politische Bildung Baden-Württemberg, Islam in Deutschland, 2001, 233 ff.

60 Sure 2, 275.

61 Vgl. *Muslehuddin*, , Islamic Jurisprudence and the Rule of Necessity and Need, New Delhi 1982, 40 f. mwN.

62 *Balić* (Fn. 20) 67.

63 Kassationsgerichtshof Dubai Urt. No. 321/99 v. 19.12.1999, wiedergegeben in Al Sharif Advocates & Legal Consultants Legal Bulletin No. 17 (4/2000), 3.

64 Al-mağlis al-ūrubī li-l-iftā' wa-l-buḥūt, fatāwā Bd. 1, Kairo o.J., 40 ff, vgl. hierzu *Rohe*, On the Formation of a European Shari'a, in: Malik (Hrsg.), Muslim Minority Societies in Europe (im Erscheinen).

65 Vgl. *Skovgaard-Petersen*, Defining Islam for the Egyptian State, Leiden u.a. 1997, 295 ff.

66 Vgl. "Neue Drohung ägyptischer Fundamentalisten", FAZ v. 22.2.1994, 6. Die agierende "Ǧama'a Islamiya" hat zur Unterstreichung ihrer Aufforderungen Bomben vor Banken gelegt.

untersagt.[67] Diese Sicht steht den Erfordernissen des kapitalorientierten Wirtschaftsverkehrs offensichtlich entgegen. Deshalb haben muslimische Juristen schon in der Frühzeit des Islam Rechtskniffe (sog. " ḥiyal "), entwickelt, welche den wirtschaftlichen Notwendigkeiten Rechnung getragen haben.[68] Daneben finden sich Fälle, in denen Muslime tatsächlich ersatzlos auf eine Verzinsung verzichten.

Die Haltung der Muslime zu Zinsgeschäften ist also immer noch höchst unterschiedlich. Die in Deutschland herrschende Vertragsfreiheit ermöglicht es im Grundsatz, Verträge in Einklang auch mit dem "strengen" Zinsnahmeverbot wie auch solche in der ḥiyal-Variante abzuschließen; so mag man ohne substantielle Änderung Zinsen gefälliger als "Gebühren" ausweisen. Puristen gefällt solches Vorgehen freilich nicht; außerhalb der hanafitischen Rechtsschule war es zu allen Zeiten umstritten. Deshalb ist es ohne weiteres möglich, statt einer Umgehung rigider Zinsvorschriften lieber gleich eine - unstreitig erlaubte - Kapitalbeteiligung an Unternehmen anzustreben. Damit freilich übernimmt man in größerem Umfang auch Verlustrisiken.

Der Wirtschaftsverkehr hat bereits auf die Bedürfnisse traditionell denkender Muslime reagiert. Deutsche und Schweizer Banken haben "islamische" Aktienfonds zur Geldanlage aufgelegt, bei denen eine Beteiligung an solchen Unternehmen ausgeschlossen wird, die das Geschäft mit Glücksspiel, Alkohol, Tabak, verzinslichem Kredit, Versicherungen oder religiös illegitimer Sexualität zum Gegenstand haben.[69] Erzielte Gewinne werden nicht ausgeschüttet, sondern sofort wieder investiert.[70] Schon werden die Börsenwerte im "Dow Jones Islamic Market Index" oder im FTSE Global Islamic Index gemessen und sind offenbar konkurrenzfähig.[71]

Eine Grenze der Dispositionsfreiheit zog § 11 Nr. 8 lit. b AGBG. Nach dieser Norm können in Allgemeinen Geschäftsbedingungen Schadensersatzansprüche nicht ausgeschlossen werden; hierzu zählen z.B. auch Ansprüche auf Ersatz des

---

67 Vgl. zum ribā-Verbot *Wichard*, Zwischen Markt und Moschee, 1995, 180 ff.; *Amereller*, Hintergründe des "Islamic Banking", 1995, 133 ff.; *Lohlker*, Das islamische Recht im Wandel. Ribā, Zins und Wucher in Vergangenheit und Gegenwart, 1999; *Saleh*, Unlawful Gain and Legitimate Profit in Islamic Law, 2. Aufl. London u.a. 1992, 39 ff.

68 Vgl. nur *Wichard* (Fn. 67) 81 ff.

69 Vgl. "Islamischer Aktienfonds in Deutschland", Freitagsblatt 2/2 Februar 2000, 13; zu rechtlichen Problemen *K. Bälz*, Islamic Investment Funds in Germany, Akhbar – Newsletter of the Arab Regional Forum of the International Bar Association Section on Business Law Vol. 7 No. 2 Dezember 2000, 7; *ders.*, Islamische Aktienfonds in Deutschland?, BKR 2002, 447, 449 ff.

70 Vgl. "Nicht nur für Fundis", prisma 14/2000, 14.

71 Vgl. "Das Geschäft mit islamischen Fondsanlegern wächst kräftig", FAZ v. 20.12.1999, 35.

Verzugsschadens.[72] Hier endet auch die genannte mittelbare Drittwirkung der Grundrechte. Dem Sinne nach kann insoweit nun § 307 Abs. 2 Nr. 2 BGB i.d.F. der Schuldrechtsreform vom 1.1.2002 eingreifen.[73]

Zum Zweiten kann das klassische islam-rechtliche Verbot von Spekulationsgeschäften (sog. "ġarar") zum Problem werden. Es kann eine Vielzahl von Bankgeschäften (Geschäfte über Futures u.a.) wie auch den Abschluss komplexer Verträge mit noch nicht im Einzelnen feststehenden Vertragsleistungen verhindern, wie sie im internationalen Wirtschaftsverkehr üblich sind (Konzessionsverträge, Verträge über Großbauprojekte u.ä.). Zudem werden bei strenger Anwendung Versicherungsverträge in Zweifel gezogen.[74] Auch hier finden sich vielfach moderne Interpretationen, die zwischen sinnvollen und unterstützenswerten Geschäften z.B. zur Streuung von für Einzelne ruinösen Risiken einerseits und abzulehnenden Geschäften wie Glücksspiel und ähnlichem andererseits unterscheiden. Beispielsweise ist nach neuem kuwaitischen Recht der Handel mit Futures zulässig.[75] Auch der Versicherungsvertrag wird zunehmend akzeptiert. Freilich finden sich auch auf diesem Feld Verfechter einer engeren Interpretation.
Wer an der herkömmlichen Sicht festhalten will, kann dies auch hierbei mit Hilfe der Wiederbelebung traditioneller islam-rechtlicher Geschäfts- und Gesellschaftsformen tun. Auch die genannte ḥiyal-Tradition ermöglicht ein Wirtschaften unter islam-rechtlicher "Flagge", ohne dass die Bedürfnisse des Wirtschaftsverkehrs vernachlässigt werden müssten. So kann man Versicherungsverträge mit "Gegenseitigem Einstehen" umschreiben.
Die erörterten Gestaltungsmöglichkeiten stehen jedoch zunächst nur für den Bereich privatautonomer Gestaltung unter Muslimen oder mit anderen Vertragspartnern offen, die sich auf entsprechende Bedingungen einlassen. Gegen bereits bestehende Ansprüche auf Zinsen oder solche aus rechtlich wirksamen "Spekulationsgeschäften" kann sich ein Muslim grundsätzlich nicht mit religiösen Begründungen zur Wehr setzen. Umgekehrt respektieren muslimische Juristen den Umstand, dass zumindest in der islamischen Diaspora

---

72 BGHZ 86, 284, 292; Palandt-*Heinrichs*, BGB, 60. Aufl. 2001, § 11 AGBG Rn. 42 mwN.

73 Vgl. Gegenäußerung der Bundesregierung vom 31.08.2001 zu Nr. 48 der Stellungnahme des Bundesrates vom 13.07.2001, BT-Drucks. 14/6857 S. 53.

74 Vgl. hierzu *Bälz*, Versicherungsvertragsrecht in den Arabischen Staaten, 1997, insbes. 9 ff., 20 ff.

75 Vgl. "Kuwait Introduces Futures Trading", Al Sharif Advocates & Legal Consultants, Legal Bulletin 3/1998 (Dubai), 8.

solche Ansprüche bestehen können, und erklären es für erlaubt, im Falle der Notwendigkeit entsprechende Verpflichtungen einzugehen.[76]

Etwas anders liegen zum Dritten die Fälle des Umgangs mit verbotenen Gegenständen wie Alkohol usw. Arbeitsrechtliche Konsequenzen wurden bereits oben unter 1. aufgezeigt. Auch kann die Erfüllung anderer wirksam geschlossener Verträge, welche den Umgang mit diesen Gegenständen beinhalten, grundsätzlich nicht unter Berufung auf religiöse Gebote oder Verbote verweigert werden. Im Einzelfall ist indes auch noch an die Möglichkeit einer fristlosen Kündigung aus wichtigem Grund zu denken (vgl. §§ 314, 626 BGB). Allerdings passt dieses Institut nur begrenzt, weil der Kündigungsgegner in aller Regel keinen Anlass für die Kündigung gegeben haben dürfte. So wäre vielleicht in Anlehnung an die bisherige Rechtsprechung und die künftige Regelung des BGB über die vorzeitige Kreditvertragsauflösung gegen Entrichtung einer Vorfälligkeitsentschädigung (§ 490 Abs. 2 BGB) eine entsprechende Vertragsauflösung gegen Schadensersatz zu erwägen. Alternativ hierzu ist an eine Anwendung des § 275 Abs. 2 BGB zu denken, wenn die religiöse Motivation den Grad der faktischen Unmöglichkeit einer Vertragserfüllung erreicht.

### b) **Der "islamische Dinar"**

Eine Gruppierung von Muslimen in Deutschland um die "Islamische Zeitung" und das "Weimar Institut" propagiert seit einiger Zeit die Einführung eines "islamischen Dinar"[77]. Die bestehenden "islamischen" Banken werden als Form "islamischen Whiskeys"[78] diskreditiert. Durchaus dem technischen Fortschritt zugetan wird bereits der goldgedeckte, EDV-mäßig handelbare "e-dinar" einer malaysischen Firma ins Gespräch gebracht.[79] Darin scheint eine z.T. auch aus christlich-fundamentalistischen bzw. anti-kapitalistischen Richtungen formulierte Kritik an der nicht edelmetallgedeckten Währung durch, wie sie die Weltgeschichte immer wieder erlebt hat. Der Ministerpräsident von Malaysia Mahathir soll das Projekt gelobt haben; ob dies als ein besonderer Bonitätsausweis zu bewerten ist, steht hier nicht zur Erörterung an. Aus zivil- und wirtschaftsrechtlicher Sicht werden hierbei zwei Aspekte maßgeblich.

---

76 Vgl. *Rohe* (Fn. 64).

77 Vgl. "Islamischer Dinar - Eine neue Weltwährung?", Islamische Zeitung 8/2001, 22.

78 So 'Abdalqadir al-Sufi in "Einheit als Lebenswerk", Islamische Zeitung 8/2001, 24.

79 Vgl. "Präsentation des e-dinar", Islamische Zeitung 6/2001, 13; erreichbar unter: www.e-dinar.com.

Rechtlich unproblematisch ist ein solches Projekt dann, wenn es sich auf eine Form des Tauschs bzw. des Handels mit Inhabermarken im Sinne von § 807 BGB - ähnlich den Jetons einer Spielbank - beschränkt. Soweit damit auch der "zakāt" auf freiwilliger Basis eingesammelt werden soll[80], ist dagegen aus rechtlicher Sicht nichts einzuwenden. Problematisch wird es dann, wenn damit tatsächlich ein währungsähnlicher Verkehr eröffnet werden soll. Dies verbietet das Gesetz über die Bundesbank i.V.m. der Regel des Art. 88 GG. Nach § 14 BBankG ist bislang nur die deutsche Bundesbank berechtigt, Banknoten im Geltungsbereich des Gesetzes auszugeben. Nach §§ 35, 36 BBankG ist es strafbar, unbefugt Geldzeichen[81] in den Verkehr zu bringen, die geeignet sind, im Zahlungsverkehr anstelle der gesetzlich zugelassenen Münzen/Banknoten verwendet zu werden (sog. "Notenmonopol" und "Münzregal"[82]). Unbedenklich wäre es aus solcher Sicht, wenn z.B. die mehrwertsteuerfrei angebotenen Goldmünzen zu internen Zahlungszwecken verwendet werden. Die Ausgabe einer eigenen "Dinar-Währung" verstieße hingegen gegen das BBankG.

### c) Die " ḥawāla "-Organisationen

Nach Pressemeldungen aus jüngerer Zeit[83] hat sich in Deutschland ein System so genannter "ḥawāla-Banken"[84] etabliert, die nach Ansicht der Bundesanstalt für Finanzaufsicht (vormals: Bundesaufsichtsamts für das Kreditwesen) illegale Bankgeschäfte ausführen; gegen 485 einschlägige Organisationen werde ermittelt. Nun ist die ḥawāla ein altehrwürdiges Institut des Islamischen Rechts. Es bildet ein Grundmodell des bargeldlosen Zahlungsverkehrs[85] und stellte auch für das mittelalterliche und neuzeitliche Europa einen "Exportschlager" dar. Der Begriff des "Avalkredits" bzw. der Avalbürgschaft erinnert noch sprachlich an die Herkunft dieses Instituts. Es entspricht funktional im Wesentlichen der in §§ 783 ff. BGB geregelten Anweisung bzw. dem Wechsel im Sinne des Art. 1 WG. Die Nutzung solcher Transaktionsformen des bargeldlosen Zahlungsverkehrs ist

---

80 Vgl. die entsprechende Forderung in "Deklaration von muslimischen Gelehrten und Imamen" vom 30. Juni 2001, Islamische Zeitung 8/2001, 23 unter 2.

81 Vgl. zur Terminologie Staudinger-*K. Schmidt*, BGB, 13. A. Vorbem zu §§ 244 ff. Rn. A 12 ff., insbes. A 24.

82 Vgl. *Fögen*, Geld- und Währungsrecht, 1969, 31 ff.

83 Vgl. "Hawala - das Wort eines Mannes gilt", FAZ v. 06.10.2001, S. 3; "Schattenbanken – ihr Geschäft ist die Geldwäsche", Erlanger Nachrichten v. 10.10.2001, S. 7.

84 Vgl. zu Rechtstatsachen und rechtlicher Bewertung *Findeisen*, "Underground Banking" in Deutschland, WM 2000, 2125 ff.

85 Vgl. hierzu *Duri*, Arabische Wirtschaftsgeschichte, 1979, 89 und Fn. 76, 179.

grds. nicht zu beanstanden. Vergleichbar der Problematik des "islamischen Dinar" entstehen Rechtsprobleme jedoch dann, wenn solche Zahlungsformen in institutionalisierter Weise durch bankähnliche Organisationen ausgeführt werden. Dies scheint nach den genannten Berichten in der Tat der Fall zu sein. Wirtschaftlicher Hintergrund ist anscheinend zum einen das Bestreben, Geld schnell und kostengünstig - gegen nur ein geringes Ausführungsentgelt von ca. 1-2 % der Transaktionssumme[86] - ins Ausland zu transferieren. Dieses Bestreben wird angesichts der nach wie vor bei den Geschäftsbanken üblichen sehr hohen Entgelte durchaus verständlich. Zudem ist der Einsatz solcher Mechanismen für Transfers in Länder ohne funktionierendes Bankensystem fast unvermeidlich. Dessen ungeachtet ergeben sich hierbei bankrechtliche Implikationen. Wegen der mit solchen Geschäften verbundenen Gefahren hat der deutsche Gesetzgeber 1998 auch das Finanztransfergeschäft in § 1 Abs. 1 a S. 2 Nr. 6 KWG in den Katalog der erlaubnispflichtigen Finanzdienstleistungen aufgenommen; Sanktionen gegen Verstöße finden sich in §§ 54 Abs. 1 Nr. 2 KWG (Straftatbestand) sowie in §§ 37, 50 KWG (nötigenfalls zwangsweise Einstellung der Geschäftstätigkeit). Zudem stehen Verstöße gegen handels- und steuerrechtliche Buchführungspflichten und weitere Steuervorschriften im Raum.[87] Soweit solche "ḥawāla-Banken" auch dazu dienen, Schwarzgeld zu waschen[88] oder die Infrastruktur von Terrororganisationen aufrechtzuerhalten, sind die Gefahren offensichtlich. Auch in der islamischen Welt hat man deshalb Initiativen zur besseren Aufsicht ergriffen, wie etwa jüngst in den VAE Meldepflichten an die Zentralbank.[89]

## 4. Außergerichtliche Konfliktlösung

Bedenkenswert erscheinen nicht zuletzt die vorrechtlichen Formen der Konfliktvermeidung und der Vermittlung im Konfliktfall auf gesellschaftlicher Ebene. Ein anscheinend erfolgreiches Beispiel hierfür ist das seit 1980/82 bestehende Islamic Sharia Council in England.[90] Es hat bis 1996 ca. 1.500

---

[86] Erträge werden wohl v.a. durch Währungskursdifferenzen erzielt, vgl. *Findeisen* (Fn. 84) 2127.

[87] Vgl. *Findeisen* (Fn. 84) 2127.

[88] Vgl. *Findeisen* (Fn. 84) 2129 f.

[89] Vgl. "Hawala-System verliert an Gewicht", FAZ v. 12.06.2002, 27.

[90] Vgl. *Philip Lewis*, , Islamic Britain, London u.a. 1994, 119 f.; *Pearl/Menski*, Muslim Family Law, 3. Aufl. London 1998, 3-81 ff.; zur Entwicklung in anderen europäischen Ländern *Foblets*, Community Justice among Immigrant Family Members in France and Belgium, in: Kuppe/Potz (Hrsg), Law & Anthropology 7 (1994), 371 ff.

Rechtsfälle behandelt. Ihm ist keine offizielle Funktion zuerkannt; es übernimmt aber vergleichsweise sehr kostengünstig Mediationsaufgaben vor allem im Bereich des Personenstandsrechts. Dies betrifft in erheblicher Anzahl Fälle, in denen eine muslimische Ehefrau ein englisches Scheidungsurteil erwirkt hat und nun die "islam-rechtliche" Bekräftigung durch ṭalāq (einseitige Scheidung) durch den Ehemann herbeiführen möchte.[91] Damit soll eine umfassende Akzeptanz der Entscheidung auch im sozialen Umfeld herbeigeführt werden.[92] Für englische Muslime mit häufig intensiver Rückbindung an den indischen Subkontinent ist dies von besonderer Bedeutung. Entscheidungen des Council, die nicht angegriffen werden können, sind – unter Einpassung in das englische Rechtssystem – durch staatliche Gerichte durchzusetzen.[93] Auch hierdurch würde der Islam zur rechtlichen Normalität und damit dem Zugriff von Extremisten entzogen. Andererseits wäre die Oberherrschaft des Rechts des Aufenthaltsstaats nicht eingeschränkt; dass hier keine gleichstufige "Parallelgerichtsbarkeit" eingerichtet wird, wäre deutlich zu machen. Wer sich also als Muslim nicht der Hilfe solcher islamischer Institutionen bedienen wollte, könnte selbstverständlich die allgemein geltenden Rechtsformen und Gestaltungsmöglichkeiten wählen.

Nicht ohne Grund hat sich allerdings gerade in England ein solches Schiedswesen in Gestalt mittlerweile mehrerer Islamic Sharia Councils gebildet. Ihre Bedeutung gewinnen sie insbesondere aus der für europäische Verhältnisse vergleichsweise starken Distanz breiter muslimischer Kreise gegenüber dem englischen Familien- und Erbrecht. Wo Zwangsverheiratungen noch verbreitet sind, wie etwa unter Personen pakistanischer Herkunft – was Muslime selbst als unislamische Tradition anprangern[94] –, bedarf es wohl in der Tat solcher

---

91 Vgl. *Philip Lewis* (Fn.90) 119 f.; *Pearl/Menski* (Fn. 90) 3-81 ff., insbes. 3-96 ff.

92 Dass das Recht nicht zu sehr Avantgarde sein kann, zeigt das Beispiel der in der Türkei erst allmählich durchgesetzten Zivilehe. Die familienrechtlichen Folgen der vom Imam geschlossenen "Nichtehen" mussten fortwährend durch Amnestien aufgefangen werden; vgl. nur OLG Zweibrücken NJW-RR 1997, 1227. Vgl. auch *Abdulrahim*, Islamic Law, Gender and the Policies of Exile. The Palestinians in West-Berlin, in: Mallat/Connors (Hrsg.) Islamic Family Law, London 1990, 181 ff., 197 f. zu verkappten polygamen Beziehungen trotz "offizieller" Scheidung.

93 Informationen von The Honourable David Pearl, Judge in the High Court, London, gegeben auf einer Tagung über Islamic Law and its Reception by the Courts in the West in Osnabrück vom 22.-24.10.1998.

94 Zwei dramatische Fälle schildert der Gründer und Vorsitzende des ältesten Islamic Shari'a Council *Zaki Badawi*, Muslim Justice in a Secular State, in: King (Ed.), God's Law versus State Law, London 1995, 73, 75 f. und 79. Im ersten genannten Fall ging es um eine junge, an der Universität lehrende Pakistanerin, die gezwungen worden war, mit einem pakistanischen Verwandten die Ehe einzugehen. Nach Eingehung der Zivilehe weigerte sie

Lösungen, die klare Verhältnisse nicht nur in rechtlicher, sondern auch in sozialer Hinsicht schaffen.
Andererseits sind die Bedenken gegenüber einer quasi-staatlichen Rolle solcher Instanzen nicht von der Hand zu weisen. Die dauerhafte Institutionalisierung einer religiösen Rechtsspaltung liegt jedenfalls dann nicht im Interesse der staatlichen Rechtsordnung, wenn die möglichen „Nutznießer" die Staatsangehörigkeit des Aufenthaltslandes besitzen oder dort dauerhaft ansässig sind. Auch hier gilt der Grundsatz, wonach das geltende Recht hinreichenden Gestaltungsspielraum eröffnet. Im übrigen bleibt es Interessierten unbenommen, private Mediation zu betreiben, ohne dafür staatliche Sanktionsmechanismen in Anspruch zu nehmen.

## 5. Auswirkungen islamisch geprägter Vorverständnisse auf die Zivilrechtsanwendung

Im Bereich der Rechtsanwendung, insbesondere bei der Auslegung im Rahmen vertraglicher Beziehungen, können islamisch geprägte Vorverständnisse Bedeutung gewinnen. Aus eigener richterlicher Erfahrung ist zu berichten, dass das islam-rechtliche Zinsnahmeverbot (vgl. oben 3.a) für Transaktionen unter Muslimen prägend sein kann. So ist es denkbar, dass beim Streit darüber, ob die Überlassung von Kapital für geschäftliche Zwecke als Darlehen oder aber als stille Beteiligung zu bewerten ist, ein solches Vorverständnis zum Tragen kommt. Dasselbe gilt für die Frage, ob die mangelnde Beurkundung wichtiger - formfreier - Transaktionen einen Schluss auf den fehlenden Willen zur rechtlichen Bindung zulässt, oder ob nicht die traditionelle islam-rechtliche Ausrichtung am Zeugenbeweis[95] die Aussagekraft mangelnder schriftlicher Fixierung schmälert. Auch eingespielte Rollenverständnisse können relevant werden. So kennt das islamische Recht zwar seit alters her die Gütertrennung zwischen Ehegatten; die Ehefrau ist grds. über ihr Vermögen (allein) verfügungsberechtigt. Jedoch kommt es offenbar häufig vor, dass der Ehemann

---

sich, der islamischen Eheschließung zuzustimmen. Der Vater verheiratete sie dennoch, sie floh aber. Einer ihrer Brüder versuchte sie zu töten, weil sie die Familienehre beschmutzt habe und die Seele des Vaters keine Ruhe finden könne. Zehn Jahre später war der Ehemann längst Familienvater in Pakistan (er konnte nach pakistanischem Recht mehrere Ehen zugleich eingehen, d. Verf.), die Frau konnte jedoch faktisch nicht wieder heiraten, weil ihre Familie sie ablehnte und der Ehemann sich weigerte, in die Scheidung einzuwilligen. Hier dürften in der Tat Grenzen der Befriedungsfähigkeit staatlicher Gerichte erreicht sein.

95 Vgl. *Wakin*, The Function of Documents in Islamic Law, Albany 1972, 4 und ff.

das Vermögen der Ehefrau mitverwaltet. Dies kann für die Beurteilung von Transaktionen zwischen den Ehegatten bedeutsam sein. So hatte ein Gericht in New Jersey darüber zu entscheiden, ob der Transfer von 400.000 $ von der iranischen Ehefrau an den Ehemann schenkweise erfolgt war, wie es das anwendbare US-Recht in scheinbar ähnlich gelagerten Fällen nahe legte. Das Gericht verneinte jedoch die Schenkung. Es stützte sich hierfür maßgeblich auf den Umstand, dass die Vermögensverwaltung durch den Ehemann üblich sei, ohne dass dadurch an der Gütertrennung gerührt werden solle.[96]

## III. **Ausblick und Schluss**

Das deutsche Recht lässt in materiell- und verfahrensrechtlicher Hinsicht breite Spielräume für privatautonome Gestaltung. Sollten diese Spielräume auf Dauer intensiv in dem Sinne genutzt werden, dass die zivilrechtlichen Aspekte der šarī'a das dispositive deutsche Zivilrecht breitflächig ersetzen, sind gewisse rechtskulturelle Verwerfungen nicht auszuschließen. Die Nutzung privatautonomer Gestaltungsmöglichkeiten ist grundsätzlich als neutral, jedenfalls nicht als nachteilig zu bewerten. Hier sei nur daran erinnert, dass in Deutschland und anderen Ländern religiös oder ethisch begründete Verhaltensweisen mit Wirkungen auf die Privatrechtsordnung kein unbekanntes Phänomen sind. Man denke nur an "Öko-Banking" oder den in den USA eingerichteten "Ave-Maria-Fonds", der schon deshalb zu loben ist, weil er sich u.a. der finanziellen Unterstützung juristischer Fakultäten verschrieben hat. Eine kompakte "Parallelrechtsordnung" außerhalb der Anwendungsfälle des Internationalen Privatrechts ist aber auch im Bereich des dispositiven Rechts ein historisch neues Phänomen in Deutschland. In Verbindung mit außergerichtlichen Rechtsdurchsetzungsmechanismen könnte unter Muslimen ein Gruppendruck entstehen, sich solcher Mechanismen zu bedienen. In der Außenwirkung entstünde das Bild einer rechtskulturell dauerhaft separaten Bevölkerungsgruppe. Dies sind freilich Denkmöglichkeiten, auf deren reale Entwicklung mit rechtlichen Mitteln nur sehr begrenzt Einfluss zu nehmen ist. Eine Bewertung könnte am ehesten dort stattfinden, wo im Ergebnis grundsätzlich nicht zu beanstandende Regelungen mit Begründungen versehen werden, die aus grundrechtlicher Sicht bedenklich sind. Möglicherweise wird die mittelbare Wirkung der Grundrechte auch im Sinne einer "objektiven Wertordnung" ein Ansatz werden, mit dessen Hilfe unerträgliche

---

96 Shayegan v. Baldwin, 566 A. 2d 1164, 1166 (N.J. Superior Ct., Appellate Division 1989); Nachweis bei *Rosen*, The Justice of Islam, Oxford 2000, 211 f.

rechtskulturelle Unterschiede zu nivellieren sind. § 138 BGB wäre hierfür wohl der geeignete Anknüpfungspunkt.

Gleichwohl sei auch hier betont, dass man sich davor hüten sollte, einen Generalverdacht gegen Muslime zu formulieren, die sich darum bemühen, die Grundsätze ihres Glaubens mit ihrem Alltagsleben in der Diaspora in Einklang zu bringen. Das gilt insbesondere für Fälle, in denen grenzüberschreitende Lebenspläne geschmiedet werden. Hier erscheint es durchaus sinnvoll und begrüßenswert, rechtliche Regelungen zu finden, die in allen möglichen beteiligten Rechtsordnungen anerkannt sind. Rechtssicherheit und die Freiheit zu individueller Lebensgestaltung sind hohe Güter des Rechtsstaats, deren Nutzung all denjenigen offen stehen muss, welche die Grundlagen solcher Freiheit und Sicherheit anerkennen.

# SHARIAFONDS IN DEUTSCHLAND: SCHUTZ ISLAMISCHER WERTE DURCH DAS KAPITALANLAGERECHT?

RA Dr. Kilian Bälz, LL.M., Frankfurt am Main

## 1. Shariafonds in Deutschland

Das Vermögen, das im Einklang mit islamischen Prinzipien angelegt ist, wird weltweit auf 200 Milliarden US Dollar geschätzt. Mit Blick auf ein jährliches Wachstum von 7 bis 15% pro Jahr hat sich das so genannte *Islamic Investment* damit als Nischenmarkt fest etabliert. Islamische Banken und Investmentgesellschaften sind heute nicht nur in den meisten Staaten Nordafrikas, des Nahen und Mittleren Ostens und Südostasiens tätig, sondern zunehmend auch in Europa und Nordamerika.[1] Es bestehen islamische Finanzinstitutionen wie die saudische *Dalla al Baraka*-Gruppe und der *Dar al Mal al Islami* Trust, die weltweit tätig sind, und viele der internationalen Banken – unter ihnen die amerikanische *Citigroup* – bieten heute auch islamische Finanzdienstleistungen an oder haben „islamische" Tochtergesellschaften gegründet. Hinzu kommen Aktien-Indices wie der *Dow Jones Islamic Market Index* und *FTSE Global Islamic Index*, die von internationalen Wirtschaftsinformationsdiensten erstellt werden und ausschließlich Aktien berücksichtigen, die ein Investor mit islamischer Orientierung erwerben darf. Das Islamic Investment ist so keine Erscheinung mehr, die auf islamisch geprägte Gesellschaften beschränkt ist. Vielmehr ist im globalen Kapitalmarkt ein Segment für islamische Kapitalanlagen entstanden, ein Sondermarkt für Finanzprodukte, die den Bestimmungen des islamischen Rechts entsprechen.

Diese Entwicklung hat Deutschland mit einer muslimischen Bevölkerung von immerhin ca. 3 Millionen erst vergleichsweise spät erreicht. Während es in den USA und in Großbritannien schon seit über zehn Jahren islamische Investmentfonds gibt, hat in Deutschland erstmals 1999 ein Aktienfonds den Vertrieb aufgenommen, der ausdrücklich den Anspruch erhebt, den Bestimmungen der islamischen Sharia zu entsprechen;[2] inzwischen ist ein weiterer solcher Shariafonds hinzugekommen.[3] Der deutsche Markt weist ein

---

[1] Einen guten Überblick verschafft *Ibrahim Warde*, Islamic Finance in the Global Economy, Edinburgh (2000).

[2] *AlSukoor European Equity Fund* der *Commerzbank-Gruppe*.

[3] *UBS (Lux) Islamic Fund* der *UBS*.

erhebliches Potential auf, weshalb zu erwarten ist, dass die Bedeutung des Islamic Investment in den nächsten Jahren weiter zunehmen wird.

Allgemein besteht in Deutschland ein Trend hin zu ethisch orientierten Kapitalanlagen. Anleger entscheiden immer weniger ausschließlich nach ökonomischen Kriterien, wie dem Verhältnis zwischen Risiko, Liquidität und Rendite, sondern verlangen, dass eine Kapitalanlage auch bestimmten außerökonomischen Mindeststandards entspricht (etwa: Umweltschutz, nachhaltige Entwicklung, Sozialstandards, Schutz der Menschenrechte), was die große Zahl ökologisch oder ethisch orientierter Fonds zeigt, die in den letzten Jahren aufgelegt worden sind.[4] Ein solches Klima ist günstig für islamisch orientierte Kapitalanlagen, die die Palette der Öko- und Umweltfonds um eine weitere Facette bereichern. Darüber hinaus entspricht die Idee des „zinsfreien" Islamic Investment dem Trend hin zum Kapitalmarktsparen, eine Entwicklung, die in Deutschland zwar noch vergleichsweise jung ist, von der aber zu erwarten ist, dass sie sich trotz der gegenwärtigen Achterbahnfahrt der internationalen Aktienmärkte weiter konsolidieren und durchsetzen wird. Nach einer in der islamischen Rechtslehre weit verbreiteten Ansicht sind Zinsen, die auf eine Einlage gewährt werden, unzulässig, weil sie gegen das Verbot des *ribā* verstoßen.[5] Ein Anleger, der einen Gewinn erwartet, muss sich vielmehr auch an dem unternehmerischen Risiko der Anlage beteiligen, weil allein ein solches Risiko einen Gewinn rechtfertigt. Diesem Gedanken entspricht eine Anlage in Investmentanteile und Aktien, bei der der Anleger kein „Darlehensgeber" ist, der als Vergütung für die Überlassung von Kapital „Zinsen" erhält, sondern die Stellung eines Gesellschafters hat, der im Gegenzug für eine Investition an Gewinn (und Verlust) der gemeinsamen Unternehmung partizipiert. Die Idee des Kapitalmarktsparens kommt so den islamischen Vorstellungen entgegen.

## 2. Islamic Investment als Herausforderung für das Bankaufsichtsrecht

Seit vermutet wird, dass die Finanzierung der Anschläge auf das World Trade Center in New York vom 11. September 2001 auch über die Konten islamischer

---

4 In § 1 Abs. 1 Nr. 9 *Gesetz über die Zertifizierung von Altersvorsorgeverträgen* (AltZertG) vom 26.6.2001, zentrale Rechtsgrundlage der „Riester-Rente", wurde zudem eine gesetzliche Verpflichtung für Vermögensverwalter eingeführt, „schriftlich [zu] informieren, ob und wie er ethische, soziale und ökologische Belange bei der Verwendung der eingezahlten Altersvorsorgebeiträge berücksichtigt." Damit wurden solche Belange als Kriterien der Vermögensverwaltung erstmals gesetzlich anerkannt.

5 Zu der islamischen Diskussion über den verbotenen *ribā*, meist übersetzt mit „Wucher" oder „Zins" siehe (mit ausführlichem Nachweis der Literatur) *Bälz* in: Siebel (Hrsg.), Projekte und Projektfinanzierung, München (2001) S. 242, Rn. 156 ff.

Banken abgewickelt wurde, wird auf internationaler Ebene intensiv diskutiert, wie das globale Netzwerk des Islamic Banking aufsichtsrechtlich besser kontrolliert werden kann, um einen solchen Missbrauch künftig zu verhindern. Im Islamic Banking wird dabei eine subkulturelle Finanzinfrastruktur gesehen, die sich dem Zugriff der Aufsichtsbehörden und den Bestimmungen des staatlichen Rechts weitgehend entzieht, und daher in besonderem Maße missbrauchsanfällig ist.[6] Diese – sicherlich durchaus aktuelle – Frage steht gleichwohl nicht im Mittelpunkt des vorliegenden Beitrages. Denn es ist nur eine Selbstverständlichkeit, dass die zentralen aufsichtsrechtlichen Vorschriften – etwa die Bestimmungen zur Bekämpfung der Geldwäsche – auch auf islamische Banken Anwendung finden (und dass keinerlei Veranlassung besteht, diese Bestimmungen bei islamischen Banken anders anzuwenden als bei konventionellen Banken). Auch wäre es schlicht nicht richtig, die gesamte Branche des Islamic Banking pauschal in Verbindung mit dem internationalen Terrorismus zu bringen.

Schwerpunkt der folgenden Überlegungen ist vielmehr, in welchem Umfang das deutsche Kapitalanlagerecht bei Aktienfonds eine islamische Zielsetzung anerkennen und schützen kann oder, anders gewendet: wie es möglich ist, die islamische Zielsetzung solcher Kapitalanlagen mit den Bestimmungen des deutschen Rechts in Einklang zu bringen. Dem liegt die Überzeugung zugrunde, dass es rechtspolitisch verfehlt wäre, das Islamic Investment dem grauen Kapitalmarkt zu überlassen. Vielmehr muss nach Wegen gesucht werden, wie ein Investor mit islamischer Orientierung im offiziellen Kapitalmarkt investieren kann: Die Aufgabe ist also eine *Integration* und nicht die *Ausgrenzung* des Islamic Investment. Allein eine solche Integration des Islamic Investment in den offiziellen Kapitalmarkt ist dazu geeignet, einem Missbrauch des Islamic Banking vorzubeugen und den islamisch orientierten Anleger zu schützen, was eine wesentliche Funktion des Kapitalanlagerechts ist.[7]

---

6 Hierzu etwa *Morais*, IFLR Dezember 2001, 34, 36 ff. Schon zuvor sind inoffizielle Überweisungssysteme, die auf der islamischen *ḥawāla* beruhen („Hawala-Banking"), ins Visier der deutschen Aufsichtsbehörden geraten (vgl. *Findeisen*, WM 2000, 2125 ff.).

7 Zum Anlegerschutz als Voraussetzung eines funktionsfähigen Kapitalmarktes und Regelungsziel des Kapitalanlagerechts siehe *Assmann*, in: Assmann/Schütze, Handbuch des Kapitalanlagerechts, 2. Aufl. (1997) § 1 Rn. 58 ff.

## 3. Islamische Finanzdienstleistungen im Spannungsfeld von Ökonomie, Religion und Recht

Eine islamische Kapitalanlage muss gleichermaßen ökonomischen, religiösen und rechtlichen Anforderungen genügen: Auch der islamisch orientierte Anleger erwartet ein ausgewogenes Verhältnis von Rendite und Risiko - es gilt also ein Produkt zu entwickeln, das im Wettbewerb mit konventionellen Investmentprodukten besteht. Im Grundsatz ist ein islamischer Fonds daher auch so strukturiert wie ein herkömmlicher Investmentfonds, bei dem Anleger Investmentanteile an einem Fonds(sonder)vermögen erwerben, das aus Aktien besteht und von der Fondsgesellschaft verwaltet wird.[8] Im Vergleich zu einer unmittelbaren Anlage in Aktien hat die Beteiligung an einem Fonds für den (Klein)-anleger den Vorteil, dass sie eine breitere Streuung in unterschiedliche Werte ermöglicht, was das Anlagerisiko reduziert, und dass das Vermögen professionell gemanagt wird.[9]

Eine islamische Kapitalanlage muss jedoch auch religiösen Anforderungen entsprechen. Die Anlagegrundsätze islamischer Fonds enthalten daher in der Regel eine Verpflichtung der Fondsgesellschaft, die Bestimmungen des islamischen Rechts zu respektieren und keine Geschäfte zu tätigen, die der Sharia widersprechen. Die Konkretisierung und Einhaltung dieser Prinzipien überwacht meist ein Sharia-Board, eine Art Beirat, der für die religiösen Grundsätze in der Anlagepolitik verantwortlich zeichnet.[10] Neben dem

---

[8] Die gesellschaftsrechtliche Ausgestaltung ist dabei durchaus unterschiedlich. Neben dem deutschen Modell, bei dem die Gelder der Anleger ein Sondervermögen bilden (§ 6 Abs. 1 *Gesetz über Kapitalanlagegesellschaften* – KAGG), bestehen auch körperschaftliche Organisationsstrukturen, bei denen der Anleger Aktionär der Investmentgesellschaft wird (so etwa die *société d'investissement à capital variable* Luxemburgischen Rechts). Im vorliegenden Zusammenhang ist diese Unterscheidung jedoch nicht erheblich, weshalb auf diese Differenzierungen im Folgenden nicht weiter eingegangen wird.

[9] Zu den betriebswirtschaftlichen Grundlagen des Investmentsparens (und einer kritischen Erörterung der Vorteile, die eine Fondsanlage für Anleger haben kann) ausführlich *Köndgen*, in: Schimansky/Bunte/Lwowski, Bankrechtshandbuch III, München (1997) § 113 Rn. 1 ff.

[10] Der Verkaufsprospekt des *UBS (LUX) Islamic Fund* formuliert dies so: „In Übereinstimmung mit dem Grundsatz der Risikostreuung und nach Durchsicht und Überwachung durch den Sharia-Board wird das Vermögen des Subfonds in übertragbaren Wertpapieren und sonstigen rechtlich annehmbaren Anlagen festgelegt, die mit den nachstehend aufgeführten Grundsätzen der Sharia übereinstimmen. Der Fonds darf nur in Komponenten des Dow Jones Islamic Market Index (DJIM) investieren. Alle Subfonds können weltweit in Aktien, sonstigen Kapitalanteilen (Genossenschaftsanteilen,

obligatorischen Prüfvermerk des Wirtschaftsprüfers tritt bei islamischen Investmentgesellschaften regelmäßig eine religiöse Zertifizierung, bei der anerkannte Rechtsgelehrte der Investmentgesellschaft bescheinigen, dass die Geschäfte nicht gegen die Bestimmungen der Sharia verstoßen.

Schließlich muss ein islamischer Fonds aber auch den Bestimmungen des staatlichen Rechts entsprechen. Selbst wenn sich das Islamic Banking weitgehend „staatsfrei" entwickelt hat (und auch heute noch zum Teil im grauen Kapitalmarkt angesiedelt ist), unterliegt die Tätigkeit der islamischen Banken – ob in den Staaten des Nahen und Mittleren Ostens oder in Europa und Nordamerika – dem staatlichen Aufsichtsrecht.[11] Manche Staaten haben dabei Sondergesetze für die Beaufsichtigung islamischer Banken geschaffen, wie etwa der malaiische Islamic Banking Act (1983). In diesen Ländern besteht ein zweigleisiges aufsichtsrechtliches Regime, das es ermöglicht, den Besonderheiten islamischer Banken und Investmentfonds Rechnung zu tragen. Anderswo, und so durchgehend in den europäischen Rechtsordnungen, unterliegen islamische Finanzdienstleistungen den allgemeinen bankaufsichtsrechtlichen Bestimmungen. In diesem Fall ist zum einen die Frage, inwieweit und in welcher Weise das Aufsichtsrecht die Gestaltungsfreiheit bei islamischen Finanzdienstleistungen beschränkt. Zum anderen ist zu überlegen, ob und wie das Kapitalanlagerecht den einzelnen Anleger in seinem Vertrauen schützt (oder schützen kann), eine islamische (und keine konventionelle) Kapitalanlage zu erwerben. Es geht also nicht um ein einseitiges Verbot islamischer Bankgeschäfte oder gar eine Diskriminierung islamischer Banken, vielmehr hat die Anerkennung solcher Kapitalanlagen im offiziellen Markt auch Vorteile, und zwar gleichermaßen für Anleger wie für Anbieter.

## 4. Aufsichtsrechtliche Aspekte des Islamic Investment in Deutschland

Islamische Investmentfonds, die verbriefte Investmentanteile ausgeben und diese in Deutschland öffentlich vertreiben, unterliegen den allgemeinen aufsichtsrechtlichen Bestimmungen für Investmentfonds in Deutschland. Nach Ansicht der Aufsichtsbehörden liegt ein öffentlicher Vertrieb auch dann vor,

---

Genussscheinen), Anteilsscheinen an Dividendenrechten und sonstigen Beteiligungspapieren und –rechten, die an einer Börse notiert sind oder an einem geregelten Markt gehandelt werden, sowie in sonstigen vom Sharia-Board freigegebenen übertragbaren Wertpapieren anlegen."

11 Jedenfalls, soweit islamische Banken Bankgeschäfte im Sinne der Aufsichtsgesetze betreiben. Das ist mit Blick auf manche der islamischen Bankgeschäfte (etwa der *murābaḥa*, die dem äußeren Anschein nach ein Veräußerungsgeschäft ist) nicht so eindeutig.

wenn Investmentanteile über das Internet im deutschen Markt angeboten werden, was der Fall ist, wenn sich ein Angebot im Internet – zumindest auch – an Anleger in Deutschland richtet.[12] Folglich können die Bestimmungen des deutschen Kapitalanlagerechts nicht dadurch umgangen werden, dass der Vertrieb ausschließlich aus dem Ausland über das Internet erfolgt.

Das deutsche Aufsichtsrecht unterscheidet zunächst zwischen in- und ausländischen Fonds: In Deutschland aufgelegte Fonds unterliegen dem *Gesetz über Kapitalanlagegesellschaften* (KAGG) und im Ausland aufgelegte Fonds unterliegen dem *Auslandsinvestment-Gesetz* (AuslInvestmentG). Das AuslInvestmG wiederum unterscheidet zwischen Fonds, die der Richtlinie EWG 85/611 entsprechen (sog. „richtlinienkonforme Fonds“) und sonstigen ausländischen Fonds. Der Vertrieb von Investmentanteilen in Deutschland ist genehmigungspflichtig, wobei die wichtigste Besonderheit richtlinienkonformer Fonds darin besteht, dass bei diesen die Beaufsichtigung wesentlich eingeschränkt ist, weil der Prospekt und die Vertragsbedingungen des Fonds ohne materielle Nachprüfung in anderen EU-Staaten „anerkannt“ werden (so genannter „Euro-Pass“); die Aufsicht in Deutschland beschränkt sich in diesem Fall auf die Modalitäten des Vertriebs. Für das Genehmigungs- bzw. Anzeigeverfahren war bisher das BAKred zuständig, an dessen Stelle inzwischen die Bundesanstalt für Finanzdienstleistungsaufsicht (BAFin) getreten ist.

Die beiden zurzeit in Deutschland bestehenden Shariafonds sind Fonds, die unter der EG-Richtlinie im Ausland gegründet und nachfolgend zum Vertrieb im deutschen Markt zugelassen worden sind. Soweit ersichtlich besteht noch kein in Deutschland nach dem KAGG aufgelegter Fonds. Gleichwohl bestehen Bestrebungen in diese Richtung.

Die technischen Einzelheiten der aufsichtsrechtlichen Bestimmungen und des Genehmigungs- bzw. Anzeigeverfahrens im Einzelnen zu erörtern, würde den Rahmen dieses Beitrages sprengen. Im Folgenden werden daher vier Problemkreise herausgegriffen, die aus der islamischen Orientierung der Fonds folgen, und zwar (1) die Definition der Anlagegrundsätze, (2) die Rolle des Sharia-Boards, (3) die Werbung mit der islamischen Erlaubtheit des Fonds und (4) Prospekthaftung für irreführende Angaben über die islamische Erlaubtheit. Hingewiesen sei darauf, dass sich diese Fragen – je nach Struktur und Sitz des Fonds – nicht notwendigerweise in der gleichen Weise stellen. So ist es

[12] Bekänntmachung des Bundesaufsichtsamtes für den Wertpapierhandel zum Verkaufsprospektgesetz und zur Verkaufsprospektverordnung vom 6.9.1999.

aufgrund des Euro-Passes durchaus möglich, dass ein im Ausland aufgelegter Fonds, der richtlinienkonform ist, in Deutschland vertrieben werden darf, obgleich die Formulierung der Anlagegrundsätze oder die körperschaftliche Struktur nicht den Bestimmungen des deutschen Rechts entspricht.

### *4.1. Bestimmung der Anlagegrundsätze*

Eine Investmentgesellschaft muss gemäß § 15 Abs. 3 a) KAGG definieren, „nach welchen Grundsätzen die Auswahl der zu beschaffenden Wertpapiere erfolgt". Folglich müssen die Anlagegrundsätze eines Fonds präzise und objektiv nachvollziehbar definiert werden, was immer dann Schwierigkeiten aufwirft, wenn bei der Bestimmung der Anlagegrundsätze auf andere als „harte" ökonomische Kriterien zurückgegriffen wird.

Ob und inwieweit es möglich ist, die Anlageentscheidung an moralischen oder religiösen Kriterien auszurichten, wird seit langem bei den so genannten Ethik- und Öko-Fonds diskutiert. In diesem Zusammenhang wird argumentiert, dass ein Rekurs auf außerökonomische Kriterien zwar nicht grundsätzlich unzulässig ist, diese Kriterien jedoch so formuliert sein müssen, dass ein Außenstehender sie aufgrund öffentlich zugänglicher Informationen nachvollziehen kann.[13] Ein allgemeiner Hinweis, wonach die Anlagepolitik eines Fonds „im Einklang mit den Bestimmungen des islamischen Rechts" steht, dürfte diesen Anforderungen kaum genügen. Der Interpretationspluralismus des islamischen Rechts und das Fehlen einer allseits anerkannten Autorität, die die „Bestimmungen des islamischen Rechts" autoritativ festlegen könnte, hätten in diesem Fall zur Folge, dass keine eindeutige Definition der Anlagegrundsätze besteht.

Um die Prinzipien des islamischen Rechts für die Praxis der Fondsverwaltung operabel zu machen, sind verschiedene Modelle entwickelt worden, mit deren Hilfe eine bestimmte Auslegung des islamischen Rechts für die Zwecke des konkreten Investmentfonds festgelegt wird. Teilweise verweisen die Anlagegrundsätze der Shariafonds dabei auf anerkannte Standards des Islamic Banking, wie etwa den Dow Jones Islamic Market Index.[14] Durch eine solche Bezugnahme wird die Konkretisierung der Bestimmungen der Sharia einer externen Institution überlassen; der Fonds hängt sich gewissermaßen - was seine religiöse Legitimation angeht - an eine andere Institution oder Autorität an.

---

[13] *Dürr*, ZIP 1991, 286, 289 ff.; die grundsätzliche rechtliche Anerkennung ethischer, sozialer oder ökologischer Anlagegrundsätze folgt nun aus § 1 Abs. 1 Nr. 9 AltZertG (siehe oben, Anm. 5).

[14] So etwa der UBS (Lux) Islamic Fund (vgl. oben, Anm. 3).

Andere Fonds hingegen stellen eigene Grundsätze des islamisch erlaubten Investments auf. Verbreitet ist insbesondere eine Methode, bei der zunächst ein bestimmter Anlagehorizont bestimmt wird (z.B. Euroland Aktien), aus dem dann im Wege von „Negativlisten" unpassende Anlagen aussortiert werden. Eine solche Negativliste umfasst regelmäßig:

(i) Unzulässige Branchen: Glücksspiel, Nachtclubs, Kasinos, Tabak, Brauereien, Banken, Versicherungen, Fluglinien und Hotels, die Alkohol ausschenken etc.;

(ii) Unzulässige Bilanzkennzahlen: Unternehmen, die hoch verschuldet sind (z.B. mehr als 30% der Bilanzsumme, berechnet nach aktueller Marktkapitalisierung) oder hohe Außenstände haben (z.B. höher als 49% des Buchwertes der Bilanzsumme);

(iii) Unzulässige Ertragsquellen: Unternehmen, bei denen der Zinsertrag einen bestimmten Anteil (z.B. 5%) übersteigt.

Mit Hilfe eines solchen so genannten Screening, das auch bei ethischen Fonds verbreitet ist, werden die zunächst eher vagen „islamischen Prinzipien", denen die Anlagepolitik verpflichtet ist, in einer objektiv nachvollziehbaren Weise definiert. Die Anlagekriterien reflektieren dabei zunächst traditionelle Verbote des islamischen Rechts (Alkohol, Glücksspiel, Wucher). Das Islamic Investment ist bei diesen aber nicht stehen geblieben, sondern hat auch neue Kriterien entwickelt, die – wie zum Beispiel die unzulässigen Bilanzkennzahlen – nur schwerlich aus traditionellen Fiqh-Büchern herausgelesen werden können.

### *4.2 Rolle des Sharia-Boards bei der Fondsverwaltung*

Das Outsourcing der Vermögensverwaltung, durch das die Investmentgesellschaft die eigentliche Anlageentscheidung einer anderen Person oder Institution überträgt, ist nach Ansicht der Aufsichtsbehörden nicht zulässig.[15] Dem liegt zugrunde, dass eine Investmentgesellschaft nach § 1 Abs. 1 Nr. 6 KWG ein Kreditinstitut ist und ein solches Outsourcing es ermöglichen würde, einen ganz wesentlichen Tätigkeitsbereich der Bankaufsicht zu entziehen. Ein deutscher Fonds kann demnach die Anlageentscheidung nicht einem externen Sharia-Board überlassen, sondern muss die konkrete Auswahl der Aktien, in die der Fonds investiert, selbst treffen.

15 Schreiben des Bundesaufsichtsamtes für das Kreditwesen vom 29.9.1997 (V 1/02- 17/97).

Das Verbot des Outsourcing der Anlageentscheidung wird zwar gerade bei Emerging Market Fonds nicht ganz konsequent durchgehalten und die BAFin akzeptiert bei Fonds, deren Anlageschwerpunkt im asiatischen Raum liegt, dass die Anlageentscheidungen weitestgehend durch einen vor Ort ansässigen „Funds Advisor" vorbereitet werden. Auch in diesen Fällen wird jedoch die eigentliche Anlageentscheidung von dem in Deutschland ansässigen Fondsmanagement getroffen und verantwortet. Es handelt sich so um eine Auflockerung, nicht aber um eine Ausnahme von dem Verbot des Outsourcing.

Aus diesem Grund sollte die Rolle des Sharia-Boardes darauf beschränkt werden, die Anlagegrundsätze abstrakt zu umschreiben und die allgemeine Ausrichtung der Anlagepolitik zu überwachen. Die konkrete Investmententscheidung hingegen sollte dem Fondsmanagement vorbehalten bleiben. Eine solche Kompetenzverteilung, bei der das Sharia-Board die allgemeinen Leitlinien festlegt und das Fondsmanagement diese in konkrete Anlageentscheidungen umsetzt, hat sich im Islamic Investment inzwischen weitgehend durchgesetzt. Sie reflektiert eine Arbeitsteilung zwischen der ökonomischen und der religiösen Komponente solcher Fonds.

### *4.3 Werbung mit „islamischer Erlaubtheit"*

Der Vertrieb von Investmentanteilen in Deutschland unterliegt den Bestimmungen des *Gesetzes gegen den unlauteren Wettbewerb* (UWG). Nach (bisher) ständiger Rechtsprechung verstößt dabei „übermäßig gefühlsbetonte Werbung", wie etwa der allgemeine Appell an „das Gute im Mensch", gegen die Generalklausel in § 1, weil solche Werbung dem Prinzip des „Preis- und Leistungswettbewerbs" widerspricht.[16] § 3 UWG enthält darüber hinaus ein Verbot „irreführender Werbung", was gerade dann zu Abgrenzungsschwierigkeiten führt, wenn die Eigenschaft, mit der für ein Produkt geworben wird (etwa: die „religiöse Erlaubtheit" oder „Umweltverträglichkeit"), schwer mit objektiven Kriterien zu fassen ist.[17] Die hier entwickelten Grundsätze – gerade in Fällen, die die Werbung mit der Umweltverträglichkeit eines Produktes betrafen – sind gleichermaßen einschlägig, wenn ein Produkt pauschal mit seiner „islamischen Erlaubtheit" beworben wird.

---

[16] Ausführlicher Nachweis der Rechtsprechung bei *Piper*, in: Köhler/Piper, UWG, 2. Aufl., München (2001) § 1 Rn. 239 ff; *Baumbach/Hefermehl*, UWG, 22. Aufl., München (2001) § 1 Rn. 174 ff.

[17] *Piper*, in: Köhler/Piper, UWG (Anm. 17), § 3 Rn. 272 ff.

Durch die Benetton-Entscheidung des Bundesverfassungsgerichts, nach der auch hochgradig emotionale, so genannte „Schockwerbung" den Schutz der Meinungsfreiheit (Art. 5 Abs. 1 GG) genießt und die Auslegung der §§ 1 und 3 UWG daher im Lichte der Meinungsfreiheit (restriktiv) zu erfolgen hat,[18] ist diese Diskussion jüngst in Bewegung gekommen. Es ist nicht ausgeschlossen, dass in Umsetzung der Grundsätze der Benetton-Entscheidung die Fallgruppe der „übermäßig gefühlsbetonten Werbung" insgesamt aufgegeben werden wird.[19]

Da die Entwicklung im Einzelnen noch nicht absehbar ist, sollte gleichwohl derzeit nur zurückhaltend mit der islamischen Erlaubtheit eines Fonds geworben werden, weil es nach den überkommenen Grundsätzen unlauter im Sinne von § 1 UWG ist, wenn pauschal an „den guten Muslim" appelliert wird. Um dem Vorwurf der irreführenden Werbung (§ 3 UWG) zu begegnen, ist zudem erforderlich, dass die Konformität des Fonds mit den Bestimmungen der Sharia objektiv nachvollziehbar ist. Das ist bekanntlich mit Blick auf die durchaus unterschiedlichen Auslegungen des islamischen Rechts schwierig, und es wird kaum gelingen, einen allgemein gültigen Kriterienkatalog zu entwickeln, den eine Kapitalanlage erfüllen muss, um als „islamisch erlaubt" zu gelten. Folglich bietet sich an, wie bei der Anlagepolitik darauf auszuweichen, das Verfahren zu erläutern, nach dem die Bestimmungen des islamischen Rechts gewonnen werden, die für die Investmentgesellschaft verbindlich sind. Im Gegensatz zu einer allgemeinen Werbung mit der „islamischen Erlaubtheit" eines Fonds knüpft die Werbung in diesem Fall an das Screening-Verfahren und die Überwachung durch das Sharia-Board an. Es wird also nicht marktschreierisch mit der „islamischen Erlaubtheit", sondern mit der Kontrolle durch ein kompetentes Expertengremium und der Einhaltung eines religiösen Bewertungsverfahrens geworben.

### *4.4 Prospekthaftung bei unrichtigen Islamangaben*

Nach § 20 Abs. 1 KAGG und § 12 Abs. 1 AuslInvestmG haften die Investmentgesellschaft und diejenigen, die ihre Anteile gewerbsmäßig vertreiben, wenn die im Verkaufsprospekt enthaltenen Angaben in wesentlichen Punkten unrichtig oder unvollständig sind („Prospekthaftung"). Bei einem islamischen Fonds stellt sich dabei die Frage, ob auch eine unrichtige Aussage zu der „islamischen Erlaubtheit" der von der Investmentgesellschaft getätigten

---

18 NJW 2001, 591 ff.

19 Fezer, NJW 2001, 580 (582) konstatiert: „Der Fallgruppe der gefühlsbetonten Werbung wird künftig keine wettbewerbsrechtliche Relevanz mehr zukommen."

Geschäfte die dort beschriebenen Rechtsfolgen (Rücknahme des Investmentanteils bzw. Schadensersatz) auslösen: liegen die Voraussetzungen einer Prospekthaftung vor, wenn die Investmentgesellschaft nach dem Verkaufsprospekt an „die Bestimmungen des islamischen Rechts" gebunden ist, diesen aber zuwider handelt? Und: Wer bestimmt in einem solchen Fall, was unter den „Bestimmungen des islamischen Rechts" zu verstehen ist und wann eine Verletzung vorliegt?

Ausgehend von dem allgemeinen Grundsatz, dass eine „wesentliche Angabe" im Sinne der Prospekthaftungsbestimmungen jeder Umstand sein kann, der objektiv zu den wertbildenden Faktoren einer Anlage gehört und den ein verständiger Anleger bei seiner Anlageentscheidung berücksichtigen würde,[20] kann eine unrichtige Angabe zur islamischen Erlaubtheit durchaus haftungsrelevant sein. Denn erkennt man an, dass sich inzwischen ein islamischer Kapitalmarkt herausgebildet hat, verstanden als ein Sondermarkt für Kapitalanlagen, die dem islamischen Recht entsprechen, handelt es sich bei der islamischen Erlaubtheit einer Anlage durchaus um einen wertbildenden Faktor, den ein verständiger Anleger zur Grundlage seiner Anlageentscheidung macht. Die Konformität des Investmentanteils mit den Bestimmungen des islamischen Rechts ist so nicht nur eine Frage eines rechtlich nicht erheblichen Affektionsinteresses.[21] Vielmehr umreißt dies einen bestimmten Markt mit eigener Wertbildung, was nicht zuletzt die Indices für islamische erlaubte Aktien belegen. Soweit für Investmentanteile ein Sekundärmarkt besteht, entscheidet die islamische Erlaubtheit weiter darüber, ob eine Weiterveräußerung möglich ist.[22] Unrichtige Angaben zu der islamischen Erlaubtheit einer Kapitalanlage können daher eine Prospekthaftung auslösen. Schwierig wird in einem solchen Fall allerdings zu bestimmen sein, was unter den Bestimmungen des islamischen Rechts zu verstehen ist. Dies kann sich weder an der Ansicht des Fondsmanagements noch an der des „hauseigenen" Sharia-Boards orientieren. Vielmehr ist hier auf die objektiven Erwartungen der angesprochenen Verkehrskreise – der islamisch orientierten Investoren – abzustellen.

20 *Assmann*, in: Assmann/Schütze (Anm. 8) § 7, Rn. 66.

21 *Bälz*, WM 1999, 2443, 2450.

22 Das ist bei Investmentfonds, die nach deutschem Recht aufgelegt wurden, nicht der Fall, weil dort die Investmentgesellschaft zur Rücknahme der Investmentanteile verpflichtet ist. Sekundärmärkte bestehen jedoch in Rechtsordnungen, in denen die Investmentfonds *körperschaftlich* strukturiert sind und der Anleger Aktionär einer Investmentgesellschaft mit variablem Kapital wird. In diesem Fall kann der Anleger alternativ zur Rückgabe seines Anteils diesen auch auf einem Sekundärmarkt veräußern.

Um das Risiko einer möglichen Haftung für unrichtige Islamangaben von vornherein zu reduzieren, enthalten manche der Verkaufsprospekte ausführliche Hinweise dazu, dass die islamische Erlaubtheit nicht von der Investmentgesellschaft selbst, sondern von dem Sharia-Board verbürgt wird und die Investmentgesellschaft keine Haftung dafür übernehmen kann, dass die vom Sharia-Board vertretene Auslegung des islamischen Rechts allgemein gültig ist. Neben der allgemeinen Volatilität der Aktienmärkte wird der Interpretationspluralismus des islamischen Rechts so als „Risikofaktor" im Prospekt aufgenommen und das Risiko einer Prospekthaftung reduziert.

## 5. Perspektiven des Islamic Investment in Deutschland

Islamische Investmentfonds sind im deutschen Markt erst vergleichsweise spät in Erscheinung getreten, was eine ganze Reihe von Gründen hat. Zum einen führte das Kapitalmarktsparen in Deutschland traditionell ein Schattendasein, aus dem es erst im Zusammenhang mit der (sicherlich fragwürdigen) Aktieneuphorie der letzten Jahre herausgetreten ist. Hinzu kommt, dass das ethische und religiöse Investment seine Wurzeln in England und den USA hat und erst in den letzen Jahren in Deutschland richtig Fuß gefasst hat. So fehlten bislang zwei der wesentlichen Voraussetzungen, die die Entwicklung des Islamic Investment gerade in England und den USA begünstigt haben. Weiter ist zu berücksichtigen, dass die muslimischen Gemeinschaften in der europäischen Diaspora durchaus unterschiedlich sind. Ist der englische Islam überwiegend pakistanisch geprägt, sind die meisten Muslime, die in Deutschland leben, türkischer Abstammung. Sie sind daher eher gewohnt, sich mit einer säkularisierten Umwelt zu arrangieren als Muslime pakistanischer Prägung, wo schon seit vielen Jahren eine intensive Diskussion über eine Islamisierung des gesamten Finanzsystems geführt wird.

Gleichwohl hat auch in Deutschland ein Umdenken eingesetzt und es ist zu erwarten, dass der bislang wenig entwickelte Markt des Islamic Investment weiter an Bedeutung gewinnen wird: Deutschlands multikulturelle Gesellschaft wird sich zunehmend auch in der Aktionärskultur widerspiegeln, die in den letzten Jahren entstanden ist. Im Jahr 2001 wurde die erste Finanzdienstleistungsagentur gegründet, die sich speziell an islamisch orientierte Anleger richtet. Ziel des Islamic Finance Service ist, eine umfassende Finanzberatung für in Deutschland lebende Muslime anzubieten. Angestrebt wird dabei, eine Palette von Finanzdienstleistungen (Kapitalanlage, Bausparen, Versicherung) zusammenzustellen, die dem islamischen Recht entsprechen. Von anderer Seite bestehen Pläne, islamische Private Equity Fonds in Deutschland aufzulegen. Solche Private Equity Fonds hätten weniger Kleinanleger als institutionelle Investoren mit einer islamischen Ausrichtung im Blick. Hierdurch würde der deutsche Markt für Unternehmensbeteiligungen, der für internationale Investoren zurzeit sehr interessant ist, auch systematisch für islamische Banken und Investmentgesellschaften erschlossen. Schließlich bestehen seit einigen Jahren von verschiedener Seite Bestrebungen, eine islamische Bank in Deutschland zu gründen. Die aufsichtsrechtlichen Fragen, die sich in diesem Zusammenhang stellen, sind jedoch noch nicht abschließend geklärt (etwa, ob die islamischen Bankgeschäfte in den Katalog der Geschäfte in § 1 Abs. 1 KWG fallen und ob eine islamische Finanzinstitution die Bezeichnung Bank nach § 39 KWG führen darf).

Wie die bereits bestehenden Shariafonds zeigen, stehen die Bestimmungen des deutschen Rechts diesen Bestrebungen nicht grundsätzlich im Wege. Vielmehr ist es möglich, die islamischen Finanzprodukte so zu strukturieren, dass sie mit den Bestimmungen des deutschen Rechts im Einklang stehen. Diese Gestaltungsaufgabe gilt es anzunehmen.

*„Ich denke, daß der Glaube der Menschheit viele Verluste gebracht hat... Ich denke, daß die Religionen den Menschen Kummer gebracht haben und Tod.*
*Auch der Islam gehört dazu."*
(Turan Dursun, 1990 ermordet)

# "EHRENMORDE" UND "TAQĪYA"

## Anmerkungen zu tabuisierten Phänomenen im Zusammenhang mit der Migration aus Ländern des islamischen Kulturkreises

ORR Dr. Herbert L. Müller, Stuttgart

Die Existenz ethnisch-kultureller Strömungen außereuropäischer Herkunft geht in Deutschland mit einigen Problemen einher. Ich will an dieser Stelle nicht auf das schwierige Feld des islamistischen Terrorismus eingehen, das ohnehin in Deutschland so diskutiert wird, dass alte Fronten verhärtet werden und der unbedarfte Bürger ratlos bleibt.

Im Angesicht der Gewalt in den Vereinigten Staaten, die der historischen Erfahrung zum Trotz unfassbar bleibt, wird erst deutlich, wie beschränkt und von selbst auferlegten Tabuisierungen die Diskussion erfolgt. Wenn deutsche Professoren – ich lege in diesem konkreten Fall und nur hier Wert auf das Attribut „deutsch" - bei ihren Erläuterungen zum Islam meinen, die „Unbedenklichkeit" des „Islam" mit einer Gegenüberstellung der klassischen islamischen Periode und dem „nationalisierten deutschen Völkermord im 20 Jahrhundert" beweisen zu können, zeugt dies von einer bedenklichen ahistorischen Wahrnehmungsfähigkeit sowie einem Umgang mit Begriffen und dem wissenschaftlichen Erkenntnisinstrumentarium, die sprachlos machen.[1] Im günstigsten Falle ist ihnen zugute zu halten, dass diese Handlungsweise als sensible Rücksichtnahme auf Empfindlichkeiten von islamischer Seite gedeutet werden könnte, wo inzwischen bei islamistischen Kreisen die Benutzung der Attribute „islamisch" oder „islamistisch" ohne Berücksichtigung des Kontextes zur Vorurteilsbildung gegen die umma und die sie konstituierenden Länder und Individuen inklusive der

---

[1] *Heine, Johansen, Steppat*: Der Islam und die Muslime. Geschichte und religiöse Traditionen. Berlin 2001 (Hg. v. d. Ausländerbeauftragten des Senats), S. 39.

Diaspora umgedeutet wird. Politisch ist diese erzwungen wirkende Sensibilität verständlich; ob dieses Verhalten weise ist, steht in den Sternen. Meist begreift nach einiger Zeit noch der Unbegabteste die Absicht und ist verstimmt.

Mit Sicherheit stellt die nationalsozialistische Barbarei den Tiefpunkt deutscher Geschichte dar, ist der fürchterliche Tiefpunkt jüdischen Daseins in Europa, über den zu schweigen und zu reden mehr als schwierig ist.
Es kann indes nicht sein, dass hinter dieser historischen Erfahrung weitere Verbrechen der Epoche des 20. Jahrhunderts - ich denke an die Armenier, auch wenn es nationalen Türken weh tut, den Gulag, die „killing fields“ in Kambodscha, das Morden in Algerien und anderswo auf der jetzigen Welt - verblassen, zum marginalen Randergebnis der Geschichte werden, die kaum Beachtung mehr verdienen. Wer so denkt, macht es Funktionären wie Mehmet Sabri Erbakan leicht, eine eigenwillige Interpretation der deutsch-europäischen Geschichte zu Gunsten seiner Politik zu instrumentalisieren, derzufolge die Geschichte der jüdischen Existenz in Deutschland notwendig unter dem Begriff der „Assimilation“ auf den Völkermord hinauslief.[2] Wenn nur noch die Beschwörung eines jederzeit in Deutschland erneut möglichen Völkermordes Aufmerksamkeit verdient, können andere, „kleinere“ Tragödien dahinter verschwinden.[3]

Gerade in diesen Tagen hören wir von muslimischer Seite, dass Gewalt, gar Mord an einem Menschen so sei, als würde es sich dabei um eine Gewalttat gegen die ganze Schöpfung handeln[4] und sei deshalb zu Recht abzulehnen. Doch auch hier ist für mich die Frage, ob man sich dieses moralischen Standpunktes erst wieder erinnert, wenn Schadensereignisse, die kaum wegdiskutiert oder als individuelles Verschulden abgetan werden können, eintreten?
Seltsam kontrastieren diese pazifistischen Äußerungen mit den vielen mir bekannten Stellungnahmen zum bewaffneten ǧihād, zum bewaffneten Kampf zur Verteidigung „des Islam“ oder wie auch immer die Argumentation lautet, welche den Verursacher von Gewalt überall sucht, nur nicht, nicht einmal ansatzweise, bei sich selbst.[5]

---

2 *Rasche*: Allah hat einen anderen Plan. FAZ v. 13.10.2001, 238, S. 4.

3 Vgl. *Scheffer*: Das multikulturelle Drama. Alle reden von Ein- und Zuwanderung, wie aber sieht die Praxis aus? Ein Bericht aus dem angeblichen Musterstaat Niederlande. In: FAZ v. 21.7.2001, Nr. 167

4 Mit Bezug auf Qur'ān 5,32.

5 Z. B. *'Umar S. Maḥmūd Abū 'Umar*: Al-ǧihād wa-l-iǧtihād. Amman 1999. *Abū Ibrāhīm Aḥmad b. Naṣrallah Al-Maṣrī*: Aṯ-ṯamarāt al-ǧihādīya fī masā'il fiqh al-ǧihād. Kairo, Ad-Damam, Amman 1991. *Aš-šahīd aš-šaiḫ 'Abdallah 'Aẓẓām*: fī t-tarbiya al-ǧihādīya wa-l-bannā'a. Peshawar 1990.

Diese exklusive Sicht, diese essentialistische Betrachtung verhindert ebenfalls den Blick auf ein Phänomen struktureller und realer Gewalt, für das eine Religion an sich, die auf ihr fußenden Tendenzen nicht allein verantwortlich gemacht werden können. Doch ist islamische Religion durchaus als Teil der kulturellen Gesamtstruktur zu sehen, in der „Islam" als Religion und Lebensform „Werteorientierung" bietet und zur Begründung von „Traditionen" dient. Ein Merkmal dieser Struktur ist der Begriff der „Ehre", von dem Peter Heine behauptete, dass die „Ehre" als Phänomen nicht spezifisch islamisch sei.[6]

Er meinte denn abschließend, dass es notwendig wäre, darüber nachzudenken, „wie häufig es doch zu tragischen Ereignissen in diesem Zusammenhang kommt." Gemeint ist letztendlich „Gewalt gegen Frauen, kulminierend in sogenannten „Ehrenmorden".
In den Studien von Christian Pfeiffer zur Gewalt innerhalb türkischer Migranten wird deutlich, dass unter den Faktoren, die eine Begünstigung der Gewaltanwendung fördern, traditionalistische Elemente eine gewichtige Rolle spielen. Die Orientierung der Täter gehe auch von traditionellen oder klassischen Rollen bei Mann und Frau aus;[7] m. E. unter Berücksichtigung der mir vorliegenden Literatur, ist anzunehmen, dass diese Orientierung durch orthodoxe und islamistische Theorien über das Verhältnis von Mann und Frau bestärkt werden.[8]

Nur für oberflächliche Beobachter, der deutschen und türkischen Presse zumal, belustigend wirkte eine entsprechende Leistung der türkischen Diyanet, als dieses staatliche Institut in einem Handbuch islamischen Männern nahebrachte, wie sie im Detail ihre Gattinnen körperlich züchtigen dürfen.[9] Heftigen Widerspruch zog auch der Rektor der Islamuniversität in Rotterdam, Ahmet Akgündüz, auf sich. Diese Universität sieht ihre Aufgabe darin, sich für „eine niederländische Form des Islam" einzusetzen. Akgündüz bejahte gleichwohl die Frage, ob ein muslimischer Mann seine Frau schlagen dürfe.[10]

---

6 *Heine*: Der Ehre-Schande-Komplex aus islamwissenschaftlicher Sicht. In: Ehre. Veraltetes Konzept oder Schlüsselbegriff der multikulturellen Gesellschaft. Hg. v. Zentrum f. Türkeistudien, Köln 1996, S. 41.

7 *Pfeiffer, Peter Wetzels*: Junge Türken als Täter und als Opfer von Gewalt. FAZ v. 30.3.2000, 76, S. 14.

8 *Jusuf Al-Qaradawi*: Erlaubtes und Verbotenes im Islam. München 1989. Das Eherecht nach der Hanafitischen Rechtschule. Überarbeiteter Nachdruck des I. Buches aus Eherecht ... der Mohamedanier nach dem Hanafitischen Ritus, Wien 1883. Dornbach 1997. Salim Bahnassawi: Die Stellung der Frau zwischen Islam und weltlichen Gesetzgebung. München 1993.

9 Stuttgarter Nachrichten v. 1.8.2000, Art.: „Wie züchtigt der Gläubige seine Ehefrau?"

10 Rubrik: Notiert: Rektor von Islamuniversität: Mann darf Frau schlagen. In: Deutsches Pfarrerblatt 1 (2001).

Doch der verhaltene Protest über „Handbücher" und gegen erzkonservative Theologen ist eine Sache. Die „Leidensgeschichte vieler islamischen Frauen und Mädchen in Deutschland" dringt jedoch nur selten an die Öffentlichkeit. Nach Angaben der Hilfsorganisation „Papataya" in Berlin, die junge Musliminnen aus allen Ländern unterstützt, werden 30 bis 40 Prozent der türkischen Mädchen zwangsverheiratet. Heimatliche Normen werden in der Fremde stärker gelebt[11] und ich will die These wagen: werden unter dem Einfluss islamistischer Organisationen reanimiert und verstärkt. Es handelt sich aber nicht nur um einen Verstoß gegen die sexuelle Selbstbestimmung, wie wir in europäischer Sichtweise sagen können. Sehen wir uns dazu die Diskussion unter muslimischen Frauen an, um auch andere Sichtweisen wahrzunehmen:

> „Frauen haben das Recht auf Bildung."
> „Frauen haben das Recht, Geld zu verdienen, das auch ihnen zur Verfügung steht."
> „Frauen haben das Recht, ihren Familiennamen nach der Eheschließung beizubehalten."
> „Die islamische Kleidung schützt die Frau und behindert sie nicht."
> usw., usw.
>
> Aber in all diesen Diskussionen vergleichen Muslime das islamische Idealbild mit der westlichen Realität. Sie schauen dabei nicht auf die traurige Situation, in der viele muslimische Frauen heutzutage leben: Gewalt in der Ehe. Sexuelle und andere körperliche Misshandlungen, Verweigerung von Bildung, Verweigerung des Zugangs zu eigenen Arbeitseinkommen. Freiheitsberaubung, Erniedrigung, Bevorzugung von Söhnen gegenüber Töchtern. Frauenfeindliche Lokalitäten in muslimischen Gemeinden. Dies alles sind harte, nackte Realitäten, die überall vorkommen, egal ob die Muslime im jeweiligen Land eine Mehrheit oder eine Minderheit bilden."[12]

Traurig sei es, dass die „Kultur stärker als [die] Religion" sei „diese Kultur, die weibliche Genitalverstümmelung, Morde der Familienehre wegen oder die Verweigerung von Bildung für Frauen rechtfertigt."[13] Überall in der Moschee,

---

11 *Ketschagmadse*: Wenn Muslime ihre Frauen schlagen. In: taz v. 15.6.2001.

12 Muslime im Spiegel betrachtet: Frauen. Wie wir Muslime das Thema Frauen behandeln. In: Huda Mai/Juni 2001, S. 28 – 31. Vgl. *Naggar*: „Erstmal war ich furchtbar traurig." taz v. 5.3.2001.

13 Ebd., S. 30.

in der Gemeinde erfahre man die Diskrepanz zwischen schöner Theorie und der Realität, von der meist behauptet würde, „das sei der Islam".[14]

Die strukturelle Gewalt nimmt ganz konkrete Formen an, nicht nur in Deutschland. Schon 1993 wurde aus Frankreich berichtet, dass Mädchen aus der nordafrikanischen Bevölkerung im Oktogon die soziale Gruppe mit der höchsten Selbstmordrate bildeten - mit ein Gradmesser für die Konflikte, denen sie als „Wanderinnen zwischen den Kulturen" ausgeliefert waren.[15] Internationales Aufsehen erregte z. B. der Fall der achtzehnjährigen Nadia aus Norwegen, die von ihren Eltern ins heimatliche Marokko verschleppt worden war, geschlagen, betäubt und gefesselt im Kleinbus nach Nordafrika transportiert. Ihre norwegische Staatsbürgerschaft nutzte der jungen Frau nichts - ihres Passes beraubt, konnten sich die norwegischen Diplomaten für die nunmehr Minderjährige, die als marokkanische Staatsbürgerin galt, nicht einsetzen. Dass die Affäre doch noch vor einem norwegischen Gericht endete, hatte profane Gründe. Dort zeigte sich, dass „expressive Ethnizität" auch[16] mit dem kulturellen Einfluss der Religion zu tun hat: Der Großvater wetterte vor Gericht gegen die westliche Demokratie und meinte, dass ein System, in dem ein Kind Recht gegen seine Eltern und die Familie bekäme, kein Rechtsstaat sei[17]. Meines Erachtens hinreichende

---

[14] Ebd. Am Rande sei bemerkt, dass gerade Frauen es sind, die sich offene Worte zutrauen und in ihren Interpretationen sich weiter wagen als die traditionalistischen Rechtsgelehrten und die von islamistischen Gedanken beeinflussten Exegeten. Stefan Wild ist auch mit Blick auf Deutschland Recht zu geben, dass die Vielgestalt der Stimmen, ein Pluralismus an sich noch keine Hermeneutik darstellt. Vgl. *Stefan Wild*: Mensch, Prophet und Gott im Koran. Muslimische Exegeten des 20. Jahrhunderts und das Menschenbild der Moderne. Münster 2001, S. 54. Nirgends wird dies deutlicher als in einer Gegenüberstellung von Stimmen wie aus dem „Netzwerk" Huda und beispielsweise einem sogenannten „tafsīr" des Islamologen Amir M. A. Zaidān, dessen „Fundamentaltraditionalismus" einem selbstreferentiellen geschlossenen Interpretationsschema gleicht, das einen Brückenschlag zur Moderne teilweise verhindert, zumindest erschwert. Ein Beispiel für „post-islamistische" Exegese stellt sein Werk keineswegs dar. Vgl. ders. Al-ʿAqida: Einführung in die Iman-Inhalte. Marburg 1999. Ders., At-tafsir. Eine philologisch, islamologisch fundierte Erläuterung des Quran-Textes, Offenbach 2000.

[15] *Duran*: Wenn die Töchter eigene Wege gehen. Über die Schwierigkeiten muslimisch-christlicher Ehen. In: FAZ v. 14.8.1993, Nr. 187.

[16] S. die Argumentation von Schülern in: *Ali Ukar*: Interpretationshilfen in Bezug auf das Verhalten von Schülerinnen und Schüler türkisch-islamischer Herkunft. www.geocities.com /SunsetStrip/4767/turkinne.htm, abgelesen am 01.08.2002

[17] Daedalus. „The End of Tolerance". Nr. 4, 129, 2000, Beitrag v. Unni Wikan: Citizenship on Trial: Nadia's Case. (s. www.daedalus.amacad.org./fa2000rel.html), abgelesen am 21.12.2000 (nicht mehr aktiv)

Indizien für eine Argumentation, die mir bei wiederholten Aufenthalten in Marokko als „islamisch" inspiriert präsentiert worden war[18].

Der geschilderte Fall zog in Oslo das Interesse von Medien und Bevölkerung auf sich; in Deutschland sind Meldungen über Körperverletzungen mit Säure im Gesicht der eigenen Tochter wenige Zeilen wert; lakonisch wird mitgeteilt, „der 48 Jahre alte Mann sei vermutlich mit dem Lebensstil der Tochter nicht einverstanden gewesen."[19]

Wenn die eigene Tochter mit einem Messer angegriffen wird, wenn sie fern des elterlichen Wohnsitzes mit einem männlichen Begleiter unterwegs ist, wird dies eher auf den Missbrauch von Medikamenten durch den väterlichen Täter zurückgeführt.[20] Bald vergessen sind (einzelne?) Berichte über Praktiken iranischer Ehemänner, die das deutsche Ausländergesetz missbrauchen, um ihre über die Familienzusammenführung eingereiste Ehefrau in unwürdiger Weise behandeln zu können.[21] Gleiches ist für den Fall einer Türkin zu erwarten, die nach zwei Wochen Aufenthalt in einem Frauenhaus „von vier südländisch aussehenden Personen" entführt worden ist.[22]

Ratlosigkeit herrscht bei Behörden und Rechtsanwälten wie im Fall einer Frau, die von ihrem afghanischen Verwandten brutal mit dem Messer hingerichtet wurde, samt ihren beiden Helfern, weil sie offensichtlich gegen das traditionelle Recht der Paschtunen gehandelt hatte, das von ihr eine Ehe mit dem Bruder ihres verstorbenen Mannes forderte.[23]

Man sollte Bücher wie das von „Fatma B."[24] und von Serap Cileli (den Namen halte ich für ein Pseudonym mit entsprechenden Symbolgehalt): „Serap: Wir sind Eure Töchter, nicht Eure Ehre"[25] nicht nur rezipieren als einen Ausdruck „exotischer" feministischer Erscheinungen, die ganz und gar nicht verallgemeinert werden können. Doch das Töten aus verletzter Ehre ist kein Phänomen, ü-

---

18 Vgl. *Combe*: La condition de la femme marocaine. Paris.u.a. 2001.

19 Art.: Vater spritzt seiner Tochter Säure ins Gesicht. In: FAZ v. 28.11.1996.

20 Art.: Eigene Tochter mit Messer angegriffen. In: Stuttgarter Zeitung v. 26.10.2000.

21 *Haß*: Wenn die Frau nicht mehr gefällt, wird sie zurück nach Iran geschickt. In: Frankfurter Rundschau v. 27.04.2001.

22 Art.: Türkin in Neumünster entführt. In: Frankfurter Allgemeine Zeitung v. 13.10.2000.

23 *Dörries*: Die Ehre der Paschtunen. In: Süddeutsche Zeitung v. 23.4.2001.

24 *Fatma B.* Hennamond. In Zusammenarbeit mit Freya Wiese. Wuppertal 1999.

25 *Serap Cileli*: Serap: Wir sind eure Töchter nicht eure Ehre. Michelstadt 1999.

ber das man nur aus Jordanien und der Türkei berichten könnte.[26] Die oben genannte Autorin will von 9 Fällen zwischen 1999 und heute wissen.[27] Im Zusammenhang mit der Ermordung einer jungen Frau im Januar 2002 durch ihren Vater im schwedischen Uppsala wurde von „vier Morden oder Mordversuchen in Schweden in den vergangenen Jahren" berichtet; begründet würden die Taten mit der Behauptung, „sie [die Opfer] brächten Schande über ihre Familie."[28]

In einer unscheinbaren türkischen Zeitung aus der baden-württembergischen Provinz[29] wird die Behauptung aufgestellt, dass die „Zahl der Morde, die zum Erhalt der Ehre in Deutschland begangen werden", rapide stiegen. Genannt wird ein Fall aus Ergoldsbach, bei dem ein Vater seine 18-jährige Tochter mit einem Kabel erdrosselt habe. In München habe ein Ehemann mit Hilfe seines Vaters versucht, seine Frau zu töten, da diese arbeiten wollte und sich dem Ehemann wiedersetzte. Folgt man der Autorin dieses Artikels, befinden sich deutsche Ermittlungsbehörden in Hinsicht auf die Tatmotive im „Tal der Ahnungslosen": Morde, deren Begründung auf moralisch-traditionellen Begriffsmustern fußen, kämen nach Aussage eines Sprechers des Bundeskriminalamtes nicht im Straftatenkatalog vor.

Der im selben Artikel zitierte Europaabgeordnete Ozan Ceyhun soll auf ein „Defizit an Integration" als einen Grund für solche Straftaten hingewiesen haben. Gleichwohl sollten sie schwer bestraft werden. Paradoxerweise hebt die Autorin hervor, dass deutsche Gerichte so wenig wie die Polizei die Virulenz dieses Phänomens erkannt hätten, da „die Strafe für die Angeklagten ... in der Regel milder [ausfalle], da hier die „Sitten" und „Bräuche" berücksichtigt würden.[30]

---

26 *Grunat*: Töten aus verletzter Ehre. www.freitag.de/2000/25/00251801.htm, abgelesen am 01.08.2002. *Hausmann*: Zwischen Gewalt und Analphabetismus. Frauen in der türkischen Gesellschaft. www.das-parlament.de/2001/24/europa/2001_24_063_5715.html, abgelesen am 01.08.2002

27 S. www.cileli.de

28 Art. Proteste gegen erzwungene Heiraten. Norwegen hofft auf Vereinbarung. In: Frankfurter Allgemeine Zeitung v. 15.2.2002, S. 11. No Honour in Murder: In memory of Fadime Sahindal. In: Middle East News Online. http://www.middleeastwire.com/kurdistan/stories/20020208_2_meno.shtml, abgelesen am 01.08.2002. Dieser Mord könnte noch Weiterungen nach sich ziehen: er warf auch Fragen auf über den Tod des Freundes der Ermordeten, der ursprünglich als „normaler" Verkehrsunfall behandelt worden war. CCN.com - Kurd murder sparks ethnic debate - February 5, 2002.

29 Yeni Posta Ulm v. September 2001, S. 19, Artikel v. Isin Greiner.

30 Ebd.

Was auch immer von diesen Thesen zu halten ist, inwieweit sie verallgemeinert werden können, ist doch ersichtlich, dass dem Phänomen Aufmerksamkeit zu widmen ist, so wie es der „Ausschuss für die Freiheiten und Rechte der Bürger, Justiz und innere Angelegenheiten" des Europäischen Parlamentes längst tut. Er fordert die Verurteilung von Morden, die aus Gründen der Ehre begangen werden, wobei männliche Familienmitglieder ihre Schwester oder Tochter zur Währung der Ehre „töten dürfen und betont, dass, wer ein solches Verbrechen begeht, strafrechtlich und vor der Justiz als Mörder zu betrachten ist."[31]

Erforderlich ist m. E. eine Aufklärung von Migranten und Mehrheitsgesellschaft, damit z. B. nicht nur ein Polizeibeamter, der, wie im Fall des oben geschilderten Mordes an der aus Afghanistan stammenden Frau, ermitteln muss, mit der Situation und den Tatmotiven zurecht kommt, wenn er das Fehlen eines Geständnisses bitter kommentiert: „Da handeln sie nach den Sitten ihres Ursprungslandes und stehen nicht dazu."[32]

Mit dieser - juristisch nachvollziehbaren - Verweigerung der Aufklärung sind wir beim nächsten Punkt, der zumindest innerhalb der Fachleute und der interessierten Öffentlichkeit diskutiert wird: Die Frage der „Verstellung", des „Verschweigens" wahrer Sachverhalte durch islamistische Funktionäre gegenüber ihren Gesprächspartnern.

Bei der Tagung der Friedrich-Ebert-Stiftung „Interkultureller Dialog und Interreligiöser Dialog" in Berlin vom 23. bis 24. März 2001 beklagten mehrere Referenten, dass in diesem Dialog es nur zu einer „halbierten Aufklärung" komme. Drastisch schilderte Eberhard Seidel, wie er seitens der „Milli Görus" in freundlicher Weise, doch „nachhaltig" und über Jahre hinweg belogen worden sei.

Ursula Spuler-Stegemann und Assia Harwazinski haben auf die Problematik aufmerksam gemacht[33], Mathias Rohe hat dem heftig widersprochen, weil „ein wissenschaftlich haltbarer Nachweis dafür, dass eine Lehre in oben geschildertem weiten Sinne bestehe" bislang nirgends geführt worden sei. Einzelne Aussagen, die Rohe wohl einräumt, geben ihm zufolge keine hinreichende Grundlage für eine allgemeine „Lehre" ab. Nun wiederholt er des Öfteren in seinem

---

31 Ersuchen des Ausschusses an den federführenden Ausschuss für die Rechte der Frau und Chancengleichheit PE 294.323, AD 435515DE.doc.

32 *Dörries*: „Die Ehre der Paschtunen, s. Anm. 11.

33 *Spuler-Stegemann*: Muslime in Deutschland Nebeneinander oder Miteinander. Freiburg i. Br. 1998, S. 65ff. *Harwazinski*: Die islamische Reform steht noch aus. Das Schweigegebot unter Muslimen hierzulande: In: Die Neue Gesellschaft-Frankfurter Hefte 8 (1993), S. 717 – 722.

eigenen Werk, dass es mit einer allgemeinen Lehre sowie einer universellen Autorität „im Islam“ ein besonderes Bewenden hat, ganz besonders im sunnitischen Islam. Diese Autorität suchen wir vergeblich. Den Nachweis einer „allgemeinen Lehre“ oder gar „herrschenden Lehre“ zu fordern, kommt einem (Rechts-) Positivismus gleich, der die Realität ignoriert. Eine „herrschende Lehre“ wird es bei diesem Thema nicht geben können - und wer sich des Instrumentes der „taqīya“ bedient, wird nicht in gelehrten Abhandlungen seine (tatsächlichen oder vermeintlichen) Widersacher darauf aufmerksam machen, dass er es zu tun gedenkt.

Es sollte deutlich festgestellt werden, dass in unserem Zusammenhang ausschließlich von Vertretern bestimmter islamistischen Tendenzen die Rede ist - und so verstand ich auch Frau Spuler-Stegemann und Frau Harwazinski - die einen allgemeinen Vertretungsanspruch, ein Monopol für den Islam „in Deutschland bzw. Europa für sich reklamieren“. Im Sinne von Professor Rohes Deutung des Problems „taqīya“ wäre anzuführen, dass die von ihm zitierten positiven Stimmen zum Islam in Europa nur für sich selbst sprechen können, oder für einen kleinen Kreis, genauso so, wie er es bei „Extremisten“ für möglich hält.

In der Praxis stoße ich auf vielfältige Beispiele der Ambivalenz, die unterschiedliche Botschaften für ein „äußeres“ und ein „inneres“ Publikum bereithalten.

Unter dem Eindruck der Attentäter in Nordamerika gaben zahlreiche Gruppierungen Stellungnahmen zum Geschehen ab. Mehr oder weniger gewandt kam die IGMG dieser Aufgabe nach; die Verlautbarungen der Presseorgane der türkischen Islamisten sprechen den wohlformulierten Sätzen ihrer Brüder in Deutschland Hohn.[34]

Und ein geistiger Berater der Milli Görüs,[35] der mit Sicherheit nicht europazentrierte Wissenschaftler und den Muslimbrüdern zuzurechnende Yusuf al-Qaradawi, war bereits im Mai 2001 in einer Debatte zu Selbstmordanschlägen (in Israel) mit folgendem Kommentar hervorgetreten:
„Diese Operationen sind die höchste Form des Djihad nach dem Willen Gottes, und ein Typus des Terrorismus, der gemäß der Shari'a erlaubt ist.“ Al-Qaradawi zitierte einen Koranvers und konstatierte, man müsse vorbereitet sein um „Furcht unter seinen Feinden und den Feinden Gottes zu verbreiten“ und fügte

[34] Art.: Sie säen wieder Terror. Akit v. 13.9.2001. u. Art.: Das Feindbild steht. Milli Gazete v. 13.9.2001 (Internetausgaben, abgelesen am 13.9.2001).

[35] Nachweisbar zumindest seit 1993. AMGT Avrupa Milli Görüs Teskilarlari '93, S. 17 f.

hinzu, dass „der Begriff" Selbstmordanschläge ein unkorrekter und missverständlicher Begriff sei, weil diese [Attacken] heldenhafte Unternehmungen zum Martyrium seien, die nichts mit Suizid gemein haben."[36] Wie sind seine späteren Äußerungen zum Verstehen der Vorgänge, unter Rekurs auf die amerikanische Verantwortung im Nahen Osten, unter diesen Auspizien zu sehen?

So will ich ebenfalls auf den vielfach zitierten und präsenten Dr. Nadeem Elyas hinweisen, der durchaus eine Konzeption „islamischer" Partizipation in Europa entwickelt hat. Gewiss kann man ihn nicht mit dem bekannteren Tariq Ramadan vergleichen, doch auffallend ist, dass auch diesem Protagonisten eines „europäischen Islam in der Schweiz von Kritikern " - einschließlich muslimischen - und ehemaligen Unterstützern der Vorwurf gemacht wird, sich „doppelbödig" zu äußern, ungeliebten Fragen auszuweichen.[37] Gilles Kepel weist in seinem Werk *Jihad. Expansion et déclin de l'islamisme* auf ähnliche Auseinandersetzungen in den USA hin: „À l'inverse, d'autres universitaires et des groupes de pression d'outre Atlantique, souvent proche du lobby pro-israélien ainsi que des organes de presse dans cette obédience, s'efforcaient de démontrer que les <<modérés>> n'étaient que les masque souriant du terrorisme et du fanatisme, consubstantiels, selon eux, à la mouvance islamiste dans son intégralité. «[38]

Folgt man Kepel, so sehen diese „interessierten Kreise" in der bei Islamisten erfolgten Öffnung nichts als „manoeuvre cynique, et assimilent cette stratégie à celle des partis communistes qui ne parlaient de Temps à autre le langage de la démocratie que pour mieux berner les <<idiots utiles>> dont ils avaient besoin pour élargir leur base et leurs réseux, en particulier dans le monde intellectuel. »[39]

Offenbar hält Kepel das leitende Interesse der Kritiker für zu stark, um objektiv die Motive und Aktivitäten analysieren zu können. Wie relevant sind dann Aussagen eines deutschen Bischofs, der 1998 vor einem „aggressiven Islam" warnte: „In Afrika hätten Bischöfe [ihrem deutschen Kollegen Franz Kamphaus] erläutert, dass in ihren Ländern nicht der Marxismus das Problem sei, sondern ein Islam, der nur so lange dialogbereit sei, wie er sich in der Minderheit befinde.

---

36 Memri, Inquiry Analysis No. 53, 2001-May-2. www.memri-org/ia/IA5301.html., abgelesen am 28.9.2001 (nicht mehr aktiv).

37 *Stauffer*: Wie „europäisch" ist Tariq Ramadans Islam? Begegnung mit einem prominenten Genfer Muslim. In: Neue Züricher Zeitung v. 17.10.2001, Nr. 241, S. 27.

38 *Kepel*: Jihad. Expansion et déclin de l'islamisme. Paris 2000, S. 536f..

39 Ders., S. 542f..

Stelle er die Mehrheit, gebärde er sich aggressiv und intolerant."[40] Ein weiteres Beispiel, das Fragen aufwirft, stammt aus Großbritannien. Dort bekämpften seit 1994 der Physikprofessor Muḥammad al-Mas'arī und der Mediziner Sa'd al-Faqīh via Fax und E-Mail die Herrschaft des Hauses Sa'ūd. Ohne Zweifel gehören sie zu einer Strömung, die für eine umfassende Islamisierung des Staates unter der Kontrolle wahhabitischer Gelehrter eintritt. Bei letzteren ist kaum davon auszugehen, dass ihnen weltanschaulicher Pluralismus ein Anliegen sei, von ihrer Verachtung für „den Westen", insbesondere die amerikanischen „Ungläubigen", ganz zu schweigen. Gleichwohl bedienen sich die beiden oben genannten im Kontakt mit westlichen Medien der Begriffe, deren Verwendung Aufmerksamkeit und Übereinstimmung *im öffentlichen Diskurs des Westens* versprechen: Menschenrechte und Demokratie[41].

Ähnliches zeigt ein innerislamischer Disput in Oslo, der sich ausgerechnet an der Frage der Unterdrückung der Frau und Bluttaten zur „Wiederherstellung der Familienehre" entwickelte: Islamische Organisationen hatten eine Demonstration unter dem Motto „Gegen Generalisierungen" im Februar 2002 durchgeführt, in deren Verlauf von weiblicher Seite teilnehmenden Imamen vorgeworfen wurde, „nur zum Schein Abstand zu nehmen von Zwang und Unterdrückung. Ihnen gehe es nur darum, sich in der Öffentlichkeit in einem besseren Licht zu präsentieren. In Wahrheit seien die allermeisten von ihnen Vertreter rückwärts gewandter religiöser Ansichten." Dass norwegische Medien in ihren Recherchen herausgefunden hatten, dass afrikanische Imame Frauen aus Somalia und Gambia an die Tradition der heimatlichen Beschneidung erinnern, unterstrich den Eindruck, dass gerade „geistliche Führer" es verstehen, in der Öffentlichkeit liberal aufzutreten, doch intern „doppelte Botschaften" vermitteln.[42]

Auch innerhalb des Islam gibt es durchaus Meinungsunterschiede hinsichtlich der Wahrhaftigkeit der Anhänger verschiedener Strömungen. Strenge Salafiyun in Frankreich, die die Bezeichnung Wahhabiten für sich ablehnen, zeichnen kein positives Bild der von ihnen als Konkurrenz betrachteten Muslimbrüder: „Ce sont des politiques, ils mentent, ils ont le double face."[43] Shaykh Abdul Hadi Palazzi sieht beide Gruppen eher als sich ergänzende Bewegungen an, von

---

40 *Deckers*: Ein Radikaler im kirchlichen Dienst. In: Frankfurter Allgemeine Sonntagszeitung v. 6.1.2002, S. 51.

41 *Steinberg*: Usama bin Ladin und Saudi-Arabien. Hintergründe der Terroranschläge des 11. September. In: Konrad-Adenauer-Stiftung Auslandsinformationen 11/01, S. 10-12.

42 Art. : Muslimische Imame mit doppelter Botschaft. Streit an Demonstration gegen Frauenunterdrückung in Oslo. In: Neue Zürcher Zeitung v. 12.2.2002.

43 *Ternisien*: L'essor des salafistes en banliieue inquiète policiers et musulmans. In : Le Monde v. 24.1.2002.

denen er sowohl theologisch als auch politisch nicht viel hält. Überdies hätten die Mitglieder der Bruderschaft es inzwischen gelernt, „à nier toute relation avec leur organisation, et meme à nier purement l'existence de cette secte.“[44]

Es bleibt festzustellen, dass zweideutiges Verhalten nicht als Einzelerscheinung relativiert werden kann. Soheib Bencheikh ist mehr als zuzustimmen, der „dem Islam“ in Europa attestiert, an einem „Kommunikationsdefizit“ zu leiden.[45] Nasr Hamid Abu Zaid beschrieb dieses „Defizit“ einmal als „Abstinenz [in] politischen Fragen [....], um die Position, die Stellung und den Einfluss zu wahren“, eben „als eine Art *taqiya*“ des von ihm Kritisierten, der seinen religiösen Prinzipien entsprechend nicht abstinent hätte sein dürfen. [46] Es gibt also hinreichend Gründe, den Diskurs der Islamisten nicht nach seiner Form zu bewerten, sondern ihn nach dessen Begriffen und deren Inhalten zunächst einmal zu begreifen.

So forderte Nadeem Elyas in einem Interview, vom Rückzug oder Abkapselung von der deutschen Gesellschaft abzusehen, und daraufhin zu wirken „damit wir diese Gesellschaft zur Akzeptanz des Islam bewegen. Und wenn wir dadurch für den Islam Gehorsam aus freien Stücken eröffnen, wieso sehen wir es als fernliegend an, dass die europäische Gesellschaft für den Islam aus freiem Gehorsam aufgeschlossen wird? Der Islam ist vorbereitet für einen positiven Einfluss in Europa und Europa ist vorbereitet auf die Aufnahme des Islam.“[47]

Ob Europa tatsächlich so vorbereitet ist, will ich bezweifeln. Zweifel habe ich aber auch bei dem, was Elyas „den Islam“ nennt. So er sich als dā'i, Propagandist dieses „Islam“ sieht[48], so stellt sich mir die Frage, wie er es mit seinen positiven Verlautbarungen vereinbaren kann, ein Buch in deutscher und arabischer

---

44 *Abdul Hadi Palazzi*: Antisionisme et antisémitisme dans le monde islamique contemporain. In : Collectif d'auteurs (ed.) : [nouveaux ] visages de l'antisémitisme. Haine passion ou haine politique. Paris 2001, S. 71-104, S. 99.

45 Die Furcht vor dem Islam ist gerechtfertigt. Soheib Bencheikh, Großmufti von Marseille, im Gespräch. In: Frankfurter Allgemeine Sonntagszeitung v. 16.12.2001, S. 10.

46 *Nasr Hamid Abu Zaid*: Islam und Politik. Kritik des religiösen Diskurses. Frankfurt/M. 1996, S. 35.

47 Al-Wa'd 2 Jg., 1 (Dezember 1995 – Januar 1996), S.15 – 18 (meine Übersetzung).

48 Anders ist seine zwar eine Öffnung zum „Westen“ skizzierende, doch auf Prinzipien beharrende Arbeitsvorlage bei einer von offizieller saudischer Seite dominierten Konferenz in Kopenhagen nicht aufzufassen: *Imām Muḥammad Imām*: multaqayāt ḫādim al-ḥaramain aš-šarīfain tuhdifū ilā īṣāl ḥaqā`iq al-islām an-nāši'a wa-ta'ālīmihi al-mušarrafa li-l-'ālam. In: Aš-šarq al-'awsaṭ v. 9. September 2001, Internertausgabe www.asharqalawsat.com/pcdaly/09-09-2001/religion/religion.html, abgelesen zuletzt am 31.1.2002 (nicht mehr aktiv).

Sprache herauszugeben, bei dem die arabische Fassung einen Text enthält, welcher ein säkulares Europa als ein „künstliches", fast widernatürliches Gebilde in der Tradition von Kreuzzugspredigern und Kolonialismus schildert.[49]

Um nicht falsch verstanden zu werden: Der Autor wünscht subjektiv ein „Verständnis zwischen den Kulturen", hofft auf „einen Sieg für die Idee des Dialoges und der Toleranz und eine Niederlage für das Unverständnis.. und des Fanatismus [...] und dass der Friede den Platz des Streites einnimmt."

Streit - polemisch gefragt: was ist Demokratie anders als zivilisierter Streit? - entfachen allerdings nur die anderen, wie die voreingenommenen Orientalisten, an deren Vorlesungsverzeichnissen abgelesen werden könne, dass sie „die Muslime" schwächen und im Denken verwirren, die „islamische Ehre" denunzieren wollten. Folgt man dem Autor, kann man sich nur für Gut und Böse entscheiden, kann man nur für oder gegen den Islam sein.

Seltsam kontrastiert dies mit dem positiven Ansatz, welchen Elyas vertritt - oder ist sein Begriff davon wesentlich anders? Vielleicht ist diese Divergenz eine Folge unterschiedlicher Wahrnehmung, glaubt sich Elyas doch in „einer kulturellen Auseinandersetzung" [fī hadihi l-maʻraka l-ḥaḍārī], einem „Kampf, [der] seine Grundlagen und seine Instrumente und seine Mittel hat, die wir begreifen und ihre Benutzung verbessern müssen, so dass wir mit dem Westen in seinem Rahmen umgehen können."[50]

Nun ist tatsächlich davon auszugehen, dass Elyas im genannten Interview über die Mechanismen der Einflussnahme innerhalb europäischer Gesellschaften referierte. Allerdings lässt er keinen Zweifel daran, dass bei dieser Einflussnahme islamische Prinzipien keinesfalls geschmälert werden dürfen.

Und seine Überlegungen zu einer „kulturellen Auseinandersetzung" - darf ich maʻraka mit „Schlacht/Kampf" übersetzen? - erinnern an folgende Äußerung von Shaykh Abdullah Ghusha:

> „Lügen sind eine Sünde, außer wenn man zu Gunsten eines Muslims lügt, oder um ihn vor einem Unheil zu bewahren, und ferner Ibn al-Arabi:
> Lügen ist im Krieg erlaubt, um den Muslims einen Vorteil zu sichern, wenn sie ihn brauchen, als auch im Kampfe."[51]

---

49 *Elyas*: Das weiche Wasser wird besiegen den harten Stein, Bonn 1996 (arab. Ausgabe: muqaddima von Dr. Ṣulaḥ ad-Dīn an-Nakdalī.

50 Al-Wa'd, s. Anm. 21.

51 Zitiert bei *Laffin*: Islam. Weltbedrohung durch Fanatismus, München 1980, S. 80.

Wenn auch Sunniten „taqīya" hauptsächlich als ein schiitisches Phänomen tadeln - man sehe nur diverse Beiträge im Internet - so weist auch der Kommentar bei Ṭabarī auf eine Möglichkeit solchen Verhaltens hin: „So jemand gezwungen ist und Unglaube mit der Zunge bekennt, während sein Herz ihm widerspricht, um seinen Feinden zu entgehen, so fällt keine Schuld auf ihn, weil Gott seine Diener nach ihren Herzen beurteilt."[52]

Man mag nun einwenden, dass solche Kommentatoren nicht mehr zeitgemäß seien, wo doch andere Gelehrte zur Verfügung stünden. Allerdings ist dem entgegenzuhalten, dass solche Kommentatoren auch bei der Verwendung von modernen Medien zu finden sind. Auch hilft es nichts zu bemerken, dass Ṭabarī sich der schiitischen Argumentation bedient, wendet er sich doch erstrangig an Sunniten.[53] Unter den Bedingungen des Aufenthaltes in einer mehrheitlich religiös indifferenten Gesellschaft, innerhalb der dār al-ḥarb, kamen eine solche Argumentation Virulenz entfalten. Dazu mag der interne Diskurs über die „Verkommenheit" des Westens, die Feindseligkeit gegenüber „dem Islam" sein Teil beitragen. Und was den „gemeinsamen" Diskurs innerhalb Europas um das „Feindbild Islam" angeht, führt dieser nicht nur zur „Selbstbestätigung" eigener Thesen über „den Westen", sondern noch zur „Fremdbestätigung" durch Vertreter des dār al-ḥarb selbst.

Alles spricht dafür, dass man sich innerhalb der islamistischen Bewegung Europas in einer Auseinandersetzung, einem „ideologischen Kampf" wähnt, allerdings mit einem Gegner, den man vor Jahren überhaupt nicht zur Kenntnis nahm:

> „Wenn wir bedenken, dass die islamische Bewegung ..in der muslimischen Welt nur einen ebenbürtigen Gegner hat, nämlich die kommunistische Bewegung, dass es sich bei allen anderen um nichts weiter als nationale Gruppierungen handelt, denen jegliche ideologische Grundlage fehlt, dann wird uns klar, dass der intellektuelle Abgrund ... zu einem ideologi-

[52] Artikel Taqīya. In: Shorter Encyclopedia of Islam. Leiden, London 1961. Nicht nachprüfen konnte der Verfasser bislang eine Überlieferung, die von Aḥmad b. Ḥanbal tradiert wird: „Die Lüge ist in drei Fällen erlaubt: Gegenüber seiner Ehefrau; um Muslime miteinander zu versöhnen; und im djihād." *Aḥmad b. Ḥanbal*: Musnad. 6 Bde. Kairo o.J., zitiert in: *Moussa Afschar*. Der Islam. Wie er wirklich ist. O.O. 2001, S. 67.

[53] In diesem Zusammenhang hat m. E. noch niemand erörtert, wie die in den Werken der „Sunna" dem Propheten untergeschobenen, absichtlich gefälschten Traditionen einzuordnen sind, die eine Legitimationsgrundlage für später entstandene Lehrmeinungen bilden sollten. Vgl. *Adel El Baradie*: Gottes-Recht und Menschen-Recht. Grundlagenprobleme der islamischen Strafrechtslehre. Baden-Baden 1983, S. 93-94.

schen Kampf führen muss, der unausweichlich mit dem Sieg der einen über die anderen enden wird."[54]

Die Welt hat sich seit der Niederschrift dieser Sätze (Dezember 1958) verändert; dass sie und das zugehörige Werk 1996 in Europa von Islamisten neu herausgegeben werden, zeigt, dass man jetzt den ideologischen Abgrund zwischen sich und den verächtlich übergangenen (westlich-) „nationalen Gruppierungen" sieht.

Kommentatoren in der neueren Geschichte zeigen, dass die Frage der Wahrheit gegenüber Nichtmuslimen sich doch ganz anders stellt. Esther Debus wies darauf hin, dass nach den islamisch-rechtlichen Auskünften in der „Milli Gazete" es erlaubt sei, Zinsen von den Ungläubigen zu nehmen und ihnen Rauschgift zu verkaufen.[55]

Aber es lässt sich auch positiv darauf hinweisen, dass Muslime Verhaltensweisen, die mit dem Betrug, der Täuschung an „Ungläubigen" einhergehen, dezidiert zurückweisen. Mir liegt eine Schrift in arabischer Sprache vor, die nach Ausweis des Deckblattes in Freiburg entstanden ist.[56]

Der Verfasser lässt keinen Zweifel daran, dass der Glaube „einiger Muslime", sie stünden als „Mudjahidin" „ungläubigen Kriegern" gegenüber und könnten deshalb in diesem Land selbst durch Diebstahl oder Verrat[57] materielle und immaterielle Vorteile „natürlich„ zum Nutzen der Gläubigen erlangen, eindeutig falsch sei. Um diese, seiner Meinung nach, „irrige Lehre" zu widerlegen, bemüht er neben dem Qur'ān auch die Stellungnahmen von Ibn Taimīya oder Ibn Kaṯīr. Man solle sich an seine Friedens- und Wahrhaftigkeitspflicht selbst dann halten, wenn man mit einem gefälschten Visum eingereist sei. Ein ḥadīṯ von Muḥammad („Mir wurde befohlen, die Menschen solange zu bekämpfen, bis sie bezeugen, dass es keinen Gott außer Gott gibt und dass Muḥammad sein Prophet ist und bis sie sich bereit erklären, das Gebet zu verrichten und zakāt zu

---

[54] *Said Ramadan*: Das islamische Recht: Theorie und Praxis. Hg. v. d. Muslim Studenten Vereinigung in Deutschland e. V., 2. Aufl. Marburg 1996, S. 25.

[55] *Debus*: Die islamisch-rechtlichen Auskünfte der Milli Gazete im Rahmen des „Fetwa-Wesen" der Türkischen Republik. Berlin 1984 (Islamkundliche Untersuchungen 95), S. 84.

[56] Islamische Union in Deutschland. Das reine Wasser bezüglich der Bestimmungen über ġanīma und fai', 3. Rechtskonferenz im Ramadhan. Freiburg o. J. (arabisch).

[57] Vgl. den Hinweis auf 'Abdulwahhāb Luṭfī ad-Dailāmī, der unter www.islamonline.net /livefatwa/arabic/Browse.asp?hGuestID=2hM1Yw Betrügen, Schmuggeln und Steuerhinterziehung erlaubt haben soll, so es sich um einen „ungerechten" Staat handle, in dem diese Taten begangen würden. Zit. In *Moussa Afschar*: Der Islam, S. 67 u. S. 71.

zahlen. Wenn sie das tun, verhindern sie, dass ihr Blut vergossen und ihnen das Vermögen weggenommen wird.") könne nicht Grundlage der „Meinung einiger Muslime" sein, dass jeder, der dies nicht bezeugt, geschädigt werden dürfe.

Der ungenannte Autor räumt seinen Lesern gegenüber ein, dass die Mehrheit der Bewohner Europas ahnungslos sei, auch wenn die Regierungsstellen gegenüber den Muslimen und dem Islam ambivalent, ja feindlich, handeln würden. Die Menschen aber hätten nur das Bild vom Islam, das ihnen „die von Juden beherrschten Medien" lieferten. Mit Fehlverhalten oder Verbrechen solle man seiner Meinung nach nicht an der Diffamierung des Bildes des Islam teilhaben. Das Schreiben zeigt uns in deutlicher Weise, dass die Kritiker durchaus zu Recht auf eine Haltung aufmerksam machen, die den Begriff „Wahrheit" in bedenklicher Weise interpretiert, so es um Nicht-Muslime geht. Dabei glaubt man durchaus, sich auf die šarī'a stützen zu können. Nicht zuletzt das teilweise erstaunliche Verhalten der mutmaßlichen Attentäter von New York und Washington weist auf diese Gratwanderung bei der Interpretation dessen, was „der Islam" gestattet, hin.

Beruhigend ist es für mein Verständnis, dass es innerhalb der Muslime Stimmen gibt, die dies intern kritisieren. Es wäre beruhigender, sie würden lernen, diese Kritik in aller Öffentlichkeit vorzutragen, ohne Resentiment gegenüber einer Presse, die, wie oben gezeigt, von „Juden beherrscht" dargestellt wird. Noch beruhigender wäre es, auch diese ideologischen Versatzstücke innerislamisch einer Kritik zu unterziehen, um zu dem gegenseitigen Vertrauen kommen zu können, welches vor allem im Nahen Osten fehlt und insbesondere unter dem Eindruck der jüngsten Geschehnisse, bei uns nicht minder. Dazu bedarf es aber der Bekämpfung eines „Traditionalismus" der auf einer weitreichenden Veränderungsfeindlichkeit beruht, die sich gegen einen zu schnell und zu unübersichtlichen sozialen Wandel stemmen will.[58]
Dass dieser wechselseitige Lernprozess dringender denn je erforderlich ist, wird auch durch Ausführungen des ehemaligen Richters am Bundesverfassungsgericht, Dieter Grimm, deutlich: „Nicht alle Kulturkonflikte lassen sich harmonisch lösen." Doch ob den Protagonisten dieser Konflikte die „Alternative von

[58] Vgl. *Stolz*: Soziologie der Fremdenfeindlichkeit. Theoretische und praktische Analysen. Frankfurt/M. 2000. Diese Studie betrifft die Schweiz; es dürfte jedoch nachweisbar sein, dass die Xenophoben unterschiedlicher Kulturen nach verwandten Verhaltensmustern reagieren. Unter den Bedingungen von Einwanderung, die rasche Veränderung (Stichwort Kulturschock) mit sich bringt, ist mit dem Phänomen einer Xenophobie von Migranten gegenüber Einheimischen zu rechnen, wobei Ablehnungsmechanismen unter den letzteren das Phänomen noch verstärken dürften.

Anpassung oder Wegzug" bleibt, ist eine These, die ich, bei allem Respekt vor dem Autor,[59] anzuzweifeln wage.

[59] *Grimm*: Die Verfassung und die Politik, Einsprüche in Störfällen. München 2001

# GEDANKEN ZUM SCHUTZ VON SOFTWARE IN ARABISCHEN STAATEN

Rechtsreferendar Gordian Deger, Maîtrise (Paris), Köln

## A. Einführung

Mit der fortschreitenden Verbreitung des Computers, der heute in fast allen Bereichen des Lebens präsent ist, rückte in den vergangenen Jahren auch die mit ihm untrennbar verbundene Software in den Mittelpunkt des ökonomischen und juristischen Interesses. Software ist in zunehmendem Maße weltweit ein wichtiger Wirtschaftsfaktor. Da es sich bei der Softwareentwicklung um eine vor allem wissensbasierte Industrie handelt, haben – dies zeigt das Beispiel Indien – auch Entwicklungsländer eine realistische Chance, an diesem Markt teilzunehmen. Eines der Hauptprobleme dieses Wirtschaftszweigs ist, dass Software aufgrund ihrer Beschaffenheit in erhöhtem Maße der Gefahr illegaler Raubkopie ausgesetzt ist. Da diese Gefahr mit technischen Mitteln allein nicht gebannt werden kann ist der Schutz von Software auch eine wichtige Aufgabe für Recht und Justiz. Jedoch sieht sich gerade das Recht in diesem Bereich oft vor schwierige Fragen und Herausforderungen gestellt. Es liegt also nahe, zu untersuchen, ob und wie die Rechtsordnungen der arabischen Staaten den Schutz von Software bewerkstelligen.

Zunächst sollen zur Einführung in die Materie einige Grundbegriffe im Zusammenhang mit Computersoftware erläutert werden. In diesem Zusammenhang wird aufgezeigt, worin die spezifischen Schutzbedürfnisse von Software bestehen. Der Schwerpunkt der weiteren Betrachtung betrifft den urheberrechtlichen Schutz von Computerprogrammen. In Anlehnung an die Denkkategorien des deutschen Rechts werden die wichtigsten Problemkreise des Urheberrechts aufgezeigt und die Rechtslage in den arabischen Staaten, wie sie sich aus den jeweiligen Gesetzen ergibt, erläutert. Es konnten hierbei die Gesetze fast aller arabischen Länder berücksichtigt werden.[1] Im Anschluss an die urheberrechtliche Betrachtung wird kurz auf die Frage der Patentierbarkeit von Software eingegangen. Nicht untersucht wurde die tatsächliche Rechtsanwendung in der forensischen Praxis der arabischen Länder.

---

1 Untersucht wurden die Urheberrechtsgesetze folgender Länder: Ägypten, Algerien, Bahrain, Djibouti, Irak, Iran, Jemen, Jordanien, Qatar, Kuwait, Libanon, Libyen, Marokko, Oman, Saudi-Arabien, Sudan, Syrien, Tunesien und Vereinigte Arabische Emirate. Gesetzesänderungen wurden berücksichtigt bis zum 31.12.2001.

1. Was ist Software?

Zunächst ist zu klären, was unter dem Begriff Software zu verstehen ist. Der Begriff ist auf der einen Seite von der Hardware abzugrenzen, andererseits von den reinen Daten und schließlich von den Algorithmen.

a) Begriff

*Software* – dieses englische Kunstwort ist seit langem unter Entwicklern und Anwendern eine Standardvokabel. Es bezeichnet in Abgrenzung von der *Hardware*, welche die physikalisch-materiellen Teile des Computers meint, die immateriellen Informationen, die den Computer steuern[2]. Hardware und Software sind die beiden komplementären, für das Funktionieren eines Computersystems notwendigen Elemente.[3] Die Hardware, die für viele verschiedene Zwecke eingesetzt werden kann, bedarf genauer Anweisungen zur Aufgabenausführung. Diese Rolle übernimmt die Software, indem sie der Hardware die durchzuführenden Einzeloperationen vorgibt. Dabei lässt sich je nach Art der Befehle und somit nach dem Einsatzzweck des Programms weiter unterscheiden zwischen Anwendungsprogrammen und Betriebssystemen.

Eine allgemein anerkannte juristische Definition von Software konnte bisher nicht gefunden werden. Einigkeit besteht lediglich darüber, dass der Programmcode (d. h. Quell- und Objektcode) von dem Begriff erfasst ist. Dieser ist als eine Folge von Befehlen zu verstehen, die nach Aufnahme in einen maschinenlesbaren Träger fähig sind zu bewirken, dass eine Maschine eine bestimmte Funktion oder Aufgabe oder ein bestimmtes Ergebnis anzeigt, ausführt oder erzielt[4]. Einigkeit besteht auch darüber, dass reine Daten, denen keinerlei Steuerungsfunktion zukommt[5], nicht unter den Begriff Software fallen.

Schließlich muss Software auch vom Algorithmus abgegrenzt werden. Dieser ist eine Vorstufe des Computerprogramms, vereinfacht gesagt ein vollständiger Satz wohldefinierter Regeln zur Lösung eines Problems in einer endlichen Anzahl von Schritten[6]. Algorithmen fallen in den rechtlich nicht schutzfähigen Bereich der Ideen und Grundsätze.

Unklar ist hingegen, inwieweit Programmbeschreibung und Begleitmaterial wie Handbücher oder Referenzkarten erfasst sind. Nach der in Deutschland und

---

2 Vgl. *Marly*, Softwareüberlassungsverträge, 3. Aufl. 2000, Rn. 3.

3 *Marly*, a.a.O. Fn. 2, Rn. 2.

4 Vgl. § 1 i) der WIPO-Musterdefinition, Übersetzung in GRUR Int. 1978, 286 ff.

5 Vgl. *Marly*, a.a.O. Fn. 2, Rn. 27.

6 *Schwarze*, Einführung in die Wirtschaftsinformatik, 4. Aufl. 1997, S. 53.

wohl auch weltweit herrschenden Meinung ist der Begriff Software weit zu verstehen. Er umfasst danach auch das Begleitmaterial, während der engere Begriff "Computerprogramm" nur den Programmcode umfassen soll[7]. Dagegen versteht die Informationswissenschaft beide Begriffe synonym und beschränkt ihre Bedeutung auf den Programmcode[8]. Auch der allgemeine Sprachgebrauch nimmt die Unterscheidung im Allgemeinen nicht vor.

Die unterschiedlichen Definitionen und Terminologien weichen also nur hinsichtlich der Frage voneinander ab, ob das Begleitmaterial und die Programmbeschreibung erfasst sind oder nicht. Aufgrund dieser Unschärfe des Begriffs Software wird in vielen Gesetzestexten häufig auf den weniger umstrittenen Begriff des Computerprogramms zurückgegriffen. Dies ist etwa der Fall der EG-Richtlinie zum Schutz von Computerprogrammen[9] und des deutschen UrhG, das 1993 an diese Richtlinie angepasst worden ist.

b) Wesen der Software

Obwohl Software nun schon seit einigen Jahrzehnten hergestellt und eingesetzt wird und insbesondere seit dem Siegeszug des Heimcomputers in den achtziger Jahren für die meisten von uns eine alltägliche Sache geworden ist, bestehen nach wie vor Schwierigkeiten bei ihrer rechtlichen Behandlung. So scheint z. B. auch heute noch nicht eindeutig geklärt, wie die Softwareüberlassung schuldrechtlich einzuordnen ist. Ebenso zeugen die schillernde Rechtsprechung zur Patentierbarkeit von Computerprogrammen und die diesbezügliche Diskussion davon, dass Software nicht recht in die althergebrachten rechtlichen Kategorien passen will. In der Tat unterscheidet sich Software durch ihre Immaterialität von der Mehrzahl der Gegenstände, die das Recht seit Jahrhunderten kennt.

Das deutsche Urheberrecht versteht Computerprogramme als Sprachwerke[10]. Tatsächlich erfolgt die Programmierung in der Regel in Form einer Sprache, nämlich einer Programmiersprache. Die vom Programmierer eingegebenen Befehlsfolgen ergeben den *Quellcode*, der als solcher allerdings vom Computer nicht verarbeitet werden kann. Damit die Datenverarbeitungsanlage das Programm versteht, muss der Quellcode erst in eine Maschinensprache übersetzt werden. Diesen Vorgang nennt man *Compiling*. Man erhält so den *Objektcode*, das fertige Maschinenprogramm.

---

7 *Karger*, CR 2000, 357 (358).
8 *Schwarze*, a.a.O. Fn. 6, S. 19.
9 ABl. EG Nr. L 122/42 ff. vom 17.5.1991.
10 § 69a Abs. 4 UrhG-De.

2. Schutzbedarf von Software

Fragen wir uns nun, wovor Software bzw. der Autor der Software geschützt werden muss. In erster Linie ist hier die unberechtigte Herstellung von Vervielfältigungsstücken zu nennen. Einer Studie der europäischen Kommission zufolge[11] ist die Softwarebranche der von der Raubkopie am meisten betroffene Wirtschaftszweig überhaupt. Die Erhebungen des Interessenverbands der Softwareproduzenten Business Software Alliance (BSA) beziffern den Anteil illegaler Software am Gesamtvolumen der weltweit eingesetzten Software mit etwa 40%.[12] Westeuropa liegt mit etwa 37% unter dem Durchschnitt, während der Mittlere Osten mit 51% weit darüber liegt. Einzelne Länder, wie etwa Bahrain, Kuwait, Qatar, Oman und der Libanon, wiesen im Jahr 2001 sogar einen Anteil von über 75% auf.

Der Grund für die starke Verbreitung von Raubkopien scheint – neben einem häufig mangelnden Unrechtsbewusstsein der Beteiligten – in erster Linie in der Einfachheit des Kopiervorgangs zu liegen. Vorteil und Fluch der digitalen Speicherung ist die einfache und preiswerte Herstellbarkeit verlustfreier Vervielfältigungsstücke, ein Umstand, den sich Raubkopierer zunutze machen. Technische Maßnahmen zur Verhinderung solchen Verhaltens haben sich in der Vergangenheit als weitgehend wirkungslos erwiesen. Jeder Kopierschutz lässt sich umgehen, deaktivieren oder durch *reverse engineering* aus dem Programmcode entfernen.

Eine weitere Gefahr für Softwareautoren ist die Übernahme oder das Nachschaffen des Programms durch Mitbewerber. Es kann hierbei für den Geschädigten in der Praxis sehr schwierig sein, die Leistungsübernahme zu beweisen. Dies ist insbesondere bei umfangreichen Programmen der Fall, die mehrere Hunderttausend oder gar Millionen Programmzeilen enthalten können. Schließlich kann aber auch die Übernahme gestalterischer oder ergonomischer Elemente der Benutzeroberfläche durch ein Konkurrenzprodukt drohen. Häufig weisen Programme Besonderheiten in der Gestaltung und Bedienung auf. In den Vereinigten Staaten ist die Gestaltung dieser Schnittstelle zwischen Mensch und Maschine als *Look & Feel* eines Programms bezeichnet worden.

---

11 Grünbuch zur Bekämpfung von Nachahmungen und Produkt- und Dienstleistungspiraterie im Binnenmarkt vom 22.01.1998, http://europa.eu.int/comm/internal_market/en/indprop/piracy/lvconde.pdf.

12 Zahlen für das Jahr 2001 laut der Studie der BSA vom Mai 2002 (http://www.bsa.org).

3. Rechtliche Schutzmöglichkeiten

Zum Schutz von Software kommen mehrere Rechtsinstitute in Betracht. An erster Stelle steht hier das Urheberrecht, das heute weltweit das wichtigste Instrument für den Schutz von Software ist. Daneben kommt eine Reihe anderer Rechtsinstitute in Betracht, die zumindest Teilaspekte von Software schützen können. Zu nennen sind hier etwa das Patentrecht, das Markenrecht, das Geschmacks- und Gebrauchsmusterrecht, das Wettbewerbsrecht und das Vertragsrecht.

## B. Der Schutz durch das Urheberrecht

Bei der Untersuchung der neueren Entwicklung des Urheberrechts der arabischen Staaten stellt man fest, dass diese keineswegs autonom verläuft. Die internationalen Abkommen spielen in diesem Bereich ganz offensichtlich eine entscheidende Rolle: Die Mehrzahl der arabischen Staaten ist heute Mitglied in der WIPO. Unter den Staaten, die der Organisation derzeit (noch) nicht angehören, befinden sich aber z. B. Saudi-Arabien, der Iran, Jemen und Syrien. Darüber hinaus sind die meisten der untersuchten Staaten auch Unterzeichner weiterer Abkommen wie der Pariser Konvention von 1883 und vor allem der revidierten Berner Übereinkunft von 1971. Schließlich erfreut sich auch die Welthandelsorganisation seit ihrer Gründung im Jahre 1995 großen Zulaufs von Seiten der arabischen Länder, was über den Umweg der Ratifizierung des TRIPS-Übereinkommens zu der Verpflichtung führt, Computerprogramme als Werke der Literatur im Sinne von Art. 2 der Berner Übereinkunft zu schützen[13]. Elf Staaten der arabischen Welt sind bereits Mitglieder der WTO, fünf weitere haben Beobachterstatus und könnten in nicht allzu ferner Zukunft ebenfalls Mitglieder werden.

Es verwundert angesichts dieser Entwicklung nicht, dass viele arabische Staaten ihr Urheberrecht in den letzen Jahren modernisiert haben oder sich überhaupt ein entsprechendes Gesetz zum ersten Mal gegeben haben. Letzteres ist beispielsweise der Fall von Syrien, das sich jüngst mit einem UrhG ausgestattet hat[14].

1. Schutzobjekt

In Deutschland sind Computerprogramme als Sprachwerke genau wie andere Werke der Literatur, Wissenschaft und Kunst urheberrechtlich schutzfähig. Der Schutzgegenstand ist in § 69a Abs. 1 und 2 UrhG beschrieben. Danach gilt der

---

[13] Art. 10 Abs. 1 TRIPS-Abkommen.

[14] Gesetz Nr. 12 vom 27.2.2001 in Kraft getreten am 4.9.2001.

Schutz für alle Ausdrucksformen eines Computerprogramms, einschließlich des Entwurfsmaterials. Dies umfasst den Quellcode ebenso wie den Objektcode. Unerheblich ist dabei der Zweck des Programms. Nicht schutzfähig sind hingegen Ideen und Grundsätze, die dem Programm zugrunde liegen.

Von den Urheberrechtsgesetzen der untersuchten arabischen Länder erwähnen etwa die Hälfte ausdrücklich Software oder Computerprogramme als geschützte Gegenstände. Dies ist beispielsweise der Fall in Ägypten, Marokko, Saudi-Arabien, Tunesien und den Vereinigten Arabischen Emiraten[15]. Jedoch ist die Terminologie in Bezug auf den Schutzgegenstand keineswegs einheitlich: So sprechen manche Gesetze von „Software“ (Saudi-Arabien, Syrien, Vereinigte Arabische Emirate, Tunesien, Marokko, Kuwait), andere wiederum von „Computerprogrammen“ (Bahrain, Oman, Jordanien). Qatar unterscheidet sogar zwischen Computersoftware, Anwendungen und Betriebssystemen[16].

Gesetzliche Definitionen des Schutzgegenstandes finden sich nur vereinzelt. So enthält das marokkanische Urhebergesetz vom 15. Februar 2001[17] eine Definition des Begriffs *Software*, die sich auf die von der WIPO ausgearbeiteten Musterdefinition des *Computerprogramms*[18] zu stützen scheint. Es scheint, dass Software hier im bereits angesprochenen engeren Sinne verstanden wird. Das sudanesische UrhG aus dem Jahre 1996[19] definiert den Begriff „Computerprogramm“ ganz ähnlich, fügt jedoch hinzu, dass die Befehle in Sprache, Zeichen oder Symbole gefasst sein können und gegebenenfalls auch „Zusatzinformationen“ erfasst sein können[20]. Das Urheberrecht Omans hingegen fasst Computerprogramme und Datenbanken unter einer gemeinsamen Definition zusammen[21].

Es lässt sich angesichts dieser terminologischen Ungereimtheiten bezüglich des Schutzgegenstandes schwerlich eine klare Linie erkennen. Um aber eine genauere Analyse der betreffenden Normen durchführen zu können ist es m. E. notwendig, direkt mit den arabischen Texten zu arbeiten, da die verfügbaren Übersetzungen verschiedener Provenienz nicht präzise genug sind, um in diesem Punkt zur Auslegung und Rechtsvergleichung zu taugen.

---

15 Darüber hinaus auch in Jordanien, Syrien, Bahrain, Qatar, Oman, Kuwait und dem Sudan.
16 Art. 3 Nr. 10 UrhG-Qat.
17 Gesetz Nr. 2-00 vom 15.2.2001.
18 Vgl. GRUR Int. 1978, 290 ff., § 1 i) der Mustervorschriften.
19 Copyright and Neighbouring Rights Protection Act vom 19.12.1996.
20 Art. 3 Abs. 4 UrhG-Sud.
21 Vgl. Art. 1 Nr. 10 UrhG-Om.

Jedenfalls ist davon auszugehen, dass nach allen Gesetzen, welche Computerprogramme oder Software als Schutzgegenstand nennen, zumindest der Quell- und der Objektcode der Software geschützt sind[22].

Eine ausdrückliche Einbeziehung des Entwurfsmaterials findet sich nur im syrischen Recht. Falls man das Entwurfs- und Begleitmaterial in den übrigen Ländern als nicht erfasst ansieht, so muss für diese Gegenstände gegebenenfalls entschieden werden, ob für sie ein eigener Schutz besteht. Außer im tunesischen Recht, das als einziges Spezialvorschriften für Computerprogramme vorsieht[23], wirkt sich die Antwort auf diese Frage aber nicht auf das anwendbare Schutzregime aus.

Was die Frage Werkkategorie anbetrifft, so wird nur in Oman[24] und in Ägypten das Computerprogramm ausdrücklich als Sprachwerk bezeichnet. In Kuwait unterscheidet man eine eigene Kategorie für so genannte Computerwerke, die "Software, Software-Pakete, Datenbanken und ähnliche Werke" umfasst[25]. In den übrigen Staaten ordnen die Gesetze Programme keiner bestimmten Werkkategorie zu und erwähnen diese in der Regel innerhalb der Kataloge der geschützten Werke als eigenen Aufzählungspunkt. Im UrhG der Vereinigten Arabischen Emirate[26] findet sich das Computerprogramm interessanterweise bei den audiovisuellen Werken wie z. B. Fernseh- und Kinoproduktionen[27]. Es soll in diesem Zusammenhang nochmals erwähnt werden, dass nach dem TRIPS-Abkommen Computerprogramme (Quell- und Objektcode) als literarische Werke bzw. Sprachwerke im Sinne der Berner Übereinkunft von 1971 zu schützen sind[28], so dass zumindest das Recht der Unterzeichner dieses Abkommens wohl dahingehend zu verstehen ist.

Ob Algorithmen durch das Urheberrecht geschützt sind, beantworten die Gesetze der arabischen Staaten genauso wenig wie das deutsche UrhG. Da Algorithmen aber prinzipiell in den Bereich der Ideen und Prinzipien fallen[29], sind sie als solche in Deutschland wie auch in den arabischen Staaten als vom Schutz durch das Urheberrecht ausgenommen zu betrachten.

---

22 So ausdrücklich etwa Art. 3 b) Nr. 8 UrhG-Jor.
23 Art 43 ff. UrhG-Tun.
24 Art. 2 a) UrhG-Om.
25 Art. 2 k) UrhG-Kuw.
26 Bundesgesetz Nr. 40 vom 12.10.1992.
27 Art. 2 Abs.2 g) UrhG-VAE.
28 Art. 10 Abs. 1 TRIPS-Abkommen.
29 *Schricker/Loewenheim*, UrhG, § 2 Rn. 77.

In einigen Ländern wie z. B. Algerien, Libanon oder Libyen wird das Computerprogramm von den jeweiligen UrhG nicht erwähnt. Teilweise ist dies darauf zurückzuführen, dass die Gesetze älteren Datums sind. Bestimmte Staaten aber wie Algerien, Djibouti oder der Libanon haben trotz neuerer Gesetze entsprechende Bestimmungen nicht eingeführt. Dies bedeutet jedoch m. E. nicht, dass in diesen Ländern kein Urheberrechtsschutz für Computerprogramme zu erreichen ist. Auch in Deutschland gewährte die Rechtsprechung Computerprogrammen einen Schutz als Sprachwerke, noch bevor die entsprechenden Bestimmungen in das UrhG aufgenommen wurden.[30] Dies sollte auch in den betreffenden Staaten möglich sein, da die Kataloge der urheberrechtlich geschützten Werke nicht als abschließend zu verstehen sind[31]. So sind z. B. in Libyen „alle Äußerungen menschlicher Intelligenz" geschützt, gleich, ob „schriftlich, graphisch oder sprachlich".[32]

2. Schutzanforderungen

Unter Schutzanforderungen sind alle Voraussetzungen materieller oder formeller Art zu verstehen, die zu erfüllen sind, damit ein Urheberrecht entsteht.

a) Materielle Anforderungen

Ausweislich des § 69a Abs. 3 des deutschen UrhG ist in Anlehnung an die EG-Richtlinie[33] Schutzvoraussetzung für ein Computerprogramm allein dessen Individualität. Dies ist so zu verstehen, dass das Programm das Ergebnis einer geistigen Schöpfung seines Urhebers sein muss und eine individuelle Eigenart aufzuweisen hat. Hieran werden von der Rechtsprechung keine hohen Anforderungen gestellt[34]. Schutzfähig ist damit alles, was nicht banal ist.[35]

Die Gesetze der meisten arabischen Staaten äußern sich in der Frage der materiellen Schutzvoraussetzungen recht knapp. Spezielle Schutzanforderungen bezüglich der Computerprogramme sind nicht vorhanden.

Einige der untersuchten Urhebergesetze (Libanon, Algerien) enthalten überhaupt keine ausdrücklichen materiellen Anforderungen an Werke im Allgemeinen. Dagegen bestimmt das UrhG Saudi-Arabiens, dass ein Werk schutzfähig ist,

---

30 BGH NJW 1986, 587 ff. – Inkasso-Programm.

31 Art. 3 S. 1 UrhG-Dji besagt sinngemäß: "Geschützte Werke im Sinne dieses Gesetzes sind *insbesondere* folgende Werke:...".

32 Art. 138 UrhG-Lib.

33 Abl. EG Nr. L 122/42 ff. vom 17.5.1991.

34 Vgl. BGH CR 1993, 752 – Buchhaltungsprogramm.

35 *Redeker*, Der EDV-Prozeß, 2. Aufl. 2000, Rn. 12 m. w. N.

wenn ein gleiches Werk vorher noch nicht veröffentlicht worden ist (Art. 1 Abs. 2, 5). Im Übrigen wird in fast allen untersuchten Rechtsordnungen „Originalität“, mithin das Vorhandensein einer individuellen schöpferischen Leistung, vorausgesetzt.[36] Ist dies der Fall, so ist das Werk grundsätzlich schutzfähig, gleich, welchen Wert es hat, zu welcher Gattung es gehört oder welchen Zweck es verfolgt.[37]

b) Formelle Anforderungen

Anders als in Deutschland, wo das Urheberrecht ohne weiteres allein mit der Erschaffung des Werks entsteht, wird in einigen arabischen Staaten eine Anmeldung bzw. die Ablieferung eines oder mehrerer Pflichtexemplare bei einer staatlichen Behörde als formelle Schutzvoraussetzung gefordert.

Hier sind vor allem Jemen, Syrien und der Libanon zu nennen. Gemäß einer syrischen Verordnung[38] muss der Urheber einen Antrag bei einer vom Kultusministerium abhängigen Behörde stellen und drei Exemplare seines Werkes hinterlegen. Das Ministerium prüft sodann, ob die materiellen Voraussetzungen des Urheberrechtgesetzes[39] erfüllt sind und stellt, falls dies der Fall ist, eine Bescheinigung über das Urheberrecht aus. Auch das jemenitische und das libanesische UrhG kennen solche Bestimmungen, während in Jordanien und in Ägypten die Hinterlegungspflicht 1998[40] bzw. 1994[41] abgeschafft worden ist.

Wenn auch die Anmeldepflicht in vielen Staaten der arabischen Welt weiter besteht und teilweise auch strafbewehrt ist[42], so ist sie heute jedoch überwiegend keine Voraussetzung mehr für die Entstehung des Urheberrechts.[43] Insgesamt scheint die Tendenz eher zur Abschaffung der Formalitäten zu gehen, nicht zuletzt da diese nicht mit den internationalen Abkommen vereinbar sind (vgl. nur Art. 5 Abs. 2 des Berner Übereinkommens).

---

36 Z.B. Art. 3, S. 1 UrhG-Mar.
37 Vgl. etwa Art. 3 a) des jordanischen Gesetzes Nr. 22-1992 vom 16.4.1992.
38 Dekret Nr. 1275 / F vom 4.9.2001.
39 Gesetz Nr. 12 vom 27.2.2001.
40 Art. 45 UrhG-Jor in der Fassung des Gesetzes Nr. 14/1998.
41 Abgeschafft durch das Gesetz Nr. 29 vom 21.4.1994.
42 So etwa in Saudi-Arabien und Bahrain.
43 Vgl. Art. 23 UrhG-Sud; Art. 49 s. 2 UrhG-Lib; Art. 2 UrhG-Dji.

3. Urheberschaft

Bezüglich der Urheberschaft existieren in einigen Ländern Sonderregeln je nach dem, ob es sich um eine Einzelurheberschaft, eine Miturheberschaft, ein Kollektivwerk oder das Werk eines Arbeitnehmers handelt.

a) Einzelurheberschaft

Im deutschen Recht ist Urheber der Schöpfer des Werks, d. h. die natürliche Person, die das Werk geschaffen hat. Diese Regel gilt grundsätzlich auch in den arabischen Staaten. Es existiert sehr häufig auch eine widerlegliche Vermutung für die Urhebereigenschaft desjenigen, unter dessen Namen das Werk veröffentlicht worden ist.[44]

b) Miturheberschaft

In der Praxis sind an der Software-Herstellung jedoch sehr häufig ganze Teams beteiligt, was dazu führt, dass die Urheberrechte mehrerer Personen zu bestimmen sind. In Deutschland gilt in diesen Fällen § 8 UrhG: Den Mitautoren stehen bestimmte Urheberrechte zur gesamten Hand zu. Auch in den untersuchten Ländern kennt das Gesetz diese Form der Urheberschaft und regelt sie in einer dem deutschen Recht vergleichbaren Weise (Ägypten, Bahrain, Jordanien, Qatar, Kuwait etc.).[45]

c) Arbeitnehmer als Urheber / Kollektivwerke

Eine dem deutschen Recht unbekannte Form der Urheberschaft ist hingegen das Kollektivwerk. Die *œuvre collective* nach französischem Vorbild existiert in den Rechtsordnungen mehrerer arabischer Staaten.[46] Hierbei arbeiten mehrere Autoren auf Veranlassung und unter der Leitung einer koordinierenden Person zusammen, welche das Werk unter ihrem Namen veröffentlicht und verbreitet. Die Einzelbeiträge gehen hier im Gesamtwerk auf, ohne dass dem Einzelautor ein gesondertes Recht daran zuerkannt werden kann. In diesem Fall stehen die Urheberrechte dem Koordinator des Werks zu, der eine juristische oder eine natürliche Person sein kann.[47]

Häufig werden bei der Herstellung von Software diese Voraussetzungen erfüllt sein. Es ist gerade bei größeren Projekten in der Tat häufig so, dass die einzelnen Programmierer jeweils an Teilbereichen der zu erstellenden Software arbei-

---

44 Vgl. nur Art. 1 Abs. 2 UrhG-Ägy; Art. 1 Abs. 2 UrhG-Irak; Art. 1 UrhG-Bah.

45 Art. 25 UrhG-Ägy; Art. 18 UrhG-Bah; Art. 35 a) UrhG-Jor; Art. 28 UrhG-Qat.

46 Art. 10 UrhG-Alg; Art. 27 UrhG-Ägy; Art. 27 UrhG-Lib; Art. 26 UrhG-Bah; Art. 35 c) UrhG-Jor; Art. 26 UrhG-Kuw; Art. 1 Nr. 4 UrhG-Om; Art. 9 Abs. 3 UrhG-Saud.

47 Vgl. Art. 113-2 Abs. 2 und 113-5 UrhG-Fr (Code de la propriété intellectuelle).

ten, die in der Folge so zusammengefügt werden, dass die Einzelbeiträge nicht mehr als solche erkennbar sind. In der Regel arbeiten Programmierteams auf vertraglicher Basis für ein Unternehmen, das die Software vertreiben oder sie im eigenen Betrieb einsetzen will. Der praktische Vorteil der Rechtsfigur des Kollektivwerks ist, dass das Unternehmen, das die Software veröffentlicht, alle Urheberrechte selbst innehat und diese somit auch allein verteidigen kann.

In Deutschland fällt die arbeitsvertragliche Tätigkeit des Programmierers unter die Sonderregel des § 69b UrhG, wonach mangels einer anders lautenden Vereinbarung die vermögensrechtlichen Befugnisse an dem Programm auf den Arbeitgeber übergehen. Dies gilt zumindest dann, wenn der Arbeitnehmer Software im Rahmen seiner vertraglichen Tätigkeit erstellt hat. Dabei erhält das Unternehmen nicht die Stellung des Urhebers, der im deutschen Recht immer eine natürliche Person sein muss, sondern es erfolgt nur die ausschließliche Einräumung der vermögensrechtlichen Nutzungsrechte. Man spricht in diesem Zusammenhang auch von einer gesetzlichen Lizenz.[48]

Im tunesischen Recht wurde für den Fall der Urheberschaft von Arbeitnehmern 1994 eine Sonderregel eingeführt. Gemäß Art. 43 des tunesischen UrhG[49] steht ein durch einen oder mehrere Arbeitnehmer in Ausübung ihrer Aufgaben geschaffenes Computerprogramm dem Unternehmen zu, in dessen Auftrag das Programm erschaffen wurde. Nach dem Wortlaut der Vorschrift erhält das Unternehmen "alle den Urhebern zuerkannten Rechte". Diese Formulierung scheint neben den Verwertungsrechten auch die Urheberpersönlichkeitsrechte zu erfassen. Eine solche Auslegung der Vorschrift wäre jedoch unvereinbar mit der von Tunesien unterzeichneten revidierten Berner Übereinkunft, die in Art. 6 bis Abs. 1 eine Übertragung der Urheberpersönlichkeitsrechte untersagt. Man wird die Regelung des Art. 43 des tunesischen Urheberrechtsgesetzes daher wohl so auszulegen können, dass sich ihre Wirkung auf die Verwertungsrechte beschränkt.

Auch das jordanische Recht kennt den gesetzlichen Übergang der Rechte an den von Arbeitnehmern geschaffenen Werken[50]. In anderen Staaten findet in Fällen der Urheberschaft von Arbeitnehmern kein gesetzlicher Übergang von Rechten statt. Hier verbleiben, falls kein Fall des Kollektivwerks vorliegt und vertraglich nichts Abweichendes vereinbart worden ist, alle Rechte beim Programmierer.

---

48 Vgl. *Redeker*, a.a.O. Fn. 35, Rn. 28.

49 Gesetz Nr. 94-36 vom 24. 2.1994, GRUR Int. 1995, 31 ff.

50 Art. 6 b) und c) UrhG-Jor in der Fassung des Gesetzes Nr. 52/2001.

4. Dauer der Urheberrechte
Was die Dauer des Urheberrechtsschutzes anbetrifft, so gewährt § 64 des deutschen UrhG generell einen Schutz von 70 Jahren ab dem Tod des Urhebers. Bezüglich der Schutzdauer wird nicht zwischen Computerprogrammen und anderen Werken unterschieden.

Nach Art. 7 Abs. 1 der revidierten Berner Übereinkunft müssen die Persönlichkeits- und Verwertungsrechte für mindestens 50 Jahre nach dem Tode des Urhebers bestehen. Nach Art. 12 des TRIPS-Abkommens beträgt die Dauer mindestens 50 Jahre nach der Veröffentlichung bzw. der Erschaffung. Ausnahmen für Software sind nicht vorgesehen.

Die meisten arabischen Staaten haben das Berner Übereinkommen unterzeichnet und gewähren auch den Schutz für 50 Jahre nach dem Tod des Autors. Dies ist unter anderem der Fall in Saudi-Arabien, Marokko und Tunesien.[51] Daneben gibt es Staaten wie die Emirate, Djibouti oder Jemen, die generell nur 25 bzw. 30 Jahre Schutz nach dem Tod des Urhebers vorsehen.

In anderen Staaten wiederum weicht die Schutzdauer für Software von der Regelschutzdauer für andere Werke ab. So sieht das tunesische UrhG grundsätzlich eine Dauer von 50 Jahren nach dem Tod des Urhebers vor[52], für Computerprogramme gilt jedoch nur ein Schutz von 25 Jahren nach dem Tod des Autors[53]. Auch in Bahrain gilt für Software eine verkürzte Schutzdauer.[54] In Jordanien dagegen wurde der Passus, der die Schutzdauer für Computersoftware auf 15 Jahre beschränkte, 1999 gestrichen. Damit gilt nun die allgemeine Schutzdauer von 50 Jahren ab dem Tod des Urhebers[55].

Wie etwa im französischen Recht, werden auch in einigen arabischen Staaten die Persönlichkeitsrechte für immerwährend, unveräußerlich und unverjährbar erklärt.[56] Diese Bestimmung findet sich etwa in den UrhG Algeriens, Marokkos und Jordaniens. In anderen Staaten erlöschen die Persönlichkeitsrechte nach einer bestimmten Frist. Dies ist der Fall im Sudan, wo nach Art. 13 Abs. 1 des

---

51 Darüber hinaus auch in Bahrain, Qatar, Syrien, Kuwait, Ägypten.
52 Vgl. Art. 18 UrhG-Tun.
53 Art. 47 UrhG-Tun.
54 Art. 31 Abs. 3 UrhG-Bah.
55 Art. 30 UrhG-Jor. Allerdings gilt ein verkürzter Schutz von 50 Jahren ab der Veröffentlichung, falls der Urheber eine juristische Person ist, vgl. zu Arbeitnehmerwerken Art. 6 b).
56 Vgl. Art. 121-1 UrhG-Fr.

dortigen UrhG die *droits moraux* mit dem Tode des Autors enden. Ähnliches gilt für die Emirate.[57]

Alle Bestimmungen, die hinsichtlich der Persönlichkeitsrechte oder der Verwertungsrechte für Computerprogramme einen kürzeren Schutz als 50 Jahre nach dem Tod des Urhebers vorsehen, sind nicht mit den Bestimmungen der Berner Übereinkunft vereinbar. Bahrain, der Sudan und Tunesien verstoßen insofern gegen ihre Pflichten.[58]

5. Der Inhalt des Urheberrechts

Wie das deutsche Urheberrecht gewähren die Rechtsordnungen der arabischen Staaten dem Urheber sowohl Persönlichkeitsrechte als auch Vermögensrechte.

a) Urheberpersönlichkeitsrechte

Zu den Urheberpersönlichkeitsrechten gehören nach deutschem Verständnis das Erstveröffentlichungsrecht, das Entstellungsverbot, das Recht auf Anerkennung der Urheberschaft, das Änderungsverbot, das Recht des Zugangs zu den Werkstücken und das Rückrufrecht. Es würde in diesem Rahmen zu weit führen, die Gewährung jedes dieser Rechte in den arabischen Staaten darzustellen und zu vergleichen. Daher soll an dieser Stelle nur auf einige Einzelaspekte eingegangen werden.

Es ist zu beachten, dass nach deutschem Recht die Persönlichkeitsrechte des Autors in dem Maße beschränkt sind, als dies die Zuordnung der vermögensrechtlichen Befugnisse etwa an den Arbeitgeber erfordert. So ist das Entstellungsverbot beispielsweise dahingehend eingeschränkt, dass eine Weiterentwicklung des Programms dem Arbeitgeber möglich sein muss[59]. Ähnliche Einschränkungen gelten für andere Rechte, die z. T. dem Wesen der Software und den Anforderungen der Praxis wenig gerecht werden. Ein Beispiel hierfür ist das Rückrufrecht aus gewandelter Überzeugung aus § 42 UrhG-De.

In den arabischen Ländern werden das Veröffentlichungsrecht, das Recht auf Urheberbezeichnung, das Änderungsverbot und das Entstellungsverbot überwiegend gewährt. So nennt das sudanesische UrhG als Persönlichkeitsrechte ausdrücklich das Veröffentlichungsrecht[60], das Recht auf Urheberbezeichnung[61],

---

57 Art. 18 UrhG-VAE e contrario.

58 Vgl. auch *Mezghani*, Das neue tunesische Urheberrecht, GRUR Int. 1995, 288 (303).

59 Vgl. *Redeker*, a.a.O. Fn. 35, Rn. 34.

60 Art. 8 Abs. 1 a) UrhG-Sud.

61 Art. 8 Abs. 1 b) UrhG-Sud.

das Entstellungsverbot[62] und das Rückrufrecht. Auch in Tunesien kennt man diese Rechte, wobei auf das Recht, das Werk anonym oder unter einem Pseudonym zu veröffentlichen, besonders eingegangen wird[63]. Jedoch fällt auf, dass bestimmte Persönlichkeitsrechte wie das Recht des Zugangs zum Werk und das Rückrufrecht häufig ganz fehlen. So scheint Kuwait etwa nur das Veröffentlichungsrecht zu kennen[64]. Das Rückrufrecht wird von mehreren Staaten gar nicht (Ägypten, Vereinigte Arabische Emirate, Kuwait), in anderen nur unter bestimmten Voraussetzungen gewährt: In Bahrain, Jordanien, Kuwait und Qatar kann es z. B. nur bei Vorliegen ernsthafter Gründe ausgeübt werden. Im Sudan ist, wie auch in Deutschland[65], eine Entschädigungspflicht geregelt[66]. Allein Saudi-Arabien und Tunesien gewähren das Rückrufrecht ohne ersichtliche Einschränkungen.[67] Das Recht auf Zugang zum Werk findet sich in keinem der arabischen Urheberrechtsgesetze. Allerdings spielen diese Rechte in Bezug auf Software in der Praxis keine große Rolle.

c) Verwertungsrechte

Die Verwertungsrechte sind im deutschen Recht ausdrücklich in § 69c UrhG geregelt, der insoweit den allgemeinen Vorschriften vorgeht. In den untersuchten Gesetzen arabischer Staaten hat, wie bereits erwähnt, lediglich Tunesien eine vom allgemeinen Urheberrechtsschutz abweichende Regelung getroffen.[68] In allen anderen Staaten unterliegen Computerprogramme denselben Regeln wie die übrigen Werkgattungen. So hat etwa nach Art. 5 Abs. 3 des UrhG-Bah grundsätzlich der Urheber das ausschließliche Recht der wirtschaftlichen Verwertung seines Werkes. Entsprechendes gilt in allen arabischen Ländern.

Für den Bereich der Software von zentraler Bedeutung ist das Vervielfältigungsrecht des Urhebers. Dieses Recht umfasst nach deutschem Verständnis die ausschließliche Befugnis, die dauerhafte oder vorübergehende Vervielfältigung eines Werkes – ganz oder teilweise – mit jedem Mittel und in jeder Form vorzunehmen.[69] Einen vergleichbaren Passus enthalten auch die Rechte der untersuchten arabischen Staaten.[70] Allerdings fehlt eine Klarstellung wie in § 69c Abs. 1

62 Art. 8 Abs. 1 d) UrhG-Sud.
63 Art. 9 b) und c) UrhG-Tun.
64 Art. 4 UrhG-Kuw.
65 § 42 Abs. 3 UrhG-De.
66 Art. 8 Abs. 1 e) UrhG-Sud.
67 Art 7 Abs. 2 b) UrhG-Saud; Art. 9 f) UrhG-Tun.
68 Vgl. Art. 43 ff. UrhG-Tun.
69 *Redeker*, a.a.O. Fn. 35, Rn. 41.
70 Vgl. nur Art. 6 Abs. 1 UrhG-Bah und Art. 10 A UrhG-Mar.

Nr. 1, nach der auch das Laden, Anzeigen, Ablaufenlassen, Übertragen und Speichern des Programms die Zustimmung des Rechteinhabers erfordert, falls dies eine Vervielfältigung impliziert.

Auch das Verbreitungsrecht und das Recht der Umarbeitung sind in § 69c des deutschen UrhG geregelt. Danach ist jede Form der Verbreitung des Originals eines Computerprogramms oder von Vervielfältigungsstücken einschließlich der Vermietung eine zustimmungsbedürftige Handlung. Die Umarbeitung ist ebenfalls ausschließlich dem Urheber vorbehalten.

Diese Regeln finden ihre Entsprechung in den arabischen Gesetzen.

6. Beschränkungen der Urheberrechte

Wie auch im deutschen Recht kennen die Rechtsordnungen der arabischen Staaten diverse Ausnahmentatbestände und Schranken der Rechte des Urhebers.

a) Vervielfältigung zum privaten Gebrauch

Der § 69 c Abs. 1 Nr. 1 UrhG-De unterstellt nach herrschender und zutreffender Meinung alle Formen der Vervielfältigung der Zustimmung des Urhebers. Diese Regel verdrängt somit die allgemeinen Schranken, so dass auch die Vervielfältigung eines Programms zum rein privaten Gebrauch etwa unter den Voraussetzungen des § 53 UrhG-De nicht erlaubt ist.

Eine vergleichbare Regelung finden wir in Tunesien. Laut Art. 46 Abs. 1, einer Sonderregel für Computerprogramme, ist mangels anders lautender Vereinbarungen jede Vervielfältigung sowie jede nicht ausdrücklich genehmigte Benutzung des Computerprogramms verboten.

Dagegen ist in den Staaten, in denen Computerprogramme unter das *droit commun* des Urheberrechts fallen, die Vervielfältigung zum privaten Gebrauch erlaubt, soweit diese Einschränkung des Urheberrechts in der Rechtsordnung vorgesehen ist. Dies ist in fast allen untersuchten Ländern der Fall (vgl. z. B. Bahrain[71], Djibouti[72], Jordanien[73], Qatar[74], Kuwait[75], Syrien[76]).

---

71 Art. 11 UrhG-Bah.

72 Art. 41 Abs. 1 a) UrhG-Dji.

73 Art. 17 b) UrhG-Jor.

74 Art. 17 Abs. 1 UrhG-Qat.

75 Art. 8 UrhG-Kuw.

76 Art. 37 a) UrhG-Syr.

c) Sicherungskopie

Die Erstellung einer Sicherungskopie ist im deutschen Recht ohne Zustimmung des Urhebers erlaubt, sofern sie erforderlich ist[77].

In Tunesien ermöglicht das Gesetz dem Anwender die Herstellung der Sicherungskopie, ohne besondere Bedingungen dafür aufzustellen.[78] In Marokko ist eine "einmalige Vervielfältigung zu Dokumentationszwecken und als Ersatz für das rechtmäßig erworbene Vervielfältigungsstück, falls dieses verloren geht oder beschädigt wird"[79], erlaubt. In den anderen Rechten wird die Sicherungskopie von Computerprogrammen nicht erwähnt. Dies wird aber kaum praktische Konsequenzen haben, da in fast allen übrigen Staaten, wie bereits erwähnt, schon die Kopie zum privaten Gebrauch grundsätzlich gestattet ist.

d) Vervielfältigung im öffentlichen Interesse

In einigen arabischen Rechtsordnungen können öffentliche Institutionen, meist wissenschaftlicher oder kultureller Art, von einem besonderen Vervielfältigungsrecht Gebrauch machen. Im deutschen Recht existiert eine vergleichbare Ausnahme in Bezug auf Computerprogramme nicht[80].

So kann der Urheber etwa in Tunesien gem. Art. 46 Abs. 2 UrhG-Tun nicht die Vervielfältigung seiner Software durch wissenschaftliche und kulturelle Einrichtungen sowie Bildungs- und Forschungseinrichtungen und nichtgewerbliche Dokumentationszentren verhindern, sofern diese im Rahmen des für ihre Tätigkeit Notwendigen handeln. Dabei ist allerdings gem. Art. 13 UrhG-Tun eine Vergütung zu zahlen. Außerdem beschränkt sich dieses Recht auf die Vervielfältigung eines rechtmäßig erworbenen Originals durch den Erwerber selbst.[81]

In allen anderen Staaten (außer in Marokko[82]) existieren ähnliche Regelungen. So geben Art. 8 und 10 des UrhG von Bahrain bestimmten öffentlichen Institutionen das Recht, jegliches Werk zu religiösen, kulturellen oder bildungspolitischen Zwecken zu verwenden und zu vervielfältigen, sofern dadurch die wirtschaftlichen Rechte des Urhebers nicht verletzt werden. Diese Einschränkung wird sich wohl durch Zahlung einer Vergütung umgehen lassen.

---

[77] § 69d Abs. 2 UrhG-De.

[78] Art. 46 Abs. 1 UrhG-Tun.

[79] Art. 21 B UrhG-Mar.

[80] § 69d geht insoweit den §§ 45 ff. UrhG vor.

[81] *Mezghani*, a.a.O. Fn. 58, S. 304.

[82] Vgl. Art. 16 A UrhG-Mar.

c) Handlungen zur bestimmungsgemäßen Benutzung

Gemäß § 69 d des deutschen UrhG sind Vervielfältigung und Umarbeitung auch ohne Zustimmung des Rechtsinhabers zulässig, wenn sie für die bestimmungsgemäße Benutzung des Programms insbesondere zur Fehlerberichtigung notwendig sind.

Der Art. 45 des tunesischen UrhG erlaubt die Umarbeitung des Computerprogramms ohne Zustimmung des Urhebers "im Rahmen der abgetretenen Rechte". Der Umfang dieser Beschränkung scheint nicht ganz eindeutig. Die Vorschrift dürfte dem rechtmäßigen Nutzer aber jedenfalls das Recht gewähren, ohne Zustimmung des Urhebers die zur bestimmungsgemäßen Nutzung notwendigen Veränderungen vorzunehmen.[83] In anderen arabischen Staaten findet man zur Frage der notwendigen Umarbeitung der Software keine speziellen Regeln.

7. Ansprüche und Sanktionen

Bezüglich der zivilrechtlichen Ansprüche ist festzuhalten, dass es in der Mehrzahl der arabischen Länder einen Schutz im einstweiligen Verfahren gibt. In diesem Verfahren kann zumindest die Unterlassung der Verletzungshandlung, die Beschlagnahme der unrechtmäßigen Vervielfältigungsstücke und die Herausgabe des erzielten Gewinns erreicht werden.[84]

Im Hauptverfahren kann das Gericht die Zerstörung oder die Beschädigung der illegalen Vervielfältigungsstücke anordnen[85] und dem Urheber eine angemessene Vergütung zusprechen.[86] Manche Staaten wie etwa Saudi-Arabien gewähren auch Schadensersatz[87].

Die Strafen für die Verletzung eines Urheberrechts sind in den arabischen Staaten vielfältig. Von Geldstrafe über die Betriebsschließung bis hin zur Gefängnisstrafe ist in den untersuchten Gesetzen alles vertreten. Auch die Zerstörung der zur Begehung der Rechtsverletzung verwendeten Einrichtungen kann angeordnet werden.

Insgesamt ergeben sich bezüglich der Art der Sanktionen und Ansprüche in den meisten arabischen Staaten materiellrechtlich keine grundlegenden Unterschiede zum deutschen Recht.

---

83 *Mezghani*, a.a.O. Fn. 58, S. 304.
84 Vgl. z.B. Art. 46 a), b) UrhG-Jor.
85 Z.B. Art. 38 UrhG-Kuw.
86 Art. 49 UrhG-Jor.
87 Vgl. Art. 28 Abs. 2 UrhG-Saud.

8. Geltungsbereich des Urheberschutzes
Nicht alle arabischen Staaten gewähren auch Werken ausländischer Urheber den Schutz ihres Rechts. Meist besteht ein Schutz nur unter der Bedingung der Reziprozität. Ein Beispiel für eine solche Bestimmung ist Art. 3 Abs. 3 des UrhG der Vereinigten Emirate. Gleiches gilt für Qatar, Jemen, Oman, Libyen und andere Länder. Das jordanische Gesetz gewährt Angehörigen anderer Staaten zwar Urheberrechtsschutz Voraussetzung ist aber, wie auch für die einheimischen Urheber, die Erfüllung der Hinterlegungspflichten.[88]

Keinen Schutz für Werke ausländischer Urheber gewährt das saudi-arabische Recht, es sei denn, das Werk ist in Saudi-Arabien zuerst veröffentlicht worden (Art. 23 Abs. 1). Dagegen gewährt der Libanon gemäß Art. 138 seines UrhG allen Werken Schutz, unabhängig von der Staatsangehörigkeit des Urhebers und dem Ort der Erstveröffentlichung.

## C. Der Schutz durch das Patentrecht

Ein weiteres Schutzrecht, das für den Schutz von Software in Betracht kommt, ist das Patent. Zwar spielen Patente derzeit im Bereich des Softwareschutzes in Europa keine große Rolle, jedoch könnte sich dies bald ändern. Die Europäische Kommission hat sich der Frage angenommen und am 20.2.2002 den Vorschlag einer Richtlinie über die Patentierbarkeit computerimplementierter Erfindungen veröffentlicht.[89]

Nach dem Europäischen Patentübereinkommen (EPÜ) sind Programme für Datenverarbeitungsanlagen *als solche* vom Schutz ausgenommen[90]. Diese Bestimmung ist seinerzeit ins deutsche Patentgesetz übernommen worden (§ 1 Abs. 2 i. V. m. Abs. 3 PatG). Als Bestandteil einer Erfindung jedoch kann ein Programm u. U. patentiert werden, was auch in den vergangenen Jahren immer wieder geschehen ist[91]. Allerdings erweist sich die Abgrenzung in der Praxis als schwierig. Wie die europäische Kommission zutreffend festgestellt hat, mangelt es in Europa in der Frage der Softwarepatente an der wünschenswerten Klarheit und Rechtssicherheit[92]. In Anbetracht der Tatsache, dass in anderen Ländern und

---

88 Vgl. Art. 38 UrhG-Jor.
89 Http://europa.eu.int/comm/internal_market/en/indprop/comp/com02-92de.pdf.
90 Art. 52 Abs. 2 c) i. V. m. Abs. 3 EPÜ.
91 Vgl. BGH GRUR 1977, 96 f. – Dispositionsprogramm; BGH GRUR 1980, 849 – ABS.
92 Sondierungspapier der EU-Kommission vom 19.10.2000, S. 2, http://europa.eu.int/comm/internal_market/en/indprop/comp/softde.pdf.

vor allem in den Vereinigten Staaten von Amerika Patente für Programme leichter zu erlangen sind, sowie dem Umstand, dass Art. 27 des TRIPS-Abkommens die Patentierbarkeit von Erfindungen *aus allen Gebieten der Technik* fordert, gibt es Bestrebungen, Patente auch auf Computerprogramme bzw. so genannte "Computerimplementierte Erfindungen" zu gewähren.

Nach dem Scheitern der Revision des Münchner Patentabkommens, die eine Streichung des letzten Halbsatzes des Art. 52 Abs. 2 c) EPÜ vorsah[93], wurden die Prüfungsrichtlinien des europäischen Patentamts in Anlehnung an die Spruchpraxis der Beschwerdekammer jüngst dahingehend geändert, dass auch Computerprogrammen ein technischer Charakter zugebilligt und damit die Patentfähigkeit bejaht werden soll, wenn diese über die "normalen physikalischen Wirkungen" hinaus eine "weitere technische Wirkung" hervorbringen[94]. Eine solche weitere technische Wirkung könne etwa in der Verarbeitung von Daten, welche Gegenstände verkörpern, oder in der Steuerung der internen Funktionsweise eines Computers bestehen.[95] Auch der Richtlinienvorschlag der EU-Kommission stellt hinsichtlich der Patentierbarkeit auf einen "technischen Beitrag zum Stand der Technik" ab (Art. 4 Abs. 2).

In den Patentgesetzen der meisten arabischen Staaten, soweit diese dem Verfasser zugänglich waren, ist die Patentierung von Software nicht explizit ausgeschlossen. Vielmehr schweigen die meisten Vorschriften zu dieser Frage. Dies lässt vermuten, dass Computerprogramme, soweit sie die übrigen Voraussetzungen der Patentierbarkeit erfüllen, in diesen Staaten geschützt werden können. Für die Unterzeichnerstaaten des TRIPS-Abkommens ergibt sich schon aus dessen Art. 27 die Pflicht, auch Computerprogramme zum Patent zuzulassen, sofern diese einen technischen Charakter aufweisen.

Die Golfstaaten Qatar, Bahrain, Kuwait, Saudi-Arabien, Oman und die Vereinigten Emirate haben 1981 den sog. Golfkooperationsrat GCC[96] gebildet. Im Rahmen dieser Kooperation wurde 1992 auch ein Patentübereinkommen geschlossen und ein gemeinsames Patentamt eingerichtet. Am 16. August 2000 trat eine neue Fassung des GCC-Patentgesetzes in Kraft. Die Merkmale einer Erfindung im Sinne dieses Gesetzes sind – gleich lautend mit den Bestimmungen des TRIPS-Abkommens – Neuheit, gewerbliche Anwendbarkeit und das Beruhen auf einer erfinderischen Tätigkeit.

---

93 Vgl. Basisvorschlag für die Revision des EPÜ, S. 38 f.
94 Richtlinien Teil C Kap. IV, 2 in der Fassung vom Okt. 2001, vgl. ABl. EPA 2001, 464.
95 Richtlinien des EPA Teil C, Kapitel IV, 2.3.
96 Gulf Cooperation Council, http://www.gcc-sg.org/index_e.html.

In Art. 3 des Gesetzes findet sich ein Katalog von Gegenständen, die nicht als Erfindungen im Sinne des Gesetzes gelten. Hier wird auch das Computerprogramm erwähnt. Allerdings lässt das Gesetz anders als etwa das Europäische Patentübereinkommen keine Hintertüre offen: Die Beschränkung auf das Programm *als solches* fehlt hier. Unter diesen Umständen kann die Patentierbarkeit von Computerprogrammen in den GCC-Ländern ausgeschlossen werden.

## D. Ausblick

Bei näherer Betrachtung der Rechtslage in den untersuchten arabischen Staaten ergeben sich insgesamt weniger Unterschiede im Vergleich zu den europäischen Rechtsordnungen, als man gemeinhin vielleicht annehmen möchte. In zahlreichen arabischen Staaten besteht mittlerweile ein urheberrechtlicher Schutz für Computerprogramme. Das anwendbare Schutzregime ist in den meisten der untersuchten Staaten identisch mit dem der Sprachwerke. Lediglich Tunesien sieht Sonderregeln für Software vor. Darüber hinaus haben einige Staaten, wie etwa die Emirate und Bahrain, weitere Verschärfungen ihrer Urheberrechtsgesetze im Hinblick auf Computerprogramme angekündigt.

Diese im Sinne der Rechtssicherheit positive Entwicklung ist nicht zuletzt auf die immer stärkere Einbindung arabischer Staaten in internationale Organisationen zurückzuführen. In diesem Zusammenhang ist auch die pädagogische Tätigkeit der WIPO zu erwähnen, die nach und nach Früchte zu tragen scheint[97]. Mit der Vertiefung der globalen wirtschaftlichen Verflechtungen geht somit auch eine rechtliche Harmonisierung einher. Die Frage, ob auch in der Rechtspraxis der arabischen Staaten eine entsprechende Durchsetzbarkeit der Urheberrechte gewährleistet ist, könnte Gegenstand einer weiterführenden Untersuchung sein[98].

In Zukunft könnte durch dem Beitritt weiterer Staaten zur Welthandelsorganisation und zur WIPO der weltweite Schutz von Software noch verbessert werden. Insbesondere das jüngst in Kraft getretene WIPO-Urheberrechtsabkommen, das den Schutz von Software als Sprachwerk im Sinne der Berner Übereinkunft vor-

---

97 Übersicht unter http://www.wipo.int/arab/en/cooperation/organizations.htm.

98 So soll eine Klage der BSA gegen das qatarische Unternehmen National Engineering Co. kürzlich vor dem Kassationshof in Dubai gescheitert sein, vgl. http://www.sabaip.com, Rubrik Bulletin 11/2001; Die WIPO hat im Übrigen ein Casebook zum Recht des geistigen Eigentums in den arabischen Staaten angekündigt (http://www.wipo.int/arab/en/publications/ip_casebook.htm).

sieht[99], wird hier von großer Bedeutung sein. Schließlich könnte sich durch ein Umdenken in Europa in Bezug auf die Patentierbarkeit von Computerprogrammen der Schutz von Software weltweit mehr vereinheitlichen.

Die arabischen Staaten sind auf dem richtigen Weg, wenn sie sich des Schutzes von Software annehmen. Wenn auch viele der Reformen zunächst auf den politischen und ökonomischen Druck des "Westens" und insbesondere der USA zurückzuführen sind, so ist der rechtliche Schutz von Software durchaus auch im Eigeninteresse der arabischen Staaten, denn er ist nicht nur ein entscheidender Schritt hin zu einer Verbesserung des Investitionsklimas[100], sondern auch die Bedingung für den Aufbau und den Erhalt einer eigenen innovativen Softwareindustrie.

---

99 Art. 4 des am 6.3.2002 in Kraft getretenen Abkommens.

100 Vgl. *Wahish*, Toughening up on software piracy, Al-Ahram On-Line, Ausgabe Nr. 436 vom 1. Juli 1999.

# DER SCHUTZ GEGEN UNLAUTEREN WETTBEWERB IN ÄGYPTEN*

Dr. Iris Weidlich, München

## I. Einführung

### 1. Entwicklung des ägyptischen Rechts des unlauteren Wettbewerbs

Der Schutz gegen unlauteren Wettbewerb[1] reicht in Ägypten bis in die Rechtsprechung der Gemischten Gerichte am Ende des 19. Jahrhunderts zurück. Diese waren in einer Vielzahl von Entscheidungen mit Fällen missbräuchlicher Verhaltensweisen befasst. Da die Spruchkörper dieser Gerichte mit ägyptischen und ausländischen Richtern „gemischt" besetzt waren, wurde die Entwicklung des ägyptischen Rechts in hohem Maße durch europäische, insbesondere französische, Konzepte beeinflusst. Im Bereich des Rechts des unlauteren Wettbewerbs beziehen sich ägyptische Autoren nach wie vor auf französische Lehrmeinungen und Rechtsprechung.

Die weitere Entwicklung des ägyptischen Lauterkeitsrechts wurde bestimmt durch die Phase des „arabischen Sozialismus" unter Gamal Abd Al-Nasser, der in den fünfziger Jahren an die Macht kam. In der sozialistischen Planwirtschaft bestand kein Bedarf an Regeln für ein faires Wettbewerbsverhalten. In den siebziger Jahren kam es dann unter Staatspräsident Anwar al-Sadat zu einer allmählichen Abkehr von dieser Politik und einer Öffnung hin zum Westen. Die Nachwirkungen der Ära Nasser sind jedoch bis in die Gegenwart spürbar[2].

Anfang der neunziger Jahre hat die ägyptische Regierung damit begonnen, das Wirtschaftssystem zu privatisieren und zu liberalisieren[3]. Diese Hinwendung zur Marktwirtschaft erfordert nunmehr ein Regelwerk, das die Lauterkeit des Wettbewerbs schützt. So ist in den letzten Jahren in Ägypten wieder Bewegung in die Entwicklung des Wettbewerbsrechts gekommen. Die Zahl der Publikationen in diesem Bereich hat deutlich zugenommen. In Art. 66 des ägyptischen Handelsgesetzbuchs von 1999 wurde erstmals eine ausdrückliche

---

* Dieser Aufsatz beruht auf einer Dissertation zum gleichen Thema, die voraussichtlich im Jahr 2003 erscheinen wird.

1 Arab.: al-munāfasa ġair al-mašrū'a.

2 So wurde die Monopolstellung der Staatsunternehmen auch unter Sadat nicht wesentlich beschränkt, vgl. *Bälz*, ZaöRV 58 (1998), 703 (703); *Deutsch-Arabische Handelskammer (Hg.)*, Wirtschaftsrecht in Ägypten, Kairo 1999, S. 83.

3 Zur Wirtschaftsreform in Ägypten s. *van Weijen*, International Trade Law & Regulation 2/2000, 56 (56 ff.); *Schoeller-Schletter*, RIW 6/1999, 430 (430 ff.); *ECES*, Middle East Executive Reports (MEER) 6/1999, 9 (9 ff.).

gesetzliche Bestimmung zum unlauteren Wettbewerb aufgenommen, und in Kürze wird eine umfassende Kodifikation zum Schutz der Rechte des geistigen Eigentums in Kraft treten, die auch lauterkeitsrechtliche Materien regeln wird[4]. Zudem sollen in naher Zukunft ein Gesetz zum Verbraucherschutz und ein Kartellgesetz erlassen werden.

Islamische Rechtsgrundsätze spielen in der Entwicklung des modernen ägyptischen Wettbewerbsrechts keine entscheidende Rolle. Diejenigen Rechtsgebiete, die dem Wirtschaftsrecht angehören, beruhen eher auf europäischen Vorbildsrechtsordnungen.[5]. Trotzdem ist nicht auszuschließen, dass sich Grundsätze des islamischen Rechts auch im Bereich des Wirtschaftsrechts auswirken.

2. Internationales Lauterkeitsrecht

In neuerer Zeit wird die ägyptische Gesetzgebung im Bereich des Wettbewerbsrechts zunehmend durch die Texte der einschlägigen internationalen Konventionen beeinflusst. So ist Ägypten als Mitglied der Welthandelsorganisation (WTO) seit dem 1. Januar 2000 verpflichtet, das TRIPS-Übereinkommen[6] umzusetzen[7]. Überdies gehört Ägypten den folgenden Konventionen an:

- Pariser Verbandsübereinkunft (PVÜ) in der Londoner Fassung seit 1.7.1951 und in der Stockholmer Fassung seit 6.3.1975 (der in Art. 28 Abs. 2 PVÜ vorgesehene Vorbehalt wurde erklärt),
- Madrider Abkommen über die Unterdrückung falscher oder irreführender Herkunftsangaben auf Waren seit 1.7.1952; die Fassung von Lissabon und die Zusatzvereinbarung von Stockholm sind am 6.3.1975 wirksam geworden,

---

4 Entwurf für ein Gesetz zum Schutz der Rechte des geistigen Eigentums, arab.: mašru' qānūn ḥimāyat ḥuqūq al-milkīya al-fikrīya, im folgenden: IP-Gesetz, verwendet wurde der Text in der Fassung des Entwurfs der Regierung.

5 Etwas anderes gilt beispielsweise für das Familien- und Erbrecht, das weitgehend durch die Šarī'a geregelt wird, *Krüger*, Recht van de Islam 1997, 67 (72 f.)

6 Übereinkommen über die handelsbezogenen Aspekte der Rechte des geistigen Eigentums (Agreement on Trade-Related Aspects of Intellectual Property Rights); das TRIPS-Übereinkommen ist als Anlage 1C gemäß Art. II Abs. 2 WTO-Übereinkommen für alle WTO-Mitglieder verbindlich. Das Übereinkommen zur Errichtung der Welthandelsorganisation (WTO-Übereinkommen) vom 15.4.1994 ist für Ägypten am 30.6.1995 in Kraft getreten, vgl. Bl. f. PMZ 1995, 18 ff., 412.

7 Die reguläre Umsetzungsfrist des TRIPS-Übereinkommens beträgt ein Jahr ab Inkrafttreten des Übereinkommens am 1.1.1995, Art. 65 Abs. 1 TRIPS. Für Entwicklungsländer verlängert sich die Frist um zusätzliche vier Jahre, Art. 65 Abs. 2 TRIPS.

- Übereinkommen zur Errichtung der Weltorganisation für geistiges Eigentum (WIPO) vom 14. Juli 1967 (geändert am 2. Oktober 1979) seit 21. April 1975.

Darüber hinaus besteht zwischen Deutschland und Ägypten ein bilaterales Handelsabkommen vom 21. Mai 1951, das auch Regelungen zum gewerblichen Rechtsschutz und zum Urheberrecht enthält[8] und ein Assoziationsabkommen zwischen Ägypten und den Europäischen Gemeinschaften und ihren Mitgliedstaaten[9].

Insgesamt ist der internationale Schutz gegen unlauteren Wettbewerb allerdings nur schwach entwickelt[10]. So dient die PVÜ lediglich dem Schutz ausländischer Verbandsangehöriger und verpflichtet die Mitgliedsstaaten nicht dazu, ihr nationales Recht anzupassen, um auch die eigenen Staatsangehörigen zu schützen[11]. Im TRIPS-Übereinkommen wurden nur Teilbereiche des unlauteren Wettbewerbs geregelt und die Chance nicht genutzt, den

---

8 Dieses Abkommen ist in Ägypten am 1.6.1951 in Kraft getreten, in Deutschland am 31.5.1952, BGBl. 1952 II, S. 526, BGBl. 1954 II, S. 13, BGBl. 1994 II, S. 3763 f.; vgl. *Grapentin*, Das Markenrecht in Ägypten, 1999, S. 220 f. u. *Stark* in: Möhring/Schulze/Ulmer/ Zweigert (Hg.), Quellen des Urheberrechts, Stand 49. Lieferung, Juli 2001, Ägypten/III/2, S. 1.

9 Letzteres steht im Zusammenhang mit der so genannten Euro-Mediterranen Partnerschaft, einer umfassenden Kooperation mit den Mittelmeeranrainern und enthält auch Bestimmungen zum Wettbewerbsrecht und zum geistigen Eigentum, vgl. Art. 34 Abs. 1 und Art. 37 Abs. 1 des Assoziationsvertrags; Text im Amtsblatt der Europäischen Gemeinschaften v. 30.10.2001, 44. Jg., C 304 E. Der Assoziationsvertrag wurde am 25.Juni 2001 unterzeichnet, ist aber bisher noch nicht ratifiziert, s. Bericht der Europäischen Kommission, abrufbar unter http://www.europa.eu.int/comm/ external_relations/euromed.

10 So *Henning-Bodewig*, in: Schricker/Henning-Bodewig (Hg.), Neuordnung des Wettbewerbsrechts, 1. Aufl., 1998/1999, S. 21 u. *dies.* bei Hohagen, GRUR Int. 2000, 246 (261); zu den Gründen s. auch *Schricker*, Osaka University Law Review 40 (1993), 45 (45 ff.); *ders.*, in: Jacobs/Lindacher/Teplitzky (Hg.), Großkommentar zum UWG, Einl., 9. Lieferung, 1994, S. 301, Rdnr. F 8; *Fikentscher*, Wirtschaftsrecht Bd. 1, 1983, S. 251 f.; vgl. auch *Schricker*, in Bernstein/Drobnig/Kötz, FS für Zweigert, 1981, S. 537 ff. u. *ders.*, IIC 26 (1995), 782 (782 ff.).

11 *Henning-Bodewig*, a. a. O. (Fn. 10), S. 22; *Baumbach/Hefermehl*, Wettbewerbsrecht (Kommentar), 22., neubearbeitete Aufl., 2001, Art. 2 PVÜ, S. 1703, Rdnr. 1 f.; *Reger*, Der internationale Schutz gegen unlauteren Wettbewerb und das TRIPS-Übereinkommen, 1999, S. 23, m. w. N.; *'Abbās*, al-milkīya aṣ-ṣinā'īya wa-l-maḥal at-tiǧārī (Gewerbliches Eigentum und Handelsgeschäft), Kairo 1971, S. 31 ff.

Lauterkeitsschutz auf internationaler Ebene entscheidend voranzubringen[12]. Dies ist besonders zu bedauern, da TRIPS - anders als die PVÜ - den Mitgliedsländern auferlegt, entsprechende Bestimmungen in ihr nationales Recht einzuführen und zudem die Verhängung von Handelssanktionen ermöglicht, falls ein Mitgliedsstaat den übernommenen Verpflichtungen nicht nachkommt[13].

Als unverbindlicher Orientierungspunkt können - gerade für Länder, deren Wettbewerbsrecht bisher wenig entwickelt ist - die vorhandenen Modellgesetze zum unlauteren Wettbewerb dienen. Von besonderer Bedeutung sind hier die *Model Provisions on Protection against Unfair Competition* aus dem Jahr 1996, die von der WIPO erstellt wurden[14]. Ferner existieren zwei ältere Modellgesetze für die arabischen Staaten[15] und für die Entwicklungsländer[16].

## II. Rechtsquellen

### 1. Die deliktsrechtliche Generalklausel

Anders als in Deutschland gibt es in Ägypten kein besonderes Gesetz zur Bekämpfung des unlauteren Wettbewerbs. Das ägyptische Recht des unlauteren Wettbewerbs hat seine Grundlage, wie das französische Recht, in der deliktsrechtlichen Generalklausel des Zivilgesetzbuchs:

> *Art. 163 ägZGB-* Jede fehlerhafte Handlung, die einem anderen einen Schaden zufügt, verpflichtet denjenigen, der sie begangen hat, zum Schadensersatz.[17]

Die Voraussetzungen der Klage wegen unlauteren Wettbewerbs entsprechen grundsätzlich denen der allgemeinen Deliktsklage. Es müssen eine

---

12 *Schricker*, IIC 26 (1995), 782 (782 ff.); *Schricker*, in: Großfeld/Sack/Möllers/ Drexl/Heinemann (Hg.), FS für Fikentscher, 1998, S. 986; *Heinemann*, GRUR Int 1995, 535 (535); *Fikentscher*, GRUR Int. 1995, 529 (532); *Henning-Bodewig*, a. a. O. (Fn. 10), S. 34.

13 *Henning-Bodewig*, a. a. O. (Fn. 10), S. 33 f.

14 WIPO-Publikation Nr. 832 (E), Genf 1996.

15 Model Law for Arab States on Trademarks, Trade Names, Commercial Indications and Acts of Unfair Competition, IDCAS (Hg.), Genf 1975.

16 Model Law for Developing Countries on Marks, Trade Names and Acts of Unfair Competition, BIRPI (Hg.), BIRPI-Publikation Nr. 805 (E), Genf 1967; dt. Übersetzung in GRUR Int. 1970, 349-356.

17 Vgl. die deliktsrechtliche Generalklausel des frz. Rechts, Art. 1382 Cciv: *„Tout fait quelconque de l'homme, qui cause à autrui un dommage, oblige celui par la faute duquel il est arrivé, à le réparer."*

haftungsbegründende oder fehlerhafte Handlung und ein Schaden vorliegen, zwischen denen ein Ursachenzusammenhang besteht[18]. Der Begriff der fehlerhaften Handlung ist eine Besonderheit des französischen Rechts und enthält verschiedene haftungsbegründende Elemente[19]. Nach deutschem Verständnis handelt es sich dabei um das (objektive) Element der Rechtswidrigkeit und das (subjektive) Element des Verschuldens[20]. Eine klare Unterscheidung wird von der ägyptischen Rechtswissenschaft nicht getroffen. Der ägyptische Kassationshof hat die fehlerhafte Handlung in einer Entscheidung aus dem Jahr 1968 als „Abweichung vom üblichen Verhalten" definiert[21].

Zwar gelten grundsätzlich für die Klage wegen unlauteren Wettbewerbs die allgemeinen Regeln des Deliktsrechts[22], doch gibt es einige Besonderheiten. So muss zwischen den Parteien ein Wettbewerbsverhältnis bestehen[23]. Wettbewerb liegt zwischen zwei Gewerbetreibenden dann vor, wenn die gewerbliche Tätigkeit des einen Auswirkungen auf den Kundenkreis des anderen haben kann. Entscheidend ist, dass sich die gewerbliche Tätigkeit der Wettbewerber gleicht oder zumindest ähnlich ist[24].

---

18 Vgl. *As-Sanhūrī*, al-wasīṭ fī šarḥ al-qānūn al-madanī al-ǧadīd (Kommentar zum neuen Zivilgesetzbuch), Kairo 1952 ff., Bd. 1, S. 855, Nr. 568.

19 Für das frz. Recht s. *Ferid/Sonnenberger*, Das französische Zivilrecht, Bd. 2, 2. neubearbeitete u. erw. Aufl., 1986; *Zweigert/Kötz*, Einführung in die Rechtsvergleichung auf dem Gebiete des Privatrechts, 2. neubearbeitete Aufl., 1984, Bd. 2, S. 360.

20 *As-Sanhūrī*, a.a.O. (Fn. 18), Bd. 1, S. 779, Nr. 528; *Ad-Dināṣūrī/Aš-Šawārbī*, al-mas'ūlīya al-madanīya fī ḍaw' al-fiqh wa al-qaḍā' (Zivilrechtliche Haftung im Licht von Rechtswissenschaft und Rechtsprechung), 4. Aufl., 1995, S. 61; *Murqus*, al-wāfī fī šarḥ al-qānūn al-madanī (Vollständiger Kommentar zum Zivilrecht), Kairo 1952, Bd. 2/2, 1. Teil, S. 188.

21 KassZiv v. 28.11.1968, Entscheidungssammlg. Bd. 19, S. 1448, in: Al-Fakahānī, Bd. 9, S. 20 f., Nr. 50.

22 *Ad-Dināṣūrī/Aš-Šawārbī*, a. a. O. (Fn. 20), S. 1291; *Ṭāhā*, al-qānūn at-tiǧārī (Das Handelsrecht), 1991, S. 534 ff., Nr. 635 ff.; weitere Nachweise bei *Wahba*, ṣuwar al-ḫaṭa' fī da'wā al-munāfasa ġair al-mašrū'a (Formen der fehlerhaften Handlung in der Klage aus unlauterem Wettbewerb), Kairo 1990, S. 120 ff.; KassZiv v. 14.6.1956, Entscheidungssammlg. Bd. 7, S. 723 (723); ders. v. 25.6.1959, Entscheidungssammlg. Bd. 10, S. 505 (505); ders. v. 15.12.1966, Entscheidungssammlg. Bd. 17, S. 1919 ff., ders. v. 22.12.1986, Entscheidungssammlg. Bd. 37, S. 1016 (1017); *Grapentin*, a. a. O. (Fn. 8), S. 196.

23 *'Abbās*, a. a. O. (Fn. 11), S. 529, Nr. 590; *Al-Ḫūlī*, al-waṣīṭ fī l-qānūn at-tiǧārī (Lehrbuch des Handelsrechts), Kairo 1964, 3. Teil, S. 382, Nr. 266; *Ad-Dināṣūrī/Aš-Šawārbī*, a.a.O. (Fn. 20), S. 1291 f.; KassZiv v. 25.6.1959, Entscheidungssammlg. Bd. 10, S. 505 (510).

24 *'Abbās*, a. a. O. (Fn. 11), S. 529, Nr. 590; *Al-Ḫūlī*, a. a. O. (Fn. 23), S. 382, Nr. 266; *Ad-Dināṣūrī/Aš-Šawārbī*, a. a. O. (Fn. 20), S. 1291 f.; *Fatḥī*, Al-Muḥāmāt Jg. 72 (1992), S. 14-49 (30); KassZiv v. 25.6.1959, Entscheidungssammlg. Bd. 10, S. 505 (510).

Das Erfordernis der fehlerhaften Handlung wird im Bereich des Rechts des unlauteren Wettbewerbs teilweise durch den Begriff der Unlauterkeit ersetzt[25]. Bei der Unlauterkeit handelt es sich um eine besondere Erscheinungsform der fehlerhaften Handlung nach Art. 163 ägZGB, für deren Beurteilung die anständigen Gepflogenheiten, die in dem Gewerbe gelten, herangezogen werden[26]. Es gibt jedoch keinen allgemeingültigen Grundsatz, anhand dessen überprüft werden könnte, ob eine fehlerhafte bzw. unlautere Handlung vorliegt. Insoweit kommt den von der Rechtsprechung entwickelten Fallgruppen eine besondere Bedeutung zu. Nur danach kann beurteilt werden, ob ein bestimmtes Wettbewerbsverhalten als unlauter eingestuft wird oder nicht.

Es ist nicht erforderlich, dass beim Verletzer eine Schädigungsabsicht, ein so genannter „böser Glauben“ vorliegt. Da die Klage wegen unlauteren Wettbewerbs ihre Grundlage in der allgemeinen Deliktsklage hat, kommt es für die Haftung nicht darauf an, ob der Wettbewerbsverstoß vorsätzlich oder fahrlässig begangen wurde[27].

Ein Schaden muss grundsätzlich auch im Lauterkeitsrecht vorliegen[28]. Hinsichtlich des Nachweises gelten allerdings gewisse Erleichterungen. So ist es ausreichend, wenn Umstände bewiesen werden, die gewöhnlich zu einer Schädigung des Wettbewerbers führen[29]. Grund hierfür ist, dass es im Bereich des Wettbewerbsrechts besonders schwierig ist, den Beweis zu erbringen, dass der Schaden gerade durch die unlautere Wettbewerbshandlung des Mitbewerbers verursacht wurde[30].

Mit der Klage wegen unlauteren Wettbewerbs kann der geschädigte Wettbewerber in erster Linie Schadensersatz geltend machen. Dieser erfolgt grundsätzlich in Form eines Geldbetrags, das Gericht kann aber auf Antrag des Geschädigten auch Naturalrestitution oder die Ausführung einer bestimmten Anordnung festlegen, Art. 171 Abs. 2 ägZGB. Im Bereich des unlauteren

---

25 *'Abbās*, a. a. O. (Fn. 11), S. 529 f., Nr. 591 f.; *Muḥriz*, al-ḥaqq fī l-munāfasa al-mašrū'a (Das Recht auf lauteren Wettbewerb, Kairo 1994, S. 329, Nr. 207.

26 *'Abbās*, a. a. O. (Fn. 11), S. 529, Nr. 591; *Al-Ḫūlī*, a. a. O. (Fn. 23), S. 384, Nr. 266; KassZiv v. 25.6.1959, Entscheidungssammlg. 10, S. 505 (506); *Ad-Dināṣūrī/Aš-Šawārbī*, a. a. O. (Fn. 20), S. 1292.

27 *Al-Ḫūlī*, a. a. O. (Fn. 23), S. 383, Nr. 266; *Wahba*, a. a. O. (Fn. 23), S. 131 f., m. w. N.; vgl. auch *Grapentin*, a. a. O. (Fn. 8), S. 203; KassZiv v. 25.6.1959, Entscheidungssammlg. 10, S. 505 ff. u. ders. v. 14.6.1956, Entscheidungssammlg. 7, S. 723 ff.

28 Z. B. *'Abbās*, a. a. O. (Fn. 11), S. 532 f., Nr. 594; anders *Muḥriz*, a. a. O. (Fn. 25), S. 338 f., Nr. 213; vgl. auch *Grapentin*, S. 208.

29 KassZiv. v. 25.6.1956, Entscheidungssammlg. 10, S. 505 (512 f.); *Al-Ḫūlī*, a. a. O. (Fn. 23), S. 393 f., Nr. 271; *Wahba*, a. a. O. (Fn. 23), S. 108, m. w. N.; *'Abbās*, a. a. O. (Fn. 11), S. 528, Nr. 589; *ders.*, S. 533, Nr. 594; *Muḥriz*, a. a. O. (Fn. 25), S. 339 f., Nr. 214.

30 *Wahba*, a. a. O. (Fn. 23), S. 98; *Al-Ḫūlī*, a. a. O. (Fn. 23), S. 393, Nr. 271.

Wettbewerbs ist vor allem die Veröffentlichung des Urteils auf Kosten des Beklagten von Bedeutung. Dadurch kann verhindert werden, dass weitere Nachteile durch den Wettbewerbsverstoß eintreten, und der gute Ruf des Geschädigten wird wiederhergestellt[31]. Darüber hinaus kann das Gericht Maßnahmen anordnen, um den Wettbewerbsverstoß zu beseitigen, z. B. die Hinzufügung eines Zusatzes zu einem Handelsnamen, um zu verhindern, dass er mit einem ähnlichen Namen verwechselt wird[32] oder das Verbot eine Marke zu verwenden, die geeignet ist, eine Verwechslung mit den Produkten eines Mitbewerbers hervorzurufen[33]. Der Geschädigte kann auch für die Zukunft verlangen, dass eine bestimmte Wettbewerbshandlung eingestellt wird, indem er seinen Anspruch auf Unterlassung geltend macht[34].

Die Zivilklage wegen unlauteren Wettbewerbs kann nur der Gewerbetreibende erheben, denn das ägyptische Recht des unlauteren Wettbewerbs dient primär dem Schutz der Konkurrenten gegen die unlauteren Geschäftsmethoden ihrer Mitbewerber. Dies ist ein entscheidender Unterschied zum deutschen UWG, das neben dem Gewerbetreibenden auch die Verbraucher und die Allgemeinheit schützt[35]. Nach ägyptischem Verständnis ist der Verbraucherschutz eine eigene Rechtsmaterie. Wenn bei bestimmten Wettbewerbsverstößen auch der Konsument geschützt wird, handelt es sich um einen bloßen Nebeneffekt des Konkurrentenschutzes[36]. Dem geschädigten Verbraucher verbleibt die Möglichkeit, auf die allgemeine Deliktsklage zurückzugreifen. Auch die Verbraucherverbände haben in Ägypten keine Klageberechtigung[37]. Etwas anderes gilt für die Berufsverbände, die nach herrschender Meinung im ägyptischen Schrifttum klagebefugt sein sollen[38].

---

31 *ʿAbbās*, a. a. O. (Fn. 11), S. 391, Nr. 447; *Muḥriz*, a. a. O. (Fn. 25), S. 353, Nr. 223; *Al-Ḫūlī*, a. a. O. (Fn. 23), S. 399, Nr. 274.

32 *Muḥriz*, a. a. O. (Fn. 25), S. 350 f., Nr. 222; *Al-Ḫūlī*, a. a. O. (Fn. 23), S. 399, Nr. 274; KassZiv v. 10.12.1959, Entscheidungssammlg. 10, S. 763 ff.

33 *ʿAbbās*, a. a. O. (Fn. 11), S. 533 f., Nr. 596.

34 Vgl. *Wahba*, a. a. O. (Fn. 23), S. 98 f.; *Ad-Dināṣūrī/Aš-Šawārbī*, a. a. O., S. 1296 f.

35 Für viele *Baumbach/Hefermehl*, Wettbewerbsrecht (Kommentar), 22., neubearbeitete Aufl., 2001, Einl. UWG, S. 207 ff., Rdnr. 41 ff.; *Köhler/Piper*, Gesetz gegen den unlauteren Wettbewerb (Kommentar), 2. Aufl., 2001, Einf., S. 47 ff., Rdnr. 23 ff.; *v. Gamm*, Gesetz gegen den unlauteren Wettbewerb, 3., erweiterte Aufl., 1993, Einf. A, S. 9 ff., Rdnr. 16 ff.; *Emmerich*, Unlauterer Wettbewerb, 6. Aufl., 2002, S. 15 ff., m. w. N.

36 *Grapentin*, a. a. O. (Fn. 8), S. 199.

37 *Aḥmad*, al-qānūn at-tiǧārī (Das Handelsgesetz), Manṣūra 1991, S. 271 f., Nr. 248; *Muḥriz*, a. a. O. (Fn. 25), S. 317 f., Nr. 201; *Grapentin*, a. a. O. (Fn. 8), S. 364.

38 *Al-Ḫūlī*, a. a. O. (Fn. 23), S. 398, Nr. 273; *Muḥriz*, a. a. O. (Fn. 25), S. 315 ff., Nr. 201 f.; *Grapentin*, a. a. O. (Fn. 8), S. 262 ff.

2. Sonderregelungen

Weitere lauterkeitsrechtliche Regelungen sind im Handelsgesetzbuch und im Entwurf für ein IP-Gesetz[39] enthalten. Zudem gibt es zahlreiche Sondervorschriften, die missbräuchliche Praktiken in Handel und Gewerbe unterbinden sollen. Als Beispiele können hier das Gesetz gegen den Warenbetrug[40] oder das Gesetz zum Schutz der Handelsnamen[41] genannt werden. Bei Verstößen gegen die Vorschriften dieser Gesetze sind strafrechtliche Sanktionen vorgesehen.

a) Art. 66 ägHGB

Im ägyptischen Handelsgesetzbuch ist nunmehr erstmals eine Bestimmung zum unlauteren Wettbewerb gesetzlich niedergelegt. Dies geschah im Rahmen einer umfassenden Reform des ägyptischen Handelsrechts durch das Gesetz Nr. 17-1999, das am 1. Oktober 1999 in Kraft getreten ist[42]. Die Anpassung des Handelsrechts an die Erfordernisse des modernen Wirtschaftslebens war mehr als überfällig, denn das alte Handelsgesetzbuch stammte noch aus dem Jahr 1883. Art. 66 ägHGB lautet folgendermaßen:

> *Art. 66 ägHGB*- (1) Alle Handlungen, die gegen die Bräuche und Regeln verstoßen, die bei Handelsgeschäften beobachtet werden, gelten als unlauterer Wettbewerb. Dazu gehören insbesondere die Verletzung der Marken oder des Handelsnamens eines anderen oder der Patente oder Geschäftsgeheimnisse, an denen diesem ein Nutzungsrecht zusteht, sowie die Anstiftung von Arbeitern in dessen Handelsgeschäft zum Geheimnisverrat oder zur Aufgabe ihrer Arbeit [dort], und auch jede Handlung oder Behauptung, die geeignet ist, einen Irrtum hinsichtlich des Handelsgeschäfts oder seiner Produkte herbeizuführen oder das Vertrauen in dessen Inhaber

---

39 S. oben, Fn. 4.

40 Gesetz Nr. 48-1941 zur Unterbindung von Täuschung und Betrug, geändert durch Gesetz Nr. 281-1994, Amtsbl. Nr. 52 (Anhang) v. 29.12.1994; Erlaß Nr. 259-1996 zur Durchführung des Gesetzes Nr. 48-1941, Amtsbl. Nr. 155 v. 13.07.1996.

41 Gesetz Nr. 55-1951 über die Handelsnamen, geändert durch Gesetz Nr. 67-1954, dt. Übers. in Blatt f. PMZ 1952, 37 u. 1954, 312 f.

42 Gesetz Nr. 17-1999, verkündet durch Gesetzblatt Nr. 19$^{bis}$ vom 17.5.1999. Die Vorschriften über den Scheck, Art. 472 ff. ägHGB, sind erst zum 1.10.2000 in Kraft getreten, vgl. Art. 3 des Gesetzes Nr. 17-1999; zum neuen ägyptischen Handelsgesetzbuch s. *Hinton/Azmi*, MEER 7/1999, 9-11; *Ḫalīl*, qānūn at-tiǧāra al-ǧadīd wa a'māluhū at-taḥḍīrīya (Das neue Handelsgesetzbuch und die vorbereitenden Arbeiten), ohne Ortsangabe 1999/2000; *Riad*, Arab Law Quarterly (ALQ) 2000, 117 (120 ff.).

oder in die für die Leitung Verantwortlichen oder dessen Produkte zu schwächen.
(2) Jede unlautere Wettbewerbshandlung verpflichtet denjenigen, der sie begangen hat, den daraus entstandenen Schaden zu ersetzen. Das Gericht kann über die Festsetzung eines Schadensersatzes hinaus auch anordnen, dass der Schaden beseitigt wird und eine Zusammenfassung des Urteils auf Kosten des Verurteilten in einer Tageszeitung veröffentlicht wird.

Art. 66 ägHGB übernimmt im Wesentlichen die bisherige Rechtsprechung zum unlauteren Wettbewerb, indem er unlauteren Wettbewerb als Verstoß „gegen die Bräuche und Regeln, die bei Handelsgeschäften beobachtet werden" definiert[43]. Darauf folgt eine Auflistung möglicher Wettbewerbsverstöße, die ausdrücklich nicht abschließend ist. Es soll bewusst der Rechtsprechung überlassen bleiben, die einzelnen Wettbewerbsverstöße festzulegen[44]. Auch die Sanktionen nach Art. 66 Abs. 2 ägHGB bringen keine wesentlichen Neuerungen: Die Gerichte können primär einen Schadensersatz in Geld verhängen. Daneben kann die Beseitigung des Schadens angeordnet werden oder das Urteil auf Kosten des Beklagten veröffentlicht werden.

Der Adressatenkreis des Art. 66 ägHGB ist im Vergleich zur Zivilklage wegen unlauteren Wettbewerbs enger, da die Vorschriften des Handelsgesetzbuchs nur für gewerbliche Handlungen und Kaufleute gelten[45]. Insoweit handelt es sich um die speziellere Vorschrift, die gegenüber dem allgemeinen Deliktsrecht Vorrang haben muss, wenn der Anwendungsbereich des Handelsgesetzbuchs eröffnet ist. Ansonsten bleibt die deliktsrechtliche Generalklausel einschlägig.

### b) Der IP-Entwurf

Eine weitere wichtige Neuregelung stellt der Entwurf zum Schutz der Rechte des geistigen Eigentums dar, dessen Verabschiedung unmittelbar bevorsteht. Dieser Entwurf soll das TRIPS-Übereinkommen umsetzen und fasst die verschiedenen gewerblichen Schutzrechte und das Urheberrecht in einer einheitlichen Kodifikation zusammen. Da die Umsetzungsfrist bereits zum 1.1.2000 abgelaufen ist[46], sollte das IP-Gesetz so schnell wie möglich verabschiedet werden. Für den Bereich des Lauterkeitsrechts sind im Entwurf vor allem die Vorschriften zu den nicht offenbarten Informationen und den geographischen Angaben relevant.

---

43 Vgl. KassZiv v. 25.6.1959, Entscheidungssammlg. 10, S. 505 (506).
44 Vgl. das erläuternde Memorandum zu Art. 66 ägHGB bei *Ḫalīl*, a. a. O. (Fn. 42), S. 113 f.
45 Vgl. Art. 1, 10 u. 4 ff. ägHGB.
46 Oben, Fn. 7.

aa) Geheimnisschutz

Zum Schutz der Geschäfts- oder Betriebsgeheimnisse existiert in Ägypten bisher keine umfassende Regelung. Zivilrechtlicher Schutz kann durch die Klage wegen unlauteren Wettbewerbs gewährt werden[47]. Außerdem wird im neuen Art. 66 ägHGB die Verletzung von Geschäftsgeheimnissen ausdrücklich als unlauterer Wettbewerb qualifiziert[48]. Eine Definition des Begriffs der Geschäftsgeheimnisse ist allerdings nicht vorgesehen, was die praktische Anwendung erschwert. Derzeit beschränkt sich der Geheimnisschutz in Ägypten auf vertragliche Vereinbarungen[49], die immer nur den jeweiligen Vertragspartner verpflichten können. Ein Schutz vor Aufdeckung durch vertragsfremde Personen ist in der Regel nicht gewährleistet. Dabei ist es gerade in Entwicklungsländern wichtig, dass Geheiminformationen wirksam geschützt werden können, um den Transfer von Technologie zu fördern[50]. Insofern würden die Bestimmungen zum Geheimnisschutz die im IP-Entwurf enthalten sind - Art. 56 bis 63 - eine deutliche Verbesserung des Schutzstandards in Ägypten darstellen.

Insgesamt ist festzustellen, dass die Regelungen des Entwurfs eng an Art. 39 des TRIPS-Übereinkommens angelehnt sind. So verweist schon die Verwendung der Bezeichnung der „nicht offenbarten Informationen"[51] auf TRIPS, das ebenfalls diesen Begriff verwendet[52]. Art. 56 des IP-Entwurfs legt die Schutzvoraussetzungen nicht offenbarter Informationen fest:

> *Art. 56* - Die nicht offenbarten Informationen genießen Schutz nach den Vorschriften dieses Gesetzes und umfassen Folgendes:
> (1) Die Informationen, die geheim sind. Eine solche Geheimhaltung liegt vor, wenn die Informationen in ihrer Gesamtheit oder in der Zusammensetzung ihrer Einzelelemente nicht bekannt sind, d. h. bei den Personen des

---

47 *Fatḥī*, asrār al-mašrū' at-tiǧārī (Die Geheimnisse des Handelsunternehmens), o. weitere Angaben, S. 73 ff.

48 Vgl. auch Art. 34 Abs. 2 u. Art. 83 ägHGB.

49 Vgl. o. N., MEER 11/1992, 8 (13) u. *Kilānī*, 'uqūd at-tiǧāra ad-daulīya fī maǧāl naql at-tiknūlūǧīya, Know How (Internationale Handelsverträge im Bereich des Technologietransfers, Know How), 2. Aufl., Kairo 1995, S. 141 ff.

50 *Reger*, a. a. O. (Fn. 11), S. 237 ff., m. w. N.; *Al-Ahmar*, in: Business Law Forum (Hg.), Kairo 1999, S. 6 (23).

51 Arab.: ma'lumāt ġair al-mufṣaḥ 'anhā.

52 Anders Art. 66 Abs. 1 ägHGB, in dem von Betriebsgeheimnissen - asrār aṣ-ṣinā'īya - die Rede ist; der Bedeutungsgehalt der verschiedenen Begriffe zur Bezeichnung der schützenswerten Geheimnisse eines Unternehmens auf wirtschaftlichem oder industriellem Gebiet stimmt im Wesentlichen überein, *Reger*, a. a. O. (Fn. 11), S. 239 ff.

industriellen Fachgebiets, in dessen Bereich die Informationen fallen, nicht allgemein im Umlauf sind.
(2) Die Informationen, die ihren geschäftlichen Wert daraus ableiten, dass sie geheim sind.
(3) Die Informationen, die hinsichtlich ihrer Geheimhaltung von wirksamen Maßnahmen abhängen, die ihr rechtmäßiger Inhaber ergreift, um sie zu bewahren.

Die Vorschrift stimmt im Wesentlichen mit Art. 39 Abs. 2 TRIPS überein, ist aber nicht eindeutig formuliert. Nach Art. 39 Abs. 2 TRIPS müssen die drei Voraussetzungen kumulativ vorliegen. Dies wird aus dem Wortlaut des Art. 56 IP-Entwurf nicht hinreichend deutlich. Der rechtmäßige Inhaber nicht offenbarter Informationen kann gegen alle Verletzungshandlungen eines Dritten vorgehen, die den anständigen Gepflogenheiten im Handel widersprechen und unlauteren Wettbewerb darstellen, Art. 58 Abs. IV, 59 u. 60 IP-Entwurf. Als Sanktionen sind in Art. 62 IP-Entwurf Geld- und/oder Haftstrafe bei Aufdeckung, Inbesitznahme oder unrechtmäßiger Benutzung der geschützten Informationen vorgesehen.

bb) Schutz geographischer Angaben

Geographische Angaben werden gegenwärtig als Handelsangaben durch die Art. 26 bis 30 des ägyptischen Markengesetzes[53] geschützt. Nach Art. 26 lit. b ägMarkenG handelt es sich dabei um Bezeichnungen, die unmittelbar oder mittelbar den Ort oder das Land betreffen, in denen die Waren hergestellt oder erzeugt wurden. Die Angaben müssen in jeder Hinsicht der Wahrheit entsprechen, Art. 27 ägMarkenG. Geographische Namen, die im Handelsverkehr als Gattungsbezeichnungen verstanden werden, können uneingeschränkt verwendet werden, Art. 30 ägMarkenG[54]. Bei Zuwiderhandlung gegen die Art. 27 bis 30 ägMarkenG kann das zuständige Gericht eine Gefängnisstrafe bis zu einem Jahr und/oder eine Geldstrafe von zehn bis einhundert ägyptische Pfund (Art. 34 ägMarkenG) und die Veröffentlichung des Urteils auf Kosten des Verletzers anordnen (Art. 36 ägMarkenG). Daneben kann derjenige, der durch die Verwendung einer falschen Handelsangabe einen Schaden erlitten hat, die

[53] Gesetz Nr. 57-1939 über Marken und Handelsangaben, geändert durch Gesetze Nr. 143-1949, Nr. 453-1953, Nr. 531-1953, Nr. 569-1954, Nr. 205-1956, Nr. 69-1959, dt. Übersetzung in Bl. f. PMZ 1939, S. 159; 1954, S. 128; 1955, S. 235; 1957, S. 313.

[54] Beispiele bei *Al-Ḫūlī*, a. a. O (Fn. 23), S. 364, Nr. 253; *Luṭfī*, āṯār ittifāqīya al-ǧawānib al-mutaṣṣila bi-t-tiǧāra min ḥuqūq al-milkīya al-fikrīya "TRIPS" ʻalā tašrīʻāt al-buldān al-ʻarabīya (Der Einfluß des TRIPS-Übereinkommens auf die Gesetzgebung der arabischen Länder), Kairo 2001, S. 52.

Klage wegen unlauteren Wettbewerbs erheben, wenn deren Voraussetzungen erfüllt sind[55]. Der lauterkeitsrechtliche Schutz geographischer Angaben ist jedoch mangels entsprechender Rechtsprechung nur wenig entwickelt.

Der IP-Entwurf sieht für die geographischen Angaben eine umfassende Regelung vor. Darin werden zum einen die bereits bestehenden Bestimmungen des Markengesetzes übernommen[56] und zum anderen neue Vorschriften eingefügt, die sich an den Vorgaben des TRIPS-Übereinkommens orientieren und über die Regelungen des ägyptischen Markengesetzes hinaus gehen. Art. 105 des Entwurfs definiert die geographischen Angaben folgendermaßen:

> *Art. 105* - Geographische Angaben sind [Angaben], die die Herkunft einer Ware aus einem Gebiet oder Region bestimmen, die sich in einem Staat befindet, der Mitglied der Welthandelsorganisation ist oder der Ägypten gleich behandelt, wenn die Qualität oder der Ruf oder andere Merkmale der Ware, die Einfluss auf den Vertrieb haben, im Wesentlichen auf der geographischen Herkunft beruhen.
> Voraussetzung für den Schutz dieser Angaben ist, dass sie in ihrem Herkunftsland Schutz erlangt haben.

Diese Definition stimmt mit Art. 22 Abs. 1 TRIPS überein. Das Schutzkonzept ist eng an den Begriff der Ursprungsbezeichnung angelehnt, die erfordert, dass ein Zusammenhang zwischen der besonderen Qualität der Ware und ihrer geographischen Herkunft besteht[57]. Die Art. 106 bis 108 IP-Entwurf betreffen verschiedene Varianten irreführender Verwendungen geographischer Angaben, durch die der Eindruck erweckt wird, dass die Ware aus einem anderen Gebiet als dem tatsächlichen Herkunftsort stammt, die mit den geltenden Bestimmungen des Markengesetzes, Art. 28 Abs. 2 und Art. 29 ägMarkenG übereinstimmen. Auch Art. 109 IP-Entwurf, nach dem die Verwendung geographischer Namen, die zu Gattungsbezeichnungen geworden sind, erlaubt ist, deckt sich mit Art. 30 ägMarkenG. Eine deutliche Verbesserung im Vergleich zu den geltenden Regelungen des Markengesetzes ist darin zu sehen, dass nach Art. 116 IP-Entwurf nunmehr Gegenstände beschlagnahmt werden können, die bei der Verletzungshandlung verwendet wurden oder auf denen die Angaben angebracht sind. Gerade die Beschlagnahmevorschriften

---

55 *Al-Ḫūlī*, a. a. O. (Fn. 23), S. 362, Nr. 251 u. S. 366, Nr. 254.

56 Das geltende ägyptische Markengesetz Nr. 57-1939 wird zum Zeitpunkt des Inkrafttretens des IP-Gesetzes unwirksam, Art. 2 des Regierungsentwurfs eines Erlasses für ein IP-Gesetz. Zudem werden alle Vorschriften ungültig, die zu dem IP-Gesetz in Widerspruch stehen.

57 Vgl. *Reger*, a. a. O. (Fn. 11), S. 100 f. u. *Al-Maǧdūb*, al-ǧāt wa miṣr wa-l-buldān al-'arabīya min Hāfānā ilā Marrākiš (Das GATT und Ägypten und die arabischen Länder von Havanna bis Marrakesch), Kairo 1996, S. 165.

sind bei der Bekämpfung der Produktpiraterie von besonderer Bedeutung[58]. Darüber hinaus ist zu begrüßen, dass bei der nach Art. 115 IP-Entwurf vorgesehenen Geld- und/oder Haftstrafe das Strafmaß gegenüber Art. 34 ägMarkenG deutlich erhöht wurde. Durch die bisherige Höhe der Geldstrafe kann keine ausreichende Abschreckungswirkung mehr erzielt werden.

Es ist nicht davon auszugehen, dass durch diese Neuregelungen von Teilbereichen des unlauteren Wettbewerbs im IP-Gesetz insgesamt vom traditionellen Schutzkonzept auf Grundlage des Deliktsrechts abgewichen werden soll. Wettbewerbsverstöße, für die keine speziellen Bestimmungen existieren, werden weiterhin nach den allgemeinen Grundsätzen beurteilt. Der IP-Entwurf enthält nur Vorschriften zu geographischen Angaben und nicht offenbarten Informationen und regelt - ebenso wie das TRIPS-Übereinkommen - das Recht des unlauteren Wettbewerbs nicht umfassend.

## III. Einzeltatbestände

### 1. Allgemeines

Insgesamt existieren kaum Entscheidungen des ägyptischen Kassationshofes zum unlauteren Wettbewerb. Der Großteil der vorhandenen Urteile befasst sich mit dem Kennzeichenschutz. Viele typische Tatbestände des Lauterkeitsrechts werden überhaupt nicht oder nur im Schrifttum erörtert. Originär ägyptische Lösungen sind nur spärlich vorhanden, zumeist wird auf französische Rechtsprechung Bezug genommen. Dies ist bedauerlich, da es im ägyptischen System des Lauterkeitsschutzes, das auf einer deliktsrechtlichen Generalklausel basiert, in besonderem Maße der Rechtsprechung überlassen ist, die einzelnen Wettbewerbsverstöße festzulegen[59]. Zudem hängt gerade das Lauterkeitsrecht von den örtlichen Sitten und Gebräuchen ab.

Die herrschende Auffassung im Schrifttum bildet vier Fallgruppen: 1. Das Hervorrufen von Verwechslungsgefahr zwischen Unternehmen oder ihren Produkten, 2. Die Herabsetzung des Ansehens eines anderen oder des Ansehens der Waren, mit denen er handelt, 3. Die Störung der inneren Organisation des Unternehmens des Konkurrenten und 4. Das Hervorrufen allgemeiner

---

58 *Schricker*, in: Jacobs/Lindacher/Teplitzky (Hg.), a. a. O. (Fn. 10), Einl. S. 338, Rdnr. F 94.

59 Vgl. *Wahba*, a. a. O. (Fn. 23), S. 79; *Ad-Dināṣūrī/Aš-Šawārbī*, a. a. O. (Fn. 20), S. 1292.

Marktstörungen[60]. Im Folgenden soll nur ein knapper Überblick über die Fallgruppen gegeben werden und diejenigen Tatbestände ausführlicher dargestellt werden, die eine herausgehobene Rolle im ägyptischen Schrifttum und in der Rechtsprechung spielen.

2. Hervorrufen von Verwechslungsgefahr und Kennzeichenschutz

Das Hervorrufen einer Verwechslungsgefahr zwischen zwei Unternehmen oder ihren Produkten ist einer der „klassischen" Tatbestände des unlauteren Wettbewerbs[61] und reicht bis in die Rechtsprechung der Gemischten Gerichte zurück[62]. Dabei kommt es darauf an, ob durch die Ähnlichkeit zwischen Zeichen oder Waren aus Sicht des Kunden tatsächlich eine Irreführung hervorgerufen werden kann[63]. Das maßgebliche Verbraucherleitbild ist der durchschnittliche Verbraucher, der keine besonderen Kenntnisse hat[64].

Der Schutz der Kennzeichen eines Unternehmens wird in Ägypten in erster Linie durch Sondervorschriften gewährleistet, wie das Gesetz zum Schutz der Handelsnamen und das Markengesetz. Daneben kann die Klage wegen unlauteren Wettbewerbs erhoben werden, wenn die Voraussetzungen der Sondergesetze nicht vorliegen[65] und die Nachahmung von Merkmalen oder Symbolen geeignet ist, eine Verwechslungsgefahr zwischen zwei Unternehmen oder ihren Produkten hervorzurufen[66]. Anders als bei der Markenverletzungsklage ist der Anwendungsbereich der Klage wegen unlauteren Wettbewerbs nicht nur auf den Inhaber der Marke beschränkt[67]. Die

---

60 *Ad-Dināṣūrī/Aš-Šawārbī* S. 1292 ff., a. a. O. (Fn. 20); *'Abbas*, a. a. O. (Fn. 11), S. 530 ff., Nr. 592; *Aḥmad,* a. a. O. (Fn. 37), S. 186 ff., Nr. 230; *Yūnis,* al-maḥal at-tiǧārī (Das Handelsgeschäft), Kairo o. Datumsangabe, S. 139 ff., Nr. 100 ff.; anders *Muḥriz*, a. a. O. (Fn. 25), S. 333, Nr. 210.

61 Vgl. Art. 10 bis Abs. 3 Nr. 1 PVÜ.

62 Gem. Berufungsgericht v. 30.12.1891, BLJ (Bulletin de Législation et de Jurisprudence Egyptiennes) 1891-92, S. 76 f.; dass. v. 17.12.1924, BLJ 37, 1924-1925, S. 77 (Leitsatz); dass. v. 13.6.1923, BLJ 35, 1922-23, S. 509 f.; dass. v. 12.6.1944, BLJ 56, 1943-1944, S. 185 f.; dass. v. 6.2.1901, BLJ 13, 1900-1901, S. 137 ff.

63 *Al-Ḫūlī*, a. a. O. (Fn. 23), S. 388, Nr. 269; *Mangalo*, GRUR Int. 1981, 523 (539); KassZiv v. 22.12.1986, Entscheidungssammlg. 37, S. 1016 (1016).

64 KassZiv v. 4.2.1954, Entscheidungssammlg. 5, S. 486 ff.; ders. v. 9.4.1964, Entscheidungssammlg. 15, S. 535 (539); ders. v. 20.6.1968, Entscheidungssammlg. 19, S. 1212 ff.; vgl. auch *'Abbās*, a. a. O. (Fn. 11), S. 372, Nr. 431; *Al-Ḫūlī*, a. a. O. (Fn. 23), S. 343 f., Nr. 238; *Aḥmad,* a. a. O. (Fn. 38), S. 187, Nr. 230, m. w. N.

65 *Al-Ḫūlī*, a. a. O. (Fn. 23), S. 389, Nr. 269; *Muḥriz,* a. a. O. (Fn. 25), S. 335, Nr. 211.

66 KassZiv v. 15.12.1966, Al-Fakahānī, Bd. 7, S. 908, Nr. 1882.

67 *Grapentin*, a. a. O. (Fn. 8 ), S. 195 ff.; zu den Unterschieden zwischen den beiden Klagen s. auch *Al-Ḫūlī*, a. a. O. (Fn. 23), S. 48 ff., Nr. 30 ff.

Wettbewerbsklage kann als deliktsrechtliche Haftungsklage von jedem erhoben werden, der durch eine unlautere Wettbewerbshandlung einen Schaden erlitten hat[68].

3. Herabsetzung des Unternehmens oder der Erzeugnisse des Konkurrenten

Bei der Herabsetzung handelt es sich um Angriffe auf die Person eines Mitbewerbers, seinen Ruf oder seinen Kredit[69] oder auf seine Waren[70]. Diese Fallgruppe spielt offensichtlich im ägyptischen Lauterkeitsrecht keine besondere Rolle und wird nur in der Literatur erwähnt - unter Bezugnahme auf französisches Recht. Insoweit stellt es eine Verbesserung dar, dass nach Art. 66 ägHGB nun auch diejenigen Handlungen oder Behauptungen ausdrücklich als unlauterer Wettbewerb qualifiziert werden, die geeignet sind „das Vertrauen in den Inhaber [des Handelsgeschäfts] oder in die für die Leitung Verantwortlichen oder dessen Produkte zu schwächen".

Zur Fallgruppe der Anschwärzung gehört auch die vergleichende Werbung, soweit sie die Waren des Konkurrenten negativ darstellt. Wie die anderen Fälle unlauterer Werbung findet die vergleichende Werbung erst in neuerer Zeit Beachtung im ägyptischen Schrifttum[71]. Dabei werden lediglich ausländische, vorwiegend französische und US-amerikanische Rechtsprechung und Literatur erörtert, ohne dass eigene Ansätze erkennbar sind[72]. Auch bleibt offen, ob vergleichende Werbung nach ägyptischem Recht grundsätzlich als unlauter zu beurteilen ist.

4. Störung der Organisation des Konkurrenten

Zur Fallgruppe der Störung der Organisation des Konkurrenten gehören alle Tatbestände, bei denen der Gewerbetreibende versucht, die Kunden des Mitbewerbers dadurch abspenstig zu machen, dass er auf interne Vorgänge im Konkurrenzbetrieb einwirkt. Die wichtigsten Wettbewerbsverstöße innerhalb dieser Fallgruppe sind die Aufdeckung von Betriebsgeheimnissen, die bereits

---

68 KassZiv v. 14.6.1956, Entscheidungssammlg. 7, S. 723 (723), *Al-Ḫūlī*, a. a. O. (Fn. 23), S. 398, Nr. 273; *Wahba*, a. a. O. (Fn. 23), S. 22; vgl. auch *Grapentin*, a. a. O. (Fn. 8 ), S. 196 u. 273.

69 *Ad-Dināṣūrī/Aš-Šawārbī*, a. a. O. (Fn. 20), S. 1293 f.

70 *Ad-Dināṣūrī/Aš-Šawārbī*, a. a. O. (Fn. 20), S. 1293 f.; *Wahba*, a. a. O. (Fn. 23), S. 134 ff.

71 Vgl. *o. N.*, MEER 8/1998, 10-12.

72 *Fatḥī*, Al-Muḥāmāt Jg. 72 (1992), 14 (25 ff.); *Aḥmad*, Werbung für Produkte und Dienstleistungen aus rechtlicher Sicht, Manṣūra 1991, S. 244 ff., Nr. 220 ff.; *Al-Muslimī*, al-ḥimāya al-madanīya min al-i'lānāt at-tiǧārīya al-ḫādī'a (Der zivilrechtliche Schutz vor betrügerischer Werbung), Kairo 1998; *Muḥriz*, a. a. O. (Fn. 25), S. 337, Nr. 212.

oben behandelt wurden, und das Abwerben von Arbeitnehmern eines Konkurrenten.

Das Ausspannen von Beschäftigten des Mitbewerbers ist einer der wenigen Tatbestände des unlauteren Wettbewerbs, mit denen sich die ägyptische Rechtsprechung näher beschäftigt hat[73]. Es gilt nicht per se als unzulässig, sondern nur wenn zusätzliche Umstände hinzutreten, aus denen sich die Unlauterkeit ergibt[74]. Dies ist beispielsweise der Fall, wenn durch die Abwerbung beabsichtigt wird, dem Konkurrenzunternehmen die Kunden zu entziehen[75] oder die innere Organisation des Geschäfts zu stören[76]. In der Entscheidung des ägyptischen Kassationshofs vom 25. Juni 1959 wurde ein Unternehmer wegen unlauteren Wettbewerbs verurteilt, der innerhalb eines Monats neun Beschäftigte eines Konkurrenten abspenstig gemacht hatte und dann in einer Zeitung wiederholt damit geworben hatte, dass die Abgeworbenen zuvor in dem Konkurrenzbetrieb beschäftigt waren. Diese Werbung habe zum einen den Handelsnamen des früheren Arbeitgebers verletzt, zum anderen sei eine Störung der inneren Ordnung des Konkurrenzbetriebs verursacht worden, die das Überwechseln mehrerer Kunden verursacht habe[77].

5. Hervorrufen allgemeiner Störungen auf dem Markt

Der Tatbestand der Marktstörung zeichnet sich dadurch aus, dass nicht ein bestimmter Konkurrent, sondern der Markt als solcher betroffen ist[78]. Im ägyptischen Schrifttum werden zwei Hauptfallgruppen unterschieden: zum einen die Irreführung des Publikums durch täuschende Werbung, zum anderen Wettbewerbshandlungen mit engen kartellrechtlichen Bezügen wie Sperre, Boykott oder Preisunterbietung. Die letztgenannte Fallgruppe spielt offensichtlich in der ägyptischen Rechtspraxis keine Rolle, in der Literatur wird nur auf französische Dogmatik verwiesen.

---

73 KassZiv v. 25.6.1959, Entscheidungssammlg. 10, S. 505 ff.

74 *As-Sanhūrī*, a. a. O. (Fn. 18), Bd. 1, S. 831, Nr. 551; *Muḥriz*, a. a. O. (Fn. 25), S. 334, Nr. 210.

75 *Al-Ḫūlī*, a. a. O. (Fn. 23), S. 389 f., Nr. 269; *Wahba*, a. a. O. (Fn. 23), S. 160 ff; *Ad-Dināṣūrī/Aš-Šawārbī*, a. a. O. (Fn. 20), S. 1294.

76 KassZiv v. 25.6.1959, Entscheidungssammlg. 10, S. 505 (506); *Ad-Dināṣūrī/Aš-Šawārbī*, a. a. O. (Fn. 20), S. 1294; *'Abbās*, a. a. O. (Fn. 11), S. 31, Nr. 592; bereits Gem. Berufungsgericht v. 6.12.1933, BLJ 46, 1933-1934, S. 67.

77 KassZiv v. 25.6.1959, Entscheidungssammlg. 10, S. 505 ff.; hierzu *'Abbās*, a. a. O. (Fn. 11), S. 531, Nr. 592, Fn. 1 u. *Grapentin*, a. a. O. (Fn. 8 ), S. 197, Fn. 576.

78 *Yūnis*, a. a. O. (Fn. 51), S. 143 f., Nr. 104 *Ad-Dināṣūrī/Aš-Šawārbī*, a. a. O. (Fn. 20), S. 1293.

Die Täuschung oder Irreführung über die Beschaffenheit und Eigenschaften einer Ware ist neben Anschwärzung und Hervorrufen einer Verwechslungsgefahr der dritte Tatbestand, der in Art. $10^{bis}$ Abs. 3 PVÜ ausdrücklich erwähnt wird. In Ägypten existieren verschiedene Sondergesetze, die der Bekämpfung täuschender Werbung dienen, allen voran das Gesetz Nr. 48-1941 gegen den Warenbetrug[79]. So liegt nach herrschender Ansicht in der Literatur unlauterer Wettbewerb vor, wenn ein Gewerbetreibender falsche oder irreführende Angaben macht, um seine Stellung im Wettbewerb zu verbessern[80]. Dabei kann die Klage wegen unlauteren Wettbewerbs nur von dem betroffenen Konkurrenten erhoben werden. Der Schutz der Verbraucher, die durch die falschen oder irreführenden Angaben direkt betroffen sind, erfolgt durch die erwähnten strafrechtlichen Sondervorschriften. Wie es insgesamt um den Konsumentenschutz in Ägypten bestellt ist, soll im Folgenden dargestellt werden.

## VI. Lauterkeitsrecht und Verbraucherschutz

Wie bereits mehrfach erwähnt, dient das Recht des unlauteren Wettbewerbs nach ägyptischem Verständnis primär dem Schutz der Gewerbetreibenden. Folglich bleibt die Zivilklage wegen unlauteren Wettbewerbs dem geschädigten Konkurrenten vorbehalten. Der Verbraucherschutz wird als eigene Rechtsmaterie angesehen und ist im Wesentlichen Aufgabe des Staates. Vorschriften zum Schutz der Verbraucher finden sich in verschiedenen Rechtsgebieten, vor allem im Straf- und Verwaltungsrecht[81]. Hierzu gehören die Vorschriften gegen den Warenbetrug, die verschiedenen Regelungen des Vertragsrechts, wie die Vorschriften über die allgemeinen Geschäftsbedingungen oder über Willensmängel und Gewährleistung, sowie die Bestimmungen des Lebensmittel- und Versorgungsrechts[82]. Ein eigenes Gesetz zum Schutz der Verbraucher existiert nicht.

---

[79] Gesetz Nr. 48-1941 zur Unterbindung von Täuschung und Betrug, geändert durch Gesetz Nr. 281-1994, veröffentlicht im Amtsblatt Nr. 52 (Anhang) v. 29.12.1994; Erlaß Nr. 259-1996 zur Durchführung des Gesetzes Nr. 48-1941, Amtsblatt Nr. 155 v. 13.07.1996.

[80] *Ad-Dināṣūrī/Aš-Šawārbī*, a. a. O. (Fn. 20), S. 1294 f.; *Yūnis*, a. a. O. (Fn. 51), S. 143 f., Nr. 104; *Fatḥī*, Al-Muḥāmāt Jg. 72 (1992), 14 (28 ff.).

[81] *Wazir*, Revue al-qanoun wal-iqtisad 58 (1983), 49 (49).

[82] *Wazir*, Revue al-qanoun wal-iqtisad 58 (1983), 49 (50).

Mit dem Übergang zur Marktwirtschaft hat in Ägypten auch das Interesse an einer Verbesserung des Schutzes der Konsumenten zugenommen[83]. So wurde im Jahr 1994 ein ständiger Verbraucherschutzrat eingerichtet, der mit Vertretern verschiedener Ministerien, der Universitäten und anderer Experten besetzt ist[84]. Zudem existieren verschiedene Verbraucherverbände, allen voran die „Nationale Gesetzliche Vereinigung zum Schutz der Verbraucher", die 1996 gegründet wurde[85]. Diese Verbraucherverbände haben bisher allerdings kein eigenes Klagerecht. Dies ist zu bedauern, da sie eine wichtige Schutz- und Kontrollfunktion ausüben könnten. Die geschädigten Konkurrenten des Verletzers sind zwar klageberechtigt, werden aber passiv bleiben, wenn es sich um branchenweit übliche Missstände handelt[86]. Der einzelne ägyptische Verbraucher wird sich wiederum wohl nur zögerlich auf einen Rechtsstreit einlassen und ohnehin wenig von seinen rechtlichen Möglichkeiten wissen, da der Verbraucherschutz eine neue Materie in Ägypten darstellt. Folgerichtig wird auch in der ägyptischen Literatur gefordert, dass ein umfassendes Gesetz zum Schutz der Verbraucher geschaffen wird, in dem die Verbandsklage eingeführt wird[87]. In das bestehende System des Schutzes gegen unlauteren Wettbewerb lässt sich der Verbraucherschutz hingegen kaum integrieren. Die Zivilklage wegen unlauteren Wettbewerbs kann nur der verletzte Konkurrent erheben.

## V. Das Recht der Wettbewerbsbeschränkungen (Kartellrecht)

Zum Wettbewerbsrecht im weiteren Sinne gehört das Kartellrecht. Auch nach ägyptischem Verständnis handelt es sich bei dem Recht des unlauteren Wettbewerbs und Recht der Wettbewerbsbeschränkungen um zwei getrennte Materien, denen gemeinsam ist, dass sie den Schutz des wirtschaftlichen Wettbewerbs zum Gegenstand haben. Das Kartellrecht sichert jedoch die Freiheit des Wettbewerbs als solche, während das Recht des unlauteren Wettbewerbs die gewerbliche Leistung des Einzelnen sowie die unternehmerische Betätigung vor unlauteren Wettbewerbsmethoden schützen soll. Ein eigenständiges Kartellgesetz existiert in Ägypten bisher nicht. Es liegt aber ein Entwurf vor, der gegenwärtig im Parlament diskutiert wird. Dieser

---

83 Vgl. *Ǧamāʿī*, ḥimāyat al-mustahlik fī miṣr (Der Schutz des Verbrauchers in Ägypten), Kairo 1996, S. 13; *Al-Rifāʿī*, al-ḥimāya al-madanīya li-l-mustahlik (Der zivilrechtliche Schutz des Verbrauchers), Kairo 1994, S. 1 f.

84 Erlaß Nr. 130-1994 zur Gründung eines ständigen Rates zum Schutz der Verbraucher, zit. nach *Ǧamāʿī*, a. a. O. (Fn. 83), S. 71.

85 *Ǧamāʿī*, a. a. O. (Fn. 83), S. 53 f.

86 *Von Hippel*, Verbraucherschutz, 1986, S. 102.

87 *Ǧamāʿī*, a. a. O. (Fn. 83), S. 106 f.

enthält die drei Hauptbestandteile eines jeden Kartellgesetzes - Monopolverbot, Missbrauch einer marktbeherrschenden Stellung und Fusionskontrolle - und entspricht insgesamt dem international üblichen Bild. Zudem bestehen in Ägypten bereits einige Regeln, die dem Kartellrecht zuzuordnen sind. So werden bestimmte Formen der Preisbeeinflussung von Art. 345 ägStGB unter Strafe gestellt. Ferner existiert ein Gesetz „zum Schutz der nationalen Wirtschaft vor den Auswirkungen schädlicher Handlungen im internationalen Handel"[88]. Es bezweckt die Abwehr von Dumping und Subventionen durch andere Staaten, die dazu führen, dass der Import eines bestimmten Produkts zunimmt und dies negative Folgen für die ägyptische Industrie nach sich zieht[89]. Aus Sicht eines Entwicklungslandes wie Ägypten ist es naheliegend, dass die Wirtschaftsmächte, die als Bedrohung empfunden werden, eher im Ausland angesiedelt sind[90]. Das Problem nationaler privater Wirtschaftsmacht wird dagegen erst in neuerer Zeit erkannt. Darüber hinaus wurde das Vergaberecht vom ägyptischen Gesetzgeber im Jahr 1998 neu gefasst[91]. Darin wird die Beschaffung von Gütern durch die ägyptische öffentliche Hand im Wege der öffentlichen Vergabe geregelt.

Die vorhandenen Regelungen reichen jedoch nicht aus, um Missbräuchen wirksam zu begegnen und die Erhaltung des Wettbewerbs zu gewährleisten. So birgt die unkontrollierte Privatisierung ehemaliger Staatsbetriebe die Gefahr, dass staatliche Monopole durch private Monopolstellungen ersetzt werden. Insofern ist die Verabschiedung eines umfassenden Kartellgesetzes dringend geboten.

## VI. Schlussbemerkung

Betrachtet man die Entwicklung des ägyptischen Lauterkeitsrechts im letzten Jahrhundert, so fällt auf, dass die gesetzgeberische Tätigkeit und das Interesse an dieser Materie in den letzten Jahren stark zugenommen hat. Damit wächst auch die Gefahr, dass nunmehr Lösungen anderer Staaten unbesehen übernommen werden, ohne dass die lokalen Besonderheiten genügend berücksichtigt werden. Andererseits scheint es wenig sinnvoll, den Schutz gegen unlauteren Wettbewerb weiterzuentwickeln, ohne die Kenntnisse einfließen zu

---

88 Gesetz Nr. 161-1998 und die Ausführungsbestimmungen Nr. 549-1998.

89 Vgl. Teil 3 und Teil 4 des Gesetzes Nr. 161-1998, sowie die Definition schädlicher Handlungen in Art. 1 des Gesetzes Nr. 161-1998.

90 *Fikentscher,* GRUR Int. 1983, 497 (498 f.)

91 Gesetz Nr. 89-1998 über öffentliche Ausschreibungen und die hierzu ergangenen Ausführungsbestimmungen, welche das alte Ausschreibungsgesetz Nr. 9-1983 abgelöst haben.

lassen, die anderswo erlangt wurden. Insoweit liegt es nahe, sich an den internationalen Texten zu orientieren, die auf dem Gebiet des Wettbewerbsrechts existieren. Dabei sollte man aber nicht vergessen, dass der Schutz gegen unlauteren Wettbewerb in Ägypten eine lange Tradition hat. Das bestehende, flexible Schutzsystem bietet jedenfalls alle Möglichkeiten, das Lauterkeitsrecht den Erfordernissen des modernen Wirtschaftsverkehrs anzupassen[92]. Eine solche Anpassung ist notwendig. Denn es ist zu erwarten, dass die zunehmende Entfaltung des Wettbewerbs auch vermehrt Verhaltensweisen mit sich bringen wird, die als unlauter qualifiziert werden und so den Bedarf für einen funktionierenden Schutz gegen unlauteren Wettbewerb in Ägypten wecken.

Insgesamt sind in Ägypten keine Tendenzen erkennbar, ein einheitliches Gesetz zur Bekämpfung des unlauteren Wettbewerbs einschließlich des Beschränkungsrechts zu verfassen, wie es beispielsweise in den Transformationsländern Osteuropas geschehen ist[93]. Die Gebiete des Verbraucherschutzes und des Kartellrechts, die in Ägypten bisher kaum eine Rolle spielten, sollen in naher Zukunft als eigene Rechtsmaterien gesondert normiert werden. In das traditionelle System des ägyptischen Lauterkeitsschutzes auf Grundlage des Deliktsrechts ließe sich der Schutz der Konsumenten ohnehin nicht integrieren. Insofern scheint es sinnvoller, den bestehenden Schutz gegen unlauteren Wettbewerb den neuen Erfordernissen anzupassen und auf dem schon vorhandenen Schutzkonzept aus Generalklausel und Sondergesetzen aufzubauen, das den ägyptischen Juristen seit mehr als einem Jahrhundert vertraut ist. Dabei kommt den Gerichten eine herausragende Bedeutung zu, die die Aufgabe haben, das Recht des unlauteren Wettbewerbs als eigene Materie aus dem allgemeinen Deliktsrecht heraus zu entwickeln[94]. Hier liegt der Schwachpunkt des ägyptischen Lauterkeitsrechts, denn Entscheidungen sind nur spärlich vorhanden und originär ägyptische Lösungen selten. Nach wie vor wird stark auf französische Dogmatik Bezug genommen. Einige der typischen Tatbestände des unlauteren Wettbewerbs finden sich lediglich im ägyptischen Schrifttum, und bei der Erörterung werden dann größtenteils französische - neuerdings auch US-amerikanische - Entscheidungen und Literatur angeführt. Nach wie vor scheint sich die ägyptische Rechtswissenschaft stärker mit allgemeinen dogmatischen Fragen zur Klage wegen unlauteren Wettbewerbs zu beschäftigen als mit der konkreten Bildung von Fallgruppen.

---

92 *Wahba*, a. a. O. (Fn. 23), S. 79.

93 Vgl. *Dietz*, GRUR Int. 1994, 649 (651 f.).

94 Vgl. *Ad-Dināṣūrī/Aš-Šawārbī*, a. a. O. (Fn. 20), S. 1292 u. *Wahba*, a. a. O. (Fn. 23), S. 79.

# URHEBERRECHT IN ÄGYPTEN[1]

Dr. Susan Hamadeh, München

## 1. Einleitung

Das Urheberrecht ist in der arabischen Welt[2] in den letzten zehn bis fünfzehn Jahren in Bewegung gekommen. Dabei können grundsätzlich zwei Gruppen von arabischen Staaten unterschieden werden. Der ersten Gruppe gehören solche Staaten an, die bis in die 90er Jahre des letzten Jahrhunderts über keine bzw. lediglich rudimentäre urheberrechtliche Regelungen verfügt haben[3]. Im Gegensatz dazu setzt sich die zweite Gruppe aus denjenigen Staaten zusammen, die

---

1 Der Aufsatz beruht im Wesentlichen auf der gleichnamigen Dissertation der Verfasserin (Universität München SS 2002), die voraussichtlich 2003 erscheinen wird.

2 Ist von der "arabischen Welt", bzw. den "arabischen Ländern" die Rede, sind damit in der Regel die Mitgliedstaaten der Arabischen Liga gemeint. Die Arabische Liga ist am 22. März 1945 von sieben damals völkerrechtlich unabhängigen arabischen Staaten (Ägypten, Irak, Jemen, Libanon, Saudi-Arabien, Syrien u. Transjordanien (heute Jordanien)) gegründet worden. Über die Gründungsmitglieder hinaus traten im Zuge der Dekolonialisierung noch Algerien, Bahrain, Dschibuti, Komoren, Kuwait, Libyen, Marokko, Mauretanien, Oman, Palästina/PLO, Qatar, Somalia, Sudan, Tunesien und die VAE bei, so dass der AL heute 22 Staaten angehören; *Nohlen (Hrsg.)*, Lexikon Dritte Welt, Reinbek bei Hamburg 1998, Stichwort Arabische Liga. Dschibuti, Mauretanien, Komoren und Somalia bleiben im Folgenden unberücksichtigt. Um eine einheitliche Entwicklung des Urheberrechtsschutzes zu gewährleisten, erstellte die Arabische Liga bereits im Jahre 1948 ein Modellurheberrechtsgesetz; das Modellgesetz ist abgedruckt bei *Al-Qāḍī*, Ḥaqq al-mu'allif (Urheberrecht), Bd. 2, Kairo 1959, S. 232 ff. Eine französische Übersetzung des Gesetzes findet sich bei *Al Ani*, Le Droit D'Auteur en Irak et en Egypte, Thèse Université Paris II 1975, S. 492 ff.

3 So erließ Bahrein sein erstes Urheberrechtsgesetz 1993 (Gesetzesdekret Nr. 10/1993, in Kraft getreten am 9.7.1993; GRUR Int. 1994, S. 448). Zu dieser Gruppe gehören außerdem: Jemen (Gesetzbuch über die Rechte des Geistigen Eigentums Nr. 19/1994 in Kraft getreten am 31.10.1994; deutsche Übersetzung GRUR Int. 1998, S. 41 ff.); Jordanien (Urheberrechtsgesetz Nr. 22/1992, in Kraft getreten am 16.4.1992); Kuwait (Gesetz Nr. 64/1999 über die Rechte des geistigen Eigentums); Libanon (Urheberrechtsgesetz Nr. 75/1999, in Kraft getreten am 14.6.1999; siehe dazu *Weidlich*, GRUR Int. 2000, S. 419 ff.); Oman, (Dekret des Sultans Nr. 47/1996, in Kraft getreten am 8.6.1996); Qatar (Gesetz Nr. 25/1995 zum Schutz der Geisteswerke und der Urheberrechte; in Kraft getreten am 20.10.1996); Saudi Arabien (Gesetz M/11 vom 17.12.1989, in Kraft getreten am 13.1.1990); Syrien (Gesetz Nr. 12/2001, in Kraft getreten am 4.9.2001); Vereinigte Arabische Emirate (Urheberrechtsgesetz Nr. 4/1992, in Kraft getreten am 28.3.1993). Der Oman und Qatar haben ihr Urheberrechtsgesetz mittlerweile bereits wieder durch ein neues Gesetz ersetzt; siehe dazu unten Fn 10.

ihre bereits seit längerem existierenden Urheberrechtsgesetze seit etwa Mitte der 90er Jahre des letzten Jahrhunderts einer gründlichen Reform unterzogen haben[4]. Ägypten gehört zur zweiten Gruppe. Sein erstes Urheberrechtsgesetz verkündete Ägypten am 24. Juni 1954[5]. Damit war Ägypten der erste unabhängige arabische Staat, der ein Urheberrechtsgesetz erließ, woraus sich seine urheberrechtliche Vorreiterrolle ableitet[6]. Größere Änderungen hat das Gesetz Nr. 354

---

4 Zu nennen sind hier: Marokko, das am 15.2.2000 mit dem Gesetz Nr. 2/00 ein neues Gesetz zum Schutz des Urheberrechts und der verwandten Schutzrechte erließ, welches das bis dahin geltende Gesetz Nr. 1-60-135 vom 29.7.1970 über den Schutz literarischer und künstlerischer Werke ablöste. Tunesien ersetzte sein nach der Unabhängigkeit erlassenes Gesetz Nr. 12/1966 vom 14.2.1966 zum Schutz des literarischen und künstlerischen Eigentums (siehe dazu *Mezghani,* GRUR Int. 1983, S. 792 ff.) durch das gleichnamige Gesetz Nr. 36/1994 vom 24.2.1994 (zu letzterem *Mezghani,* GRUR Int. 1995, S. 288 ff.). Keine Änderung erfahren haben bis heute das algerische Urheberrechtsgesetz Nr. 14/1973 vom 3.4.1973, das irakische Urheberrechtsgesetz Nr. 3/1971 vom 21.1.1971 (dazu ausführlich *Al Ani,* a.a.O. (Fn 2)) sowie das libysche Urheberrechtsgesetz Nr. 9 vom 16.3.1968.

5 Arab.: *Qānūn ḥimāyat ḥaqq al-mu'allif*; erlassen und in Kraft getreten am 24.6.1954; ägyptischer Staatsanzeiger *(Al-Waqā'i' al-Miṣrīya)* Nr. 49 a) (Sondernummer) v. 24.6.1954. Im folgenden UrhG (1954). Eine deutsche Übersetzung des Gesetzes findet sich in GRUR Int. 1995, S. 573 ff. sowie bei *Hamadeh,* (Fn 1), Anhang I. Siehe *dies.*, 1. Teil 1. Abschnitt, A. ausführlich zur geschichtlichen Entwicklung des ägyptischen Urheberrechts. Vor dem Urheberrechtsgesetz Nr. 354/1954 war das Urheberrecht in Ägypten nicht kodifiziert; siehe etwa *Ḫalīfa*, Tašrī'āt al-kutub wa-l-maktabāt wa-l-m'alūmāt fī miṣr (Gesetze über Bücher, Bibliotheken und das Informationswesen), Band 1, Verlag: Ad-dār al-miṣrīya al-lubnānīya, Kairo, 1997, S. 75; KassZiv v. 26.10.1961, Entscheidungssammlung Jg. 12, Nr. 93, S. 602 u. S. 606; KassZiv v. 7.7.1964, Entscheidungssammlung Jg.15, Nr. 140, S. 920 ff.; *Al-Matīt*, Al-ḥuqūq 'alā l-muṣannafāt al-'adabīya wa-l-fannīya wa-l-'ilmīya (Das Recht an literarischen, künstlerischen und wissenschaftlichen Werken), Alexandria 1967, S. 6 ff. Bis zum UrhG (1954) waren Urheber indes richterrechtlich geschützt worden. Die gemischten und nationalen Gerichte gewährten Urheberrechtsschutz auf der Grundlage des Naturrechts und der Billigkeit, wobei sie insbes. auf das französische Recht und die entsprechenden internationalen Übereinkommen zurückgriffen. Zur Entstehung der gemischten und nationalen Gerichte sowie der Rezeption vornehmlich französischen Rechts siehe für alle *Elwan*, in: Steinbach/Robert, Der Nahe und Mittlere Osten, Bd. 1 Opladen 1988, S. 221 ff. (228); *Krüger*, Recht van de Islam 14 (1997), S. 67 ff. (75); *Bälz*, ZEuP 2000, S. 51 ff.; *Brown*, LSR 29 (1995) , S. 103 ff.; *Grapentin*, Markenrecht in Ägypten, München 1999, S. 26 ff. sowie *Wilner*, Ga.J.Int'l&Comp.L. 5 (1975), S. 407 ff. (412 ff.).

6 *Lutfī*, Al-marǧ'i al-'amalī fī l-milkīya al 'adabīya wa-l-fannīya fī ḍau' ārā' al-fiqh wa aḥkām al-qaḍā' (Handbuch zum Urheberrecht im Lichte der Rechtswissenschaft und der Rechtsprechung), Band 4, Kairo 1999, S. 9. Als erstes Urheberrechtsgesetz eines arabischen Staates gilt das marokkanische Gesetz vom 23.6.1916 über den Schutz von Werken der Literatur und Kunst; *Stark*, Einführung Ägypten, in: *Möhring/Schulze/Ulmer/ Zwei-*

des Jahres 1954 zum Schutz des Urheberrechts während seiner Geltungszeit lediglich im Jahre 1992 erfahren[7]. Ägypten ist Mitglied mehrerer internationaler Konventionen auf dem Gebiet des Urheberrechts und der verwandten Schutzrechte. U.a. ist Ägypten seit dem 7. Juni 1977 Mitglied der Berner Übereinkunft zum Schutz von Werken der Literatur und Kunst vom 9. September 1886 in der Pariser Fassung vom 24. Juli 1971 (RBÜ). Als einziger arabischer Staat wurde Ägypten zudem 1977 Mitglied des Übereinkommens zum Schutz der Hersteller von Tonträgern gegen die unerlaubte Vervielfältigung ihrer Tonträger vom 10. Dezember 1973, dem sog. Genfer Tonträgerübereinkommen. 1995 wurde Ägypten schließlich Mitglied des Übereinkommens zur Errichtung der Welthandelsorganisation (WTO). Integraler Bestandteil dieses Übereinkommens ist das

---

*gert*, Quellen des Urheberrechts, Stand: 42. Lieferung, August 1998, Äg./I, S. 5; *Kann'aān,* Ḥaqq al-mu'allif (Urheberrecht), Amman 1992, S. 39. Das tunesische Gesetz über das literarische und künstlerische Eigentum vom 15.6.1889 bleibt bei dieser Einteilung unberücksichtigt, weil Tunesien seit 1883 unter französischem Protektorat stand, de facto jedoch eine französische Kolonie war, bei der die gesamte Regierungsgewalt in französischer Hand lag. *Mezghani*, Copyright 1986, S. 184 ff. (S. 188); *N'Diaye*, Revue International du Droit d'Auteur (RIDA) Bd. 86 (1975), S. 59 ff (S. 62 ff.). Das marokkanische Urheberrechtsgesetz von 1916 wurde zwar auch in dem seit 1912 unter französischem Protektorat stehenden Teil Marokkos erlassen. (Dies betonen *Vaunois*, RIDA 12 (1956), S. 19 ff.; *Segretin*, RIDA 67 (1971), S. 83.) Zumindest bis in die Mitte der zwanziger Jahre versuchte die französische Verwaltung jedoch, die weitest mögliche Selbständigkeit der nationalen Institutionen zu bewahren, und die Zustimmungspflicht des Sultans zu allen Gesetzen bestand zu der Zeit noch nicht nur pro forma; *Redden,* Modern legal systems, Vol. 6 Africa, Buffalo, NY, 1990, 6.360.13. Der nächste arabische Staat nach Marokko, der ein Urheberrechtsgesetz erließ war der zu der Zeit ebenfalls unter französischem Mandat stehende Libanon mit der Verordnung Nr. 2385 v. 17.1.1924 über die gesetzliche Regelung des gewerblichen, literarischen, künstlerischen und musikalischen Eigentums.

[7] Durch das Gesetz Nr. 38/1992 betreffend die Änderung einiger Vorschriften des Urheberrechtsgesetzes Nr. 354/1954 und des Zensurgesetzes der Filmwerke, Lieder, Theaterstücke, Monologe, Schallplatten und Tonträger Nr. 430 des Jahres 1955 veröffentlicht in Ägyptisches Gesetzblatt vom 4.6.1992, Nr. 23; abgedruckt bei *Ḫalīfa*, a.a.O. (Fn 5), S. 215 ff. Hauptziel dieser Gesetzesnovelle war es, das Urheberrechtsgesetz auf den neuesten Stand der technischen Entwicklung zu bringen, insbes. durch Einführung des Begriffs der audiovisuellen Werke sowie der Aufnahme von Computerprogrammen und Datenbanken in den Kreis der geschützten Werke. Darüber hinaus wurden die bei Urheberrechtsverletzungen vorgesehenen Strafen erhöht. Die zuvor erfolgten Änderungen durch Gesetz Nr. 14/1968 sowie das Gesetz Nr. 34/1975 betrafen dagegen lediglich die urheberrechtlich irrelevante Hinterlegungspflicht. Beide Gesetze finden sich bei *Ḫalīfa*, a.a.O. (Fn 5), S. 201 f. u. S. 206 f. Die Änderung durch Gesetz Nr. 29/1994, abgedruckt bei *Ḫalīfa*, a.a.O. (Fn 5), S. 235 f. bestand lediglich in einer, allerdings wichtigen Korrektur des 1992 eingeführten Schutzes von Computerprogrammen.

Übereinkommen über handelsbezogene Aspekte der Rechte des geistigen Eigentums, das sog. TRIPS-Übereinkommen, das damit für alle Mitglieder der Welthandelsorganisation verbindlich ist[8]. Gem. Art. 65 Abs. 2 TRIPS-Übereinkommen mussten Entwicklungsländer das Übereinkommen bis zum 1. Januar 2000 umsetzen[9]. Diese Umsetzungspflicht dürfte einer der Hauptgründe für die regen Gesetzgebungsaktivitäten vieler arabischer Staaten in den letzten Jahren sein. In Ägypten führte die TRIPS-Umsetzungspflicht zu einer Intensivierung bereits früher begonnener Gesetzgebungsinitiativen auf allen Gebieten der Rechte des geistigen Eigentums[10]. Im Laufe des Gesetzgebungsverfahrens wurden die Gesetzentwürfe des gewerblichen Rechtsschutzes und der Urheberrechtsgesetzentwurf nach dem Vorbild des französischen Code de la propriété intellectuel[11] zu einem Gesetz zum Schutz der Rechte des geistigen Eigentums zusammengefasst[12]. Nach langen Verzögerungen wurde dieses Gesetzbuch am

---

8 Art. II Abs. 2 i.V.m. Anlage 1C WTO-Übereinkommen. Zu den 142 WTO-Mitgliedern gehören neben Ägypten noch folgende weitere Staaten der Arabischen Liga: Bahrein (1.1.1995); Dschibuti (31.5.1995); Jordanien (11.4.2000); Kuwait (1.1.1995); Mauretanien (31.5.1995); Marokko (1.1.1995); Oman (9.11.2000); Qatar (13.1.1996); Tunesien (29.3.1995) u. Vereinigte Arabische Emirate (10.4.1996). Beobachterstatus haben folgende arabische Staaten: Algerien, Libanon; Saudi Arabien, Sudan und Jemen; World Wide Web (www.wto.int) Stand 1.1.2002. Beobachterstaaten müssen innerhalb von fünf Jahren nach Gewährung dieses Status mit Beitrittsverhandlungen beginnen. Der Libanon hat 1999 die Mitgliedschaft beantragt. Siehe *Ali/Haddad*, Middle East Executive Reports (MEER), Sept. 1999, S. 11 ff. auch zu Bedeutung und Stand der WTO-Mitgliedschaft der anderen arabischen Staaten;. speziell für Jordanien MEER, August 1999, S. 8 ff. für Oman u. Saudi Arabien MEER, May 2000, S. 4.

9 Zur zehnjährigen Umsetzungsfrist der am wenigsten entwickelten Länder siehe Art. 66 TRIPS. Anders als der Status als Entwicklungsland, der nach der WTO auf einer Selbsteinschätzung des betreffenden Landes beruht, ergibt sich die Einordnung als am wenigsten entwickeltes Land aus einer Liste der Vereinten Nationen, die 48 Staaten umfasst. Die Angaben stützen sich auf World Wide Web (www.wto.int).

10 Die TRIPS-Umsetzungspflicht war auch der Grund, dass der Oman und Qatar ihre erst Mitte der 90er Jahre erlassenen Urheberrechtsgesetze bereits wieder durch neue Gesetze ablösten (Oman: Gesetz Nr. 37/2000 zum Schutz des Urheberrechts und der verwandten Schutzrechte, in Kraft getreten am 21.5.2000; Qatar erließ am 8.6.2002 ein neues Gesetz zum Schutz des Urheberrechts und der verwandten Schutzrechte, welches an die Stelle des Gesetzes aus dem Jahre 1995 tritt; siehe insoweit *Abu-Ghazaleh Intellectual Property (AGIP)*, Bulletin Juli 2002).

11 CPI, das französische Gesetz des geistigen Eigentums Nr. 92-597 vom 1.7.1992; zu finden unter www.legifrance.fr.

12 Ein erster Entwurf für ein neues Urheberrechtsgesetz stammt aus dem Jahre 1999; siehe dafür *Lutfi*, a.a.O. (Fn 6), S. 574 ff. Dieser Entwurf wurde durch die Regierung mit den Entwürfen für neue Gesetze des gewerblichen Rechtsschutzes zusammengefasst und nach eingehender Überarbeitung dem Schura-Rat und dem ägyptischen Parlament, der Volks-

2. Juni 2002 erlassen und ist mit Ausnahme der Vorschriften bezüglich bestimmter Patente[13], einen Tag nach Veröffentlichung - also am 3. Juni 2002 - in Kraft getreten[14]. Das Urheberrecht wird im dritten Buch des Gesetzes zum

---

versammlung, zugeleitet. Jeder in die Volksversammlung eingebrachte Gesetzentwurf wird einem Ausschuss der Volksversammlung zugewiesen, der ihn prüft und dazu einen Bericht vorlegt (Art. 110 Satz 1 der ägyptischen Verfassung vom 11. September 1971 in der Fassung vom 22. Mai 1980; *Baumann/Ebert* (*Hrsg.*), Die Verfassungen der Mitgliedsländer der Liga der Arabischen Staaten, Berlin 1995, S. 71). Der durch den Gesetzgebungsausschuss geänderte Entwurf wird sodann zusammen mit den unverbindlichen Empfehlungen des Schura-Rats (Art. 194 ff. äg. Verf.; *Baumann/Ebert*, S. 72) dem Plenum der Volksversammlung zugeleitet, wo er Artikel für Artikel zur Abstimmung gebracht wird (Art. 107 As. 2 Satz 2 äg. Verfassung; *Baumann/Ebert*, S. 71 f.).

13 Diese Vorschriften treten erst am 1.1.2005 in Kraft. Vgl. insofern Art. 65 Abs. 4 TRIPS-Übereinkommen, der bei bestimmten Patenten eine Übergangsfrist bis 2005 ermöglicht.

14 Ägyptisches Gesetzblatt (*al-ğarīda ar-rasmīya*) Nr. 22 (a) vom 2.6.2002. Dass es trotz dieser erheblichen Verzögerung der Umsetzung zu keinem WTO-Streitbeilegungsverfahren gegen Ägypten gekommen ist, mag in erster Linie darauf beruhen, dass völkerrechtliche Verträge, die gem. Art. 151 äg. Verfassung (siehe dazu *Baumann/Ebert*, a.a.O (Fn 12), S. 79) ordnungsgemäß in nationales Recht überführt wurden, Gesetzeskraft erlangen. Das hat zur Folge, dass ägyptische Gerichte die so umgesetzten völkerrechtlichen Verträge wie jedes andere innerstaatliche Gesetz anzuwenden haben. Siehe zur unmittelbaren Anwendbarkeit etwa KassZiv v. 18.5.1982, Entscheidungssammlung Jg. 33, Nr. 97, S. 542 ff.; KassZiv. v. 25.3.1982, Entscheidungssammlung Jg. 33, Nr. 61, S. 230 ff., insbes. der dritte Leitsatz; Entsch. des Eingangsgericht Kairo Süd vom 2. 5.1984 im Hinblick auf die RBÜ zitiert nach *Luṭfī,* a.a.O. (Fn 6), S. 18, Fn 50; KassZiv. v. 29.6.1988, Entscheidungssammlung Jg. 39, Nr. 184, S. 1109 ff., insbes. der erste Leitsatz sowie S. 1112 f.; KassZiv. v. 16.7.1990, Entscheidungssammlung Jg. 41, Nr. 245, S. 434 ff. (der dritte Leitsatz der Entscheidung lautet: "Ägypten ist Mitglied des New Yorker Übereinkommens vom 10 Juni 1958 über die Anerkennung und Vollstreckung ausländischer Schiedssprüche. Das Übereinkommen ist deshalb das anzuwendende Gesetz, selbst wenn es im Widerspruch zum Zivilverfahrensgesetz steht."); KassZiv. v. 14.11.1989, Entscheidungssammlung Jg. 40, Nr. 331, S. 87 ff., insbes. S. 91; *Luṭfī*, Āṯār itīfāqīya alğawānib al-mutaṣṣila bi-t-tiğāra min ḥuqūq al-milkīya al-fikrīya "TRIPS" ‘alā tašrī‘āt albuldān al-‘arabīya (Die Auswirkungen des Übereinkommens über handelsbezogene Aspekte der Rechte des geistigen Eigentums (TRIPS) auf die arabischen Länder), Kairo 2001/2002, S. 22, insbes. Fn 48 hinsichtlich der unmittelbaren Anwendbarkeit des TRIPS-Übereinkommens in Ägypten. Vgl. auch *International Intellectual Property Alliance* (*IIPA*), 2000 Special 301: Egypt, S. 244 (unter www.iipa.com). Ob die Gerichte dabei nur jeweils die Normen anwenden, die nach Inhalt, Zweck und Fassung keiner weiteren Rechtssetzungsakte zu ihrer Ausführung bedürfen oder ob selbst solche Normen angewandt werden, die lediglich die Mitgliedsstaaten zum Erlass bestimmter gesetzlicher Vorschriften verpflichten, wird nicht behandelt; vgl. *Drexl*, Entwicklungsmöglichkeiten des Urheberrechts im Rahmen des GATT, München 1990, S. 28 ff. m.w.N.; *Schricker/Katzenberger*; Urheberrecht, 2. Aufl., München 1999, Vor §§ 120 ff.,

Schutz der Rechte des geistigen Eigentums (IP-Gesetz) in den Artikeln 138 bis 188 geregelt[15]. Das IP-Gesetz stellt im Vergleich zum bis vor kurzem geltenden Urheberrechtsgesetz aus dem Jahre 1954 keine völlige Neuregelung dar. Es integriert das bisherige Gesetz vielmehr weitgehend, wobei es sich um einen konsequenteren Aufbau bemüht und in vielen Fällen Klarstellungen enthält. Darüber hinaus bringt das IP-Gesetz einschneidende Neuerungen. So werden erstmals die verwandten Schutzrechte geregelt. Wie das UrhG (1954) ist auch das IP-Gesetz vom französischen Urheberrecht beeinflusst, freilich nicht mehr in gleichem Maße[16]. Das IP-Gesetz ist in noch stärkerem Maße von internationalen Konventionen beeinflusst als dies in Bezug auf das bisherige Urheberrechtsgesetz der Fall war[17]. Neben dem TRIPS-Übereinkommen, werden im Hinblick auf eine in naher Zukunft beabsichtigte Unterzeichnung zum Teil bereits die WIPO-Verträge vom 20. Dezember 1996 berücksichtigt[18]. Der urheberrechtliche Teil

---

Rn 64. Da ägyptische Gerichte i.d.R. pragmatisch entscheiden, ist dies jedoch anzunehmen.

15 Das erste Buch (Art. 1 bis 62) ist der Regelung der Patente, Gebrauchsmuster und Layout-Designs integrierter Schaltkreise sowie dem Schutz nicht offenbarter Informationen gewidmet, das zweite Buch (Art. 63 bis 137) regelt die Marken, geographischen Herkunftsangaben und gewerblichen Muster und Modelle. Das dem urheberrechtlichen Teil nachfolgende vierte Buch (Art. 189 bis 206) betrifft Pflanzensorten. Für eine Übersetzung des dritten Buches des IP-Gesetzs, also der urheberrechtlichen Vorschriften, siehe *Hamadeh* (Fn 1), Anhang II.

16 Das UrhG (1954) beruhte in hohem Maße auf französischem Recht, das zum Teil auch über das Modellgesetz der Arabischen Liga von 1948 Eingang gefunden hat. Daneben spielten die bei Entstehung des Gesetzes bestehenden internationalen Konventionen, insbesondere die Berner Übereinkunft eine bedeutende Rolle. Gesetzesmotive, bei *Ḫalīfa*, a.a.O. (Fn 5), S. 177; *Luṭfī*, a.a.O. (Fn 6), S. 12; *Vilbois*, RIDA 19 (1958), S. 51 f.; *Lançon/Vilbois*, RIDA 5 (1954), S. 99 ff.; *Al Ani*, a.a.O. (Fn 2), 20; *As-Sanhūrī*, Al-wasīṭ fī šarḥ al-qānūn al-madanī (Kommentar zum Zivilgesetzbuch), Band 8: Ḥaqq al-milkīya (Das Eigentumsrecht), 2. Aufl., Kairo 1991, Rn 167, S. 362; *Ḫalīfa*, a.a.O. (Fn 5), S. 77.

17 So beginnt das IP-Gesetz mit einer einleitenden Vorschrift, die nur Definitionen enthält. Dies ist in vielen internationalen Übereinkommen üblich, vgl. etwa Art. 1 Genfer Tonträgerübereinkommen; Art. 3 Rom Abkommen oder Art. 2 WPPT (siehe Fn 18). Solche Begriffsbestimmungskataloge sind aber ganz besonders eine anglo-amerikanische Tradition, vgl. nur § 101 US Copyright Act 1976. Vorausgehende Definitionsbestimmungen befinden sich auch in weiteren neueren arabischen Urheberrechtsgesetzen, wenn auch nicht in gleichem Umfang wie im IP-Gesetz. Vgl. etwa zu der gleichen Systematik des neuen libanesischen Urheberrechtsgesetzes von 1999 *Weidlich*, GRUR Int. 2000, S. 420.

18 WIPO-Urheberrechtsvertrag (WCT) unterzeichnet in Genf am 20.12.1996, in Kraft getreten am 6.3.2002 sowie der am gleichen Tag unterzeichnete WIPO-Vertrag über Darbietungen und Tonträger (WPPT), der am 20.5.2002 in Kraft getreten ist. Beiden Verträgen ist bisher noch kein arabischer Staat beigetreten.

des Gesetzes trägt z.T. aber auch die Handschrift des amerikanischen Copyright-Acts von 1976[19]. Das wiederum zeigt den zunehmenden amerikanischen Einfluss auf die urheberrechtliche Gesetzgebung wie auch auf die Gesetzgebung bezüglich der gewerblichen Schutzrechte von Entwicklungsländern, besonders wenn amerikanische Wirtschaftsinteressen berührt werden. Die Vereinigten Staaten üben auf verschiedenste Weise Druck aus, um ihre Vorstellungen eines stärker an Verwerterinteressen orientierten Urheberrechts und damit vor allen Dingen einen besseren Schutz der US-amerikanischen Verwerter, wie Filmproduzenten, Softwarehersteller und Tonträgerhersteller durchzusetzen. Das geschieht zum einen mittelbar über die Einrichtungen der Welthandelsorganisation, vorwiegend durch Einleitung eines Streitbeilegungsverfahrens, und die Weltorganisation des geistigen Eigentums oder unmittelbar durch unilaterale Handelssanktionen, z.B. in Form von Importbeschränkungen oder Zollerhöhungen, gegen Staaten, die ausländische, d.h. vor allen Dingen US-amerikanische Inhaber von Immaterialgüterrechten nur unzureichend schützen. Solche Sanktionen werden auf der Grundlage von Special 301, einer Vorschrift des amerikanischen Handelsgesetzbuchs, gegen Staaten verhängt, die vom US-Handelsbeauftragten infolge von Beschwerden privater Unternehmen auf eine Priority Watch List oder Watch List gesetzt werden[20]. Ägypten befindet sich seit längerem auf einer dieser Listen (seit 1997 auf der Priority Watch List) und sah sich deshalb in vielen Punkten gezwungen, US-amerikanischen Wünschen nachzukommen[21]. Andererseits versucht Ägypten, seine Eigenständigkeit zu

---

[19] Beispielsweise geht Art. 139 Abs. 1 IP-Gesetz auf Art. 9 Abs. 2 TRIPS und dieser wiederum auf § 102 (b) US Copyright Act 1976 zurück. Vgl. *Gervais,* The TRIPS Agreement, London 1998, Rn 2.56.

[20] Siehe zum wirtschaftsrechtlichen Schutz von Immaterialgüterrechten durch das US-amerikanische Außenhandelsrecht ausführlich *Haedicke*, Urheberrecht und die Handelspolitik der Vereinigten Staaten von Amerika, München 1997, S. 76 ff. sowie *Drexl*, GRUR Int. 1999, S. 3 ff., auch mit dem Hinweis, dass die USA ihre einseitigen Handelsmaßnahmen neben dem Streitbeilegungsverfahren der WTO einsetzen. Zu letzterem und insbesondere zur Instrumentalisierung des WTO-Streitbeilegungverfahrens als Druckmittel gegen Entwicklungsländer *Dörmer,* GRUR Int. 1998, S. 932 ff.

[21] Ein Beispiel der jüngsten Vergangenheit ist die Entwicklung des Schutzes von Computersoftware; etwa *Loutfi*, W.I.P.R. Vol. 7 (1993), S. 44 f.; *Stark*, UhrQuellen (Fn 5), Äg./I, S. 8. Zu einer Übersicht über die Plazierung von Ägypten sowie allen übrigen Staaten seit 1990 siehe den Chart of Countries' Special 301 Placement (1990-2000) im Rahmen des 2001 Special 301 der International Intellectual Property Alliance (*IIPA*), "a private sector coalition formed in 1984 to represent the U.S. copyright-based industries to improve international protection of copyrighted materials". Siehe auch die historische Zusammenfassung bezüglich Ägypten im selben Bericht, die sehr prägnant die Vorgehensweise der USA illustriert. Der Bericht befindet sich auf der Homepage der IIPA unter

wahren. Ein Mittel dafür ist die Betonung eines französischrechtlich geprägten droit d'auteur Systems, wie verschiedentlich zu sehen sein wird[22].

Nach einem kurzem Überblick über die Systematik des neuen Gesetzes soll im Folgenden das Gesetz mit Blick auf die bisherige Regelung schwerpunktmäßig vorgestellt werden.

## 2. Systematik

Der urheberrechtliche Teil des IP-Gesetzes ist wesentlich umfangreicher als das Urheberrechtsgesetz von 1954, auch wenn sich die Anzahl der Vorschriften, trotz der Einführung der Verwandten Schutzrechte, sogar verringert hat[23]. Die einzelnen Bestimmungen des IP-Gesetzes sind jedoch zum Teil umfassender und ausführlicher. So zieht sich beispielsweise bereits die erste Vorschrift[24] über mehrere Seiten. Überdies versucht das IP-Gesetz, wie bereits angesprochen, Themenbereiche zusammenhängender zu regeln als dies bisher der Fall ist. So wird beispielsweise den Urheberpersönlichkeits- und den Verwertungsrechten ein jeweils eigener Komplex an Vorschriften gewidmet[25]. In der ersten Entwurfsfassung war der urheberrechtliche Bereich des IP-Gesetzes noch in Kapitel und Abschnitte unterteilt. Diese Überschriften sind jedoch bereits in der endgültigen Fassung des Entwurfs, wie er in das Parlament eingebracht wurde, weggefallen. Einen besonderen Grund für diese Streichung gibt es nicht. Das erschwert

---

www.iipa.com. Dort finden sich auch ausführliche Länderberichte bezüglich anderer arabischen Staaten. Der offizielle Special 301 Report für die Jahre 2000 und 2001 des US-Handelsbeauftragten findet sich unter www.ustr.gov/sectors/intellectual.shtml.

22 Dadurch wird gleichzeitig das bereits vor Erlass des Urheberrechtsgesetzes von 1954 bestehende und damit traditionelle Verständnis und die entsprechende Ausgestaltung des Urheberrechts bewahrt; vgl. Fn 16. Zur Freiheit der WTO-Mitglieder, ein schöpferbezogenes Urheberrechtssystem zu wählen bzw. aufrechtzuerhalten, eindringlich *Drexl*, GRUR Int. 1999, S. 6 ff., insbes. S. 8: "Wenn die USA dennoch versuchen, international ihre urheberrechtlichen Prinzipien durchzusetzen, werden in einer US-zentristischen Denkweise andere gewachsene Traditionen missachtet."

23 Während das Urheberrechtsgesetz 51 Artikel umfasst, beschränkt sich der urheberrechtliche Teil des IP-Gesetz auf 48 Artikel.

24 Art. 138 IP-Gesetz, der 19 Definitionen enthält.

25 Ein Beispiel für einen in einer Norm zusammengefassten Themenkomplex bilden die die Urheberschaft von audiovisuellen Werken betreffenden Art. 31 bis 34 UrhG (1954), die im IP-Gesetz in einer Norm (Art. 177) geregelt werden (mit Ausnahme der Definition des Produzenten eines audiovisuellen Werkes (bisher Art. 34 Abs. 1 UrhG (1954), im IP-Gesetz Art. 138 Nr. 11).

zwar den ersten Zugang zu dem Gesetz. An der Gesetzessystematik hat sich jedoch durch die Streichung wenig geändert. Der Aufbau des Gesetzes ist klassisch und ähnelt in vielen Punkten dem des Urheberrechtsgesetzes von 1954. Neu ist ein Katalog mit Definitionen in einer einleitenden Vorschrift[26]. Neu ist auch, dass der Schutz ausländischer Urheber zu Beginn des Gesetzes in einer ausführlichen Norm geregelt wird[27]. Anschließend geht es jedoch gewohnt weiter: Zunächst widmen sich mehrere Vorschriften dem Schutzobjekt, also dem urheberschutzfähigen Werk[28], gefolgt von Bestimmungen zum Schutzrechtsinhalt, den "Rechten des Urhebers"[29]. Im Rahmen der Rechte des Urhebers werden zuerst die Urheberpersönlichkeitsrechte[30] und im Anschluss daran die Verwertungsrechte geregelt[31]. Darauf folgt ein neuer Regelungskomplex mit den Rechten der Inhaber verwandter Schutzrechte[32]. Sodann wird die Schutzdauer sowohl der Verwertungs- als auch der verwandten Schutzrechte festgelegt[33], gefolgt von Vorschriften zu den inhaltlichen Schranken beider Rechtsgruppen[34]. Wie im Urheberrechtsgesetz von 1954 waren die anschließenden Normen ursprünglich mit "Besondere Vorschriften für einige Werke" überschrieben[35]. Inhaltlich handelt es sich um Regelungen zur Inhaberschaft des Urheberrechts, wenn mehrere Personen an der Schaffung eines Werkes beteiligt sind[36]. Anders als im Urheber-

---

26 Art. 138 IP-Gesetz.

27 Art. 139 IP-Gesetz. Die Norm, die hauptsächlich aufgrund von internationaler Kritik (*IIPA*, 2001 Special 301: Egypt, S. 98 (unter www.iipa.com)) durch den parlamentarischen Gesetzgebungsausschuss eingefügt wurde, ist den entsprechenden Vorgaben aus den internationalen Übereinkommen nachgebildet, namentlich Art. 1 Abs. 3 TRIPS; Art. 3 f. RBÜ; Art. 3 WCT; Art. 3 Abs. 2 WPPT sowie Art. 4 bis 6 Rom Abkommen.

28 Art. 140 bis 142 IP-Gesetz.

29 So die Überschrift des Abschnitts in der Entwurfsfassung des Gesetzes von 1999; *Luṭfī*, a.a.O. (Fn 6), S. 580.

30 Art. 143 bis 146 IP-Gesetz.

31 Art. 147 bis 154 IP-Gesetz.

32 Art. 155 bis 159 IP-Gesetz.

33 Art. 160 bis 165 IP-Gesetz (Schutzdauer der Verwertungsrechte des Urhebers); Art. 166 bis 168 IP-Gesetz (Schutzdauer der Verwertungsrechte der Inhaber verwandter Schutzrechte) .

34 Art. 169 bis 172 IP-Gesetz (Schranken der Verwertungsrechte der Urheber); Art. 173 IP-Gesetz (Schranken der Verwertungsrechte von Inhabern verwandter Schutzrechte).

35 Art. 174 bis 177 IP-Gesetz.

36 Eine Sonderstellung nimmt Art. 178 IP-Gesetz ein, der im Wesentlichen Art. 36 UrhG (1954) entspricht. Die Vorschrift enthält zum einen eine Beschränkung des ausschließlichen Vervielfältigungsrechts des Urhebers eines Bildnisses zugunsten des Abgebildeten (Art. 178 Abs. 1 IP-Gesetz). Daneben wird in Art. 178 Abs. 1 IP-Gesetz das Recht am eigenen Bild geregelt, obwohl die Einbeziehung des Rechts am eigenen Bild in das Urheberrechtsgesetz systematisch zweifelhaft ist. Das Recht ist seinem Wesen nach nicht Ur-

rechtsgesetz von 1954 finden sich im IP-Gesetz im Anschluss an diesen Abschnitt sogleich Vorschriften zu den Folgen der Rechtsverletzung[37]. Neu ist die nachfolgende Vorschrift, die für den Fall, dass vertraglich eine Schiedsgerichtsbarkeitsvereinbarung getroffen wird, auf das geltende ägyptische Schiedsgerichtsgesetz verweist. Den Parteien ist es jedoch möglich, etwas anderes zu vereinbaren[38]. Das Gesetz endet mit "verschiedenen Vorschriften", wozu u.a., wie auch bisher die Hinterlegung gehört[39]. Daneben findet sich eine Überwachungsvorschrift, die Geschäfte, die Werke, Tonträger, festgelegte Darbietungen oder Sendungen auf irgendeine Weise in Verkehr bringen, unter Strafandrohung dazu verpflichtet, dafür eine Erlaubnis des zuständigen Ministeriums einzuholen. Überdies führt dieselbe Vorschrift eine strafbewehrte Dokumentationspflicht solcher Geschäfte ein[40].

## 3. Grundlagen

### A. Geschützte Werke

#### I.) Werkbegriff

Fast wortgleich mit Art. 2 Abs. 1 RBÜ wird das Werk in Art. 138 Nr. 1 IP-Gesetz definiert als "jedes literarische, wissenschaftliche oder künstlerische

---

heberrecht, sondern Persönlichkeitsrecht des Abgebildeten. Siehe auch die Regelungen des allgemeinen Persönlichkeitsrechts in Art. 50 ägyptisches Zivilgesetzbuch Nr. 131/1948 (ZGB) sowie Art. 309 (a) ägyptisches Strafgesetzbuch Nr. 58/1937 (StGB). Dazu ausführlich *Ǧabr*, Al-Ḥaqq fī ṣ-ṣūra (Das Recht am eigenen Bild), Kairo 1986, S. 13 ff. Vgl. auch *Ulmer*, Urheber- und Verlagsrecht, 3. Aufl., Berlin u.a. 1980, S. 31 zu der vergleichbaren Regelung in den §§ 22 ff. dt. KUG.

37 Ursprünglich war dieser Normenkomplex (Art. 179 bis 181 IP-Gesetz) überschrieben: "Einstweilige Maßnahmen und Sanktionen". Die Vorschriften bezüglich der Übertragung der Urheberrechte, die im Urheberrechtsgesetz von 1954 vor dem Abschnitt mit den Folgen der Rechtsverletzung niedergelegt sind, werden im IP-Gesetz zusammen mit den Verwertungsrechten des Urhebers in den Art. 149 ff. IP-Gesetz geregelt.

38 Die Möglichkeit, vertraglich auch ein anderes als das ägyptische Schiedsgerichtsgesetz für anwendbar zu erklären, wurde erst im Rahmen der Abstimmung im Plenum der Volksversammlung in das Gesetz aufgenommen.

39 Art. 184 u. 186 IP-Gesetz.

40 Art. 187 IP-Gesetz, der an die Stelle von Art. 7 (a) UrhG (1954) getreten ist. Art. 187 Abs. 1 Nr. 2 IP-Gesetz verlangt die Führung eines Geschäftsbuchs, in das systematisch Angaben zu jedem Werk, jedem Tonträger oder jeder Sendung zu verzeichnen sind, insbesondere das Jahr, in dem diese in Verkehr gebracht wurden.

schöpferische Erzeugnis, unabhängig von seiner Art, seiner Ausdrucksform, seiner Bedeutung oder seinem Zweck". Wie bisher wird in Ägypten, anders als in der RBÜ und in Frankreich die Schutzvoraussetzung der Originalität ausdrücklich im Gesetz genannt. Darüber hinaus enthält Art. 138 Nr. 1 IP-Gesetz eine Definition von Originalität, die allerdings tautologisch ist: Originalität ist danach der "schöpferische Charakter, der dem Werk Ursprünglichkeit verleiht". Zur Erklärung der Originalität werden dabei im Arabischen drei Ausdrücke verwendet, die im urheberrechtlichen Zusammenhang als Synonyme für Originalität benutzt werden[41]. Der Gesetzgeber wollte mit dieser Definition klarstellen, dass der im Arabischen für Originalität verwendete Ausdruck *al-ibtikār* nicht im Sinne von objektiver Neuheit, seiner ersten Wortbedeutung, zu verstehen ist[42]. Gegenwärtig bedarf es eines Blickes in die Literatur, damit deutlich wird, dass mit *al-ibtikār* Originalität bzw. Kreativität gemeint ist[43]. Durch die Definition soll dies aus dem Gesetzestext selbst hervorgehen. Für einen Araber mag diese Art der Definition sinnvoll sein. Ihre Grenzen werden jedoch spätestens bei einer Übersetzung deutlich. So wird beispielsweise in einer englischen Übersetzung *al-ibtikār* mit "innovativeness" übersetzt und *mubtakar* mit "innovative", so dass der Eindruck erweckt wird, Ägypten wolle ein im Urheberrecht unübliches Neuheitskriterium einführen[44]. Abgesehen von den sprachlichen Problemen ent-

---

41 Ursprünglich lautete die Definition: "*aṭ-ṭābi' al-'inšā'ī allaḏī yusbiġu 'alā l-muṣannaf al-'aṣāla*". Siehe zum Gebrauch von *'inšā'ī* im Sinne von schöpferisch im Urheberrechtsgesetz von 1954 Art. 20 Abs. 1 Satz 2 UrhG (1954) sowie *Al Ani*, a.a.O. (Fn 2), S. 25. Der parlamentarische Gesetzgebungsausschuss ersetzte den Ausdruck *'inšā'ī* durch *'abdā'ī*.

42 *As-Sanhūrī*, a.a.O. (Fn 16), Rn 170, S. 366 f. *Luṭfī, Ḫāṭir*, Al-mausū'a aš-šāmila fī qauwānīn ḥimāyat ḥaqq al mu'allif wa-l-raqāba 'alā l-muṣannafāt al-fannīya (Umfassendes Werk zum Urheberrecht und der Kontrolle künstlerischer Werke), Kairo 1994 S. 23 f.; *Al-Matīt*, a.a.O. (Fn 5), S. 25 ff.; *Rušdī*, 'Aqd an-našr fī l-qānūn al-miṣrī wa-l-firansī (Der Verlagsvertrag im ägyptischen und französischen Recht), Kairo 1988, S. 66 ff.; *Dūīdār*, Niṭāq iḥtikār al-m'arifa at-tiknūlūǧīya bi-wāsiṭa as-sirrīya (Das Monopol an technischem Wissen durch Geheimhaltung), Alexandria 1996, Rn 191, S. 196 f.; *Aṣ-Ṣaddah*, Muḥāḍarāt fī l-qānūn al-madanī, ḥaqq al-mu'allif fī l-qānūn al-miṣrī (Vorlesungen über das Zivilrecht: Urheberrecht im ägyptischen Recht), Kairo 1967, S. 15 f. So auch schon gemäß Berufungsgericht v. 26.5.1910, Bulletin de législation et de jurisprudence égyptiennes 22, 1909-10, S. 340, das insofern von einer "*tradition constante*" spricht; v. 3.2.1932, Bulletin de législation et de jurisprudence égyptiennes 44, 1931-32, S.157 f.

43 *Al Ani*, a.a.O. (Fn 2), S. 26 f.; *Ḫalīfa*, a.a.O. (Fn 5), S. 78. Das ist ein nahezu universeller Urheberrechtsgrundsatz; siehe *Colombet*, Grands principes, S. 14.

44 So lautete die Definition von "Werk" in der von der *IIPA*, 2001 Special 301: Egypt, S. 98 benutzten englischen Übersetzung: "... any literary, scientific or artistic innovative production...". "Innovative" wird dann definiert als "the compositional style that renders originality to the work." (Die Übersetzung beruht auf dem Regierungsentwurf des IP-Gesetzes noch vor den Änderungen durch den parlamentarischen Gesetzgebungsaus-

hält die Definition von Originalität keine genauen Kriterien. Es bedarf vielmehr einer Ableitung aus den Wortbedeutungen der bei der Definition benutzen Synonyme. Wenn in der Definition von dem "schöpferischen Charakter" des Werkes die Rede ist, wird dadurch auf den Schöpfer des Werkes, den Urheber, Bezug genommen. Damit ist man bei der in Literatur und Rechtsprechung bisher üblichen Definition von Originalität angelangt, die fordert, dass ein Werk durch die Persönlichkeit des Urhebers geprägt sein muss[45]. Als Fazit kann festgehalten werden, dass die Definition in Art. 138 Nr. 2 IP-Gesetz ausgesprochen unglücklich ist und eher zur Verwirrung als zu größerer Klarheit beiträgt.

### II.) Werkkatalog

Der Aufzählungskatalog von Werken deren Urheber den Schutz des Urheberrechtsgesetzes genießen, findet sich in Art. 139 IP-Gesetz. Der nicht abschließende Charakter der Aufzählung ergibt sich expressis verbis aus dem Gesetzestext durch die Verwendung von "insbesondere".

### 1.) Computerprogramme

Art. 139 Abs. 1 Nr. 2 IP-Gesetz nennt im Vergleich zu Art. 2 Abs. 1 Spiegelstrich 12 UrhG (1954) nur noch Computerprogramme als geschützte Werke[46] und enthält überdies nicht mehr den ausdrücklichen Zusatz, dass Computerprogramme als literarische Werke geschützt werden. Fraglich ist, ob darin ein Verstoß gegen Art. 10 Abs. 1 TRIPS liegt, der ausdrücklich vorschreibt, dass Computerprogramme als Werke der Literatur nach der Berner Übereinkunft geschützt werden sollen[47]. Auch Art. L. 112-2 Nr. 13 des französischen CPI[48] nennt Computerprogramme separat ohne Zusatz, dass sie als literarische Werke

---

schuss.) Die IIPA fordert denn auch, dass der Ausdruck "innovative" durch "originality" ersetzt wird. Ähnlich irreführend bezüglich Art. 1 Abs. 1 UrhG (1954) *Abu-Ghazaleh*, Intellectual property laws of the Arab countries, The Hague 2000, S. 145.

45 Aus der Literatur siehe *Luṭfī, Ḫāṭir*, a.a.O. (Fn 42), S. 22 ff. u. S. 46; *As-Sanhūrī*, a.a.O. (Fn 16), Rn 170, S. 366 ff.; *Luṭfī*, a.a.O. (Fn 6), S. 26 f.; *Al-Matīt*, a.a.O. (Fn 42), S. 26; *Dūīdār*, a.a.O. (Fn 42), Rn 191, S. 196 ff.; *Kīra*, Al-madḫal ilā l-qānūn (Einführung in das Recht), Kairo 1974, Rn 245, S. 483 f. Für die Rechtsprechung KassZiv v. 7.7.1964, Entscheidungssammlung Jg.15, Nr. 141, S. 920 ff., Nr. 142, S. 940 ff.; KassZiv v. 18.2.1965, Entscheidungssammlung Jg. 16, Nr. 28, S. 178 ff.

46 Den Begriff der Computerwerke, wie ihn das Urheberrechtsgesetz von 1954 in Art. 2 enthält, gibt es nicht mehr.

47 Ebenso Art. 4 WCT. Zu den Unterschieden von Art. 10 Abs. 1 TRIPS und Art. 4 TRIPS *Reinbothe/v. Lewinski*, The WIPO Treaties 1996, London 2002, Art. 4 WCT, Rn 7. Zur Kritik an dem fehlenden ausdrücklichen Schutz von Computerprogrammen als literarische Werke *IIPA*, 2001 Special 301: Egypt, S. 100 (unter www.iipa.com).

48 Siehe Fn 11.

gelten. Gerechtfertigt wird dies damit, dass die Werkkategorien im französischen Gesetz des geistigen Eigentums nicht vorkommen, Art. L. 111-1 CPI knüpft für den Schutz lediglich an ein *"oeuvre des l'esprit"* an[49]. Im Urheberrechtsgesetz von 1954 wie auch im IP-Gesetz werden die Werkkategorien allerdings im Sinne von Art. 2 Abs. 1 RBÜ genannt. Als Werk im Sinne von Art. 138 Nr. 1 IP-Gesetz gilt jedes literarische, wissenschaftliche oder künstlerische schöpferische Erzeugnis. Die Kategorie der Wissenschaft hat jedoch weder im Rahmen der RBÜ noch im ägyptischen Urheberrecht eine eigenständige Bedeutung. Wissenschaftliche Werke werden zu den Werken der Literatur gezählt. Im IP-Gesetz wird die mangelnde Bedeutung der Kategorie der Werke der Wissenschaft dadurch zum Ausdruck gebracht, dass der Werkkatalog in Art. 139 Abs. 1 IP-Gesetz mit den Worten eingeleitet wird: "Den Schutz dieses Gesetzes genießen die Urheber von *literarischen und künstlerischen Werken*, insbesondere von folgenden Werken..." Selbst wenn also Computerprogramme als Werke der Wissenschaft angesehen werden, gehören sie damit zu keiner eigenen Werkkategorie, sondern zu der Kategorie der Werke der Literatur[50]. Soweit mit Art. 10 Abs. 1 TRIPS sichergestellt werden sollte, dass Computerprogramme in die klassischen Werkkategorien der RBÜ einzugliedern sind, und der Schutz nicht durch Schaffung einer neuen Werkgattung mit abweichenden Voraussetzungen und Rechtsfolgen vorzusehen ist[51], stimmt die ägyptische Regelung damit überein. Sollte in einem Rechtsstreit wirklich einmal eine der Parteien die Auffassung vertreten, Computerprogramme seien Werke der angewandten Kunst und ihr Schutz ende deshalb 25 Jahre nach ihrer Veröffentlichung[52], kann dieser Argumentation außer mit der ägyptischen Literatur und dem Gesetz selbst auch mit

---

49 *Lucas/Lucas*, Traité de la propriété littéraire & artistique, Paris 2001, Rn 111. Die Werkkategorien werden lediglich von der Literatur der besseren Übersichtlichkeit wegen benutzt.

50 So etwa *Luṭfī, Ḫāṭir*, a.a.O. (Fn 42), S. 46, der Computerprogramme im Rahmen des Urheberrechtsgesetzes von 1954 als Werke der Wissenschaft charakterisiert und darin keinen Widerspruch zu ihrer ausdrücklichen Einordnung als literarische Werke sieht. Vgl. zur Problematik *Walter* in *Walter (Hrsg.)*, Europäisches Urheberrecht, Wien 2001, Software-RL, Rn 18.

51 In diesem Sinne *Lucas/Lucas*, a.a.O. (Fn 49), Rn 111; *Reinbothe/v. Lewinski*, a.a.O. (Fn 47), Art. 4 WCT, Rn 6; *ders.*, GRUR Int. 1992, S. 709.

52 So die Schutzfrist für Werke der angewandten Kunst in Art. 164 IP-Gesetz, in Übereinstimmung mit Art. 7 Abs. 4 RBÜ. Eine derartige unterschiedliche Behandlung von Computerprogrammen sollte durch die ausdrückliche Charakterisierung in Art. 10 Abs. 1 TRIPS und Art. 4 WCT verhindert werden; *Reinbothe/v. Lewinski*, Art. 4 WCT, Rn 6 u. Rn 10 m.w.N. Die dargestellte Argumentation ist zwar schwer, im ägyptischen Rahmen aber nicht unvorstellbar.

der unmittelbaren Anwendbarkeit von Art. 10 Abs. 1 TRIPS begegnet werden[53]. Das Fehlen einer ausdrücklichen Bestimmung in Art. 139 Abs. 1 Nr. 2 IP-Gesetz, dass Computerprogramme Werke der Literatur sind, ist infolgedessen unschädlich.

### 2.) Datenbanken

Art. 10 Abs. 2 Satz 1 TRIPS verlangt, dass Zusammenstellungen von Daten oder sonstigem Material, gleichviel, ob in maschinenlesbarer oder anderer Form, als solche geschützt werden, wenn sie aufgrund der Auswahl oder Anordnung ihres Inhalts geistige Schöpfungen bilden. Ein solcher Schutz wird im IP-Gesetz durch die Art. 139 Nr. 3, sowie Art. 141 IP-Gesetz erreicht.

### 3.) Abhängige Schöpfungen

Gemäß Art. 140 Abs. 1 Nr. 13 IP-Gesetz genießen abgeleitete Werke Urheberrechtsschutz. Ein abgeleitetes Werk zeichnet sich dadurch aus, dass seine Grundlage aus einem vorbestehenden Werk entnommen wurde. Zu den abgeleiteten Werken zählt Art. 138 Nr. 6 IP-Gesetz nicht nur Bearbeitungen bzw. Umgestaltungen wie Übersetzungen und musikalische Arrangements, sondern auch Sammlungen von Werken einschließlich Datenbanken und Sammlungen von Ausdrucksformen der Folklore. Sammlungen werden allerdings nur geschützt, wenn sie hinsichtlich der Anordnung oder der Auswahl ihres Inhalts schöpferisch sind[54].

## B. Folkloreschutz

Neu eingeführt wird durch das IP-Gesetz ein Folkloreschutz[55]. Art. 138 Nr. 7 IP-Gesetz enthält eine Definition für nationale Folklore, die aus Sect. 2 der Mustervorschriften der UNESCO/WIPO von 1982 entnommen wurde. Nationale Folklore wird als jede Ausdrucksform definiert, "deren charakteristischen Elemente das traditionelle volkstümliche Erbe widerspiegeln, das in Ägypten entstanden oder bewahrt wurde[56]." Geschützt wird demnach nicht die wenig greifbare, ab-

---

[53] Siehe oben Fn 14.

[54] Siehe zu diesem Kriterium Art. 10 Abs. 2 TRIPS und Art. 5 WCT.

[55] Zur Entwicklung des Folkloreschutzes siehe ausführlich *Nordmann*, Rechtsschutz von Folkloreformen, Baden-Baden 2001, S. 23 ff. sowie *Lucas-Schloetter*, Folklore in: *Schricker/v. Lewinski* (Hrsg.), Indigenous and Traditional Ressources, erscheint voraussichtlich 2002, S. 1 ff. jeweils m.w.N.

[56] Sect. 2 Model Provisions for National Laws on the Protection of Expressions of Folklore Against Illicit Exploitation and Other Prejudicial Actions, UNESCO/WIPO 1982 lautet insoweit: "For the purposes of this [law], "expressions of folklore" means productions consisting of characteristic elements of the traditional artistic heritage developed and

strakte Überlieferung einer Gemeinschaft, sondern deren konkrete Ausdrucksformen[57]. Anders als nach der Definition der Model Provisions der UNESCO/WIPO von 1982 wird nach der ägyptischen Definition Folklore nicht als "traditionelles künstlerisches Erbe" umschrieben, sondern als "traditionelles volkstümliches Erbe". Aber auch das volkstümliche Erbe ist wie das künstlerische Erbe ein Unterfall des kulturellen Erbes[58]. Daneben setzt die Definition einen Gemeinschaftsbezug der Folkloreformen voraus. Sie müssen in Ägypten entstanden oder weiterentwickelt worden sein. Es kommt somit nicht darauf an, dass die folkloristische Ausdrucksform in Ägypten entwickelt wurde, vielmehr kann ihr Ursprung auch außerhalb der ägyptischen Gemeinschaft liegen, wenn sie in Ägypten übernommen, weiterentwickelt und bewahrt wurde[59].

Den abstrakten Tatbestandsmerkmalen schließt sich eine nicht abschließende[60] Auflistung der bedeutendsten Erscheinungsformen von Folklore an, die in vier Kategorien unterteilt sind. Die erste Kategorie sind verbale Erscheinungsformen, wie Erzählungen, Rätsel, Mysterien, Volksdichtung und andere Überlieferungen (Art. 138 Nr. 7 lit. (a) IP-Gesetz)[61], gefolgt von musikalischen Erscheinungsformen, wie von Musik begleiteten Volksliedern[62]. Die dritte Kategorie umfasst Ausdrucksformen der Bewegung, wie Volkstänze, Schauspiele, künstlerische Figuren und Rituale (Art. 138 Nr. 7 lit (c) IP-Gesetz)[63]. Als vierte Kategorie nennt Art. 138 Nr. 7 lit. (d) gegenständliche Ausdrucksformen, worunter neben Erzeugnissen der Volkskunst, wie etwa Zeichnungen, Keramik, Schmuck, Tep-

---

maintained by a community of [name of the country] or by individuals reflecting the traditional artistic expectations of such a community..."UNESCO/WIPO/Folk/CGE/I/6, Annex 1. Die Modellvorschriften werden wiedergegeben von *Nordmann,* a.a.O. (Fn 55), S. 273. Sie finden sich darüber hinaus in Copyright 1982, S. 278 ff.; RIDA 112 (1982), S. 181 ff. sowie inklusive Kommentar bei *UNESCO/WIPO*, Model Provisions for National Laws on the Protection of Expressions of Folklore Against Illicit Exploitation and other Prejudicial Actions, Paris u. Genf 1985.

57 *Nordmann,* a.a.O. (Fn 55), S. 47.

58 Vgl. *UNESCO/WIPO,* a.a.O. (Fn 56), Erläuterungen Model Provisions, Nr. 33, S. 15 sowie *Nordmann*, a.a.O. (Fn 55), S. 53 f. sowie zur Erläuterung der Begriffe "traditionelles künstlerisches Erbe ausführlich S. 61 ff.

59 *UNESCO/WIPO,* a.a.O. (Fn 56), Erläuterungen Model Provisions, Nr. 35, S. 16; *Nordmann*, a.a.O. (Fn 55), S. 66 ff.

60 Die Aufzählung wird durch "insbesondere" eingeleitet.

61 Sect. 2 (i) Model Provisions UNESCO/WIPO: "verbal expressions, such as folk tales, folk poetry and riddles".

62 Sect. 2 (ii) Model Provisions UNESCO/WIPO spricht insofern von "musical expressions, such as folk songs and instrumental music".

63 Sect. 2 (iii) Model Provisions UNESCO/WIPO: "expressions by action, such as folk dances, plays and artistic forms or rituals".

piche usw. insbesondere Musikinstrumente und architektonische Formen fallen[64]. Während aber die Model Provisions der UNESCO/WIPO keinen Urheberrechtsschutz von Ausdrucksformen der Folklore vorsehen, integriert sie das ägyptische Gesetz in den Urheberrechtsschutz. Zwar wird die nationale Folklore nicht im Katalog geschützter Werke, in Art. 139 IP-Gesetz aufgezählt. Art. 142 IP-Gesetz legt jedoch fest, dass die nationale Folklore als allgemeines Eigentum des Staates gilt, der auch, vertreten durch das zuständige Ministerium, die "Urheberpersönlichkeits- und die Verwertungsrechte ausübt"[65]. Dass ein Urheberrechtsschutz vorgesehen ist, geht zudem aus der Definition des abgeleiteten Werkes in Art. 138 Nr. 6 IP-Gesetz hervor, die auch Sammlungen von Ausdrucksformen der Folklore mit einschließt. Der sich aus der Ausübung der Rechte ergebende Erlös muss gem. Art. 142 Satz 3 IP-Gesetz zur Erhaltung und Förderung der Folklore verwendet werden. Daneben wird auch in der Begriffsbestimmung des ausübenden Künstlers in Art. 138 Nr. 12 auf die Ausdrucksformen der Folklore Bezug genommen, insofern in Umsetzung von Art. 2 lit (a) WPPT[66].

### C. Veröffentlichung

Der Veröffentlichungsbegriff hat sich im Laufe des Gesetzgebungsverfahrens geändert. Definierte der Regierungsentwurf des IP-Gesetzes eine "Veröffentlichung" in Anlehnung an Art. 3 Abs. 3 RBÜ noch als "die Werkexemplare in körperlicher Form sowie Tonträger, die mit Zustimmung des Berechtigten je nach der Natur des Werkes in einer Weise zur Verfügung der Öffentlichkeit gestellt worden sind, die deren normalen Bedarf deckt"[67], so versteht Art. 138 Nr. 10 IP-Gesetz, in seiner durch den parlamentarischen Gesetzgebungsausschuss erhaltenen Fassung, unter Veröffentlichung "jede Handlung, durch die ein Werk, eine Tonaufnahme, eine Sendung oder das Programm eines ausübenden Künst-

---

64 Die Vorschrift lehnt sich an Sect. 2 (iv) Model Provisions UNESCO/WIPO überein. Vgl. zum Ganzen ausführlich *Nordmann*, a.a.O. (Fn 55), S. 74 ff.

65 Zu den Problemen eines urheberrechtlichen Schutzes von Folklore *Nordmann*, a.a.O. (Fn 55), S. 90 ff.; *Lucas-Schloetter*, a.a.O. (Fn 55), S. 20 ff.

66 Siehe dazu *Reinbothe/v. Lewinski*, Art. 2 WPPT, Rn 23.

67 Dieser Veröffentlichungsbegriff entspricht dem Begriff des Erscheinens in § 6 Abs. 2 dt. UrhG. Die internationalen Konventionen verwenden für den deutschen Begriff des Erscheinens den Begriff der Veröffentlichung (publication). Ulmer, a.a.O. (Fn 36), S. 182 f.; *Schricker/Katzenberger*, a.a.O. (Fn 14), § 6 Rn 4, 39, 54 u.. Rn 58. Siehe für TRIPS: Art. 1 Abs. 3 Satz 1, 2 i.V.m. Art. 3 Abs.1 lit. (b), Abs. 3 RBÜ); für den WIPO Copyright Treaty (WCT) von 1996: Art. 3 i.V.m. Art. 3 Abs. 1 lit. (b), Abs. 3 RBÜ und für den WIPO Performances and Phonograms Treaty (WPPT) von 1996: Art. 2 lit. (e), Art. 3 Abs. 1 u. 2 i.V.m. Art. 4 lit. (b), Art. 5 Abs. 1 lit. (c) Rom-Abkommen.

lers mit Zustimmung des Berechtigten der Öffentlichkeit auf irgendeine Weise zugänglich gemacht wird." Das verabschiedete Gesetz enthält somit einen weiten Veröffentlichungsbegriff. Nicht erforderlich ist, dass Werkstücke der Öffentlichkeit angeboten oder in Verkehr gebracht werden. Es genügt, dass das Werk oder die Leistung in unkörperlicher Form der Öffentlichkeit zugänglich gemacht wurde, etwa wenn Werke oder Leistungen in digitaler Form mittels Funksendung oder Kabelübertragung zum Zugriff oder auf Abruf unkörperlich übertragen werden[68]. Daneben findet sich im Gesetz aber weiterhin auch der enge Veröffentlichungsbegriff. Im Rahmen des durch den parlamentarischen Gesetzgebungsausschuss neu eingefügten Art. 139 IP-Gesetz werden unter "veröffentlichten Werken" wie in Art. 3 Abs. 3 RBÜ die mit Zustimmung ihrer Urheber erschienenen Werke" verstanden. Eine Veröffentlichung liegt expressis verbis dann nicht vor, wenn das Werk in unkörperlicher Form der Öffentlichkeit zugänglich gemacht wurde[69]. In dem Gesetz findet sich somit sowohl der Begriff der Veröffentlichung im Sinne von §. 6 Abs. 1 dt. UrhG, demzufolge ein Werk veröffentlicht ist, wenn es mit Zustimmung des Berechtigten der Öffentlichkeit zugänglich gemacht wurde, als auch der Begriff des Erscheinens im Sinne von § 6 Abs. 2 dt. UrhG, der verlangt, dass mit Zustimmung des Berechtigten Vervielfältigungsstücke des Werkes der Öffentlichkeit angeboten oder in Verkehr gebracht werden.

## 4. Der Inhaber des Urheberrechts

Art. 138 Nr. 3 IP-Gesetz definiert den Urheber, als "die Person, die das Werk schafft". Damit findet das auch schon bisher geltende Schöpferprinzip einen gesetzlichen Niederschlag[70]. Es wird also auch weiterhin gelten, dass grundsätzlich nur eine natürliche Person Urheber sein kann. Das gilt auch für den angestellten Urheber. Allerdings finden sich im Gesetz Anhaltspunkte dafür, dass das Kollektivwerk, bei dem auch eine juristische Person originäre Urheberrechtsinhaberin sein kann, seinen absoluten Ausnahmecharakter verloren hat. So wurde in der Entwurfsfassung von 1999 das Kollektivwerk im Definitionenkatalog noch

---

68 Vgl. *Schricker/Katzenberger*, a.a.O. (Fn 14), § 6 Rn 54.

69 Siehe Fn 67.

70 Siehe nur *Kīra*, a.a.O. (Fn 45), Rn 245 f., S. 483 ff.; *As-Sanhūrī*, a.a.O. (Fn 16), Rn 187, S. 325; *Luṭfī, Ḫāṭir*, a.a.O. (Fn 42), S. 25; *Rušdī*, a.a.O. (Fn 42), S. 65; *Al-Matīt*, a.a.O. (Fn 42), S. 39.

nach dem gemeinschaftlich geschaffenen Werk genannt[71]. Im Laufe des Gesetzgebungsverfahrens wurde diese Reihenfolge umgedreht. Überdies wird das gemeinschaftlich geschaffene Werk als ein Werk definiert, dass "nicht als Kollektivwerk einzustufen ist und bei dessen Schaffung mehr als eine Person mitgewirkt hat...". Einerseits wollte der Gesetzgeber zwar nicht auf das Schöpferprinzip verzichten. Angesichts der Tatsache, dass heutzutage die überwiegende Mehrzahl aller schöpferischen und künstlerischen Leistungen von angestellten Urhebern erbracht werden, ist es andererseits aber auch nicht mehr tragbar, dass das ägyptische Urheberrecht über keine Regelung für angestellte Urheber verfügt. Erschwerend kommt noch hinzu, dass sich auch im IP-Gesetz nichts daran geändert hat, dass eine Übertragung von Verwertungsrechten nur dann wirksam ist, wenn sie schriftlich erfolgt (Art. 149 Abs. 2 IP-Gesetz). Es wird deshalb auch im Rahmen des IP-Gesetzes nicht möglich sein, von einer konkludenten Übertragung der Verwertungsrechte durch einen Arbeitsvertrag auszugehen. Hauptsächlich durch die Voranstellung des Kollektivwerkes machte der Gesetzgeber deutlich, dass es künftig nicht mehr contra legem sein wird, das Kollektivwerk als ein Einfallstor für ein Arbeitnehmerurheberrecht zu benutzen. Damit könnte sich das ägyptische Urheberrecht freilich de facto mehr der angloamerikanischen "work made for hire" Regelung annähern, als durch einen gesetzlichen derivativen Rechtserwerb des Arbeitgebers[72].
Im Übrigen hat sich an den Regelungen bezüglich des Urheberrechtsinhabers wenig geändert. Insbesondere wird es auch weiterhin eine gesetzliche prozessuale Vermutung geben, dass bis zum Beweis des Gegenteils als Urheber des Werkes derjenige gilt, dessen Namen auf dem Werk genannt wird oder dem es sonst

---

[71] *Lutfi*, a.a.O. (Fn 6), S. 575. Ein Kollektivwerk ist ein Werk, das von mehreren Personen auf Anweisung einer natürlichen oder juristischen Person geschaffen wird, die es übernimmt, das Werk unter ihrem Namen und unter ihrer Leitung zu veröffentlichen. Darüber hinaus müssen die einzelnen Beiträge derart in dem von der natürlichen oder juristischen Person konzipierten übergreifenden Zweck aufgehen, dass sie nicht von einander unterschieden werden können. Liegen diese Voraussetzungen vor, gilt die natürliche oder (bisher ausnahmsweise) die juristische Person, die die Schaffung des Kollektivwerkes geleitet hat, als originäre Inhaberin des Urheberrechts an dem Werk. Siehe Art. 27 UrhG (1954) sowie Art. 138 Nr. 4 u. 175 IP-Gesetz.

[72] Die "work made for hire" Doktrin ermöglicht es, dass "der Arbeitgeber oder eine andere Person, für die das Werk hergestellt wird, als Urheber im Sinne des Gesetzes gilt und dass diesem alle aus dem Urheberrecht fließenden Rechte gehören, es sei denn, die Parteien haben ausdrücklich schriftlich etwas anderes vereinbart." Vgl. § 201 U. S. Copyright Act 1976, *Goldstein*, UhrQuellen (Fn 5), USA/I, S. 10.

bei Veröffentlichung als Urheber zugeschrieben wird (Art. 138 Nr. 3 Satz 2 IP-Gesetz)[73].

## 5. Der Inhalt des Urheberrechts

### A. Urheberpersönlichkeitsrechte

Die Urheberpersönlichkeitsrechte des Urhebers werden in einem zusammenhängenden Regelungskomplex (Art. 143-146 IP-Gesetz) vor den Verwertungsrechten des Urhebers geregelt, um ihre besondere Bedeutung für das ägyptische Urheberrecht zu unterstreichen. Nach Art. 143 Abs. 1 IP-Gesetz genießt der Urheber oder sein allgemeiner Rechtsnachfolger im Hinblick auf sein Werk "ewige[74], unverjährbare und unabtretbare[75] Urheberpersönlichkeitsrechte"[76]. Diese programmatische Voranstellung der allgemeinen Merkmale der Urheberpersönlichkeitsrechte ist neu. Damit wird der eingeschlagene Weg eines französisch geprägten die Person des Werkschöpfers in den Mittelpunkt stellenden droit d'auteur Systems fortgeführt. Gleichzeitig soll aber auch gegenüber US-amerikanischen Interessen ein eigenständiger Standpunkt behauptet werden. Wie bisher stehen dem Urheber vier urheberpersönlichkeitsrechtliche Befugnisse zu: 1. Das Veröffentlichungsrecht, das sich expressis verbis nur auf die erste Zugänglichmachung des Werkes an die Öffentlichkeit bezieht (Art. 143 Nr. 1

---

[73] Die Kritik der *IIPA*, 2001 Special 301: Egypt, S. 101 sowie 2002 Special 301: Egypt, S. 120 (unter www.iipa.com), dass eine solche prozessuale Beweisregel fehle, ist deshalb nicht nachvollziehbar.

[74] Wird das Urheberpersönlichkeitsrecht, wie in Ägypten, ewig geschützt, steht dabei letztlich nicht mehr der Schutz des Urhebers im Vordergrund, sondern das Werk als solches. Das Urheberrecht wird zu einer Art "Werkdenkmalpflege". Das ist insofern fragwürdig, weil das Urheberrecht damit zum Ort für kulturlenkende Maßnahmen werden kann; vgl. etwa *Lucas-Schloetter*, Droit moral et droits de la personnalité, Thèse de l'Université de Paris I, 2000, Rn 737 ff.; *Dietz*, Das Droit Moral des Urhebers im neuen französischen und deutschen Urheberrecht, München 1968, S. 181 f. u. S. 191 ff. Andererseits entspricht jedoch ein ewiges Urheberpersönlichkeitsrecht der in Ägypten, wie auch der gesamten arabischen Welt vorherrschenden konservativen, bewahrenden Haltung des kulturellen Erbes; in diesem Sinne sehr eindringlich *Al Ani*, a.a.O. (Fn 2), S. 388.

[75] Zusätzlich bestimmt Art. 145 IP-Gesetz, dass jede Verfügung über eines der in Art. 143 und 155 (Künstlerpersönlichkeitsrecht) vorgesehenen Persönlichkeitsrechte nichtig ist. Die Vorschrift entspricht Art. 38 UrhG (1954).

[76] Die Unpfändbarkeit der Urheberpersönlichkeitsrechte wird nicht explizit erwähnt, ergibt sich aber aus einem Umkehrschluss aus Art. 154 IP-Gesetz, der nur die Pfändung der Verwertungsrechte erlaubt.

IP-Gesetz). 2. Das Recht auf Anerkennung der Urheberschaft (Art. 143 Nr. 2 IP-Gesetz). 3. Das Recht auf Werkintegrität, dessen Ausübung wie auch bisher nur von dem subjektiven Empfinden des Urhebers abhängig ist, d.h. es kommt nur darauf an, dass der Urheber eine nicht gestattete Änderung seines Werkes nachweist[77]. Einzig bei Änderungen im Rahmen einer Übersetzung, werden objektive Kriterien an die Ausübung des Rechts auf Werkintegrität angelegt. Eine Verletzung liegt nur dann vor, wenn der Übersetzer es unterlassen hat, auf die geänderten Stellen hinzuweisen, oder wenn die Übersetzung dem Ruf oder dem Ansehen des Urhebers schadet. Als vierte urheberpersönlichkeitsrechtliche Befugnis ist schließlich in Art. 144 IP-Gesetz das Rückrufsrecht des Urhebers geregelt, das im Wesentlichen mit der bisherigen Regelung identisch ist[78]. Neu ist dagegen die Vorschrift des Art. 146 IP-Gesetz, der bestimmt, dass nach dem Ende der für die Verwertungsrechte vorgesehenen Schutzfrist, das zuständige Ministerium die Urheberpersönlichkeitsrechte ausübt, falls es keine gesetzlichen oder testamentarischen Erben (mehr) gibt.

### B. Nutzungsrechte

Noch deutlicher als bisher[79] gewährt Art. 147 IP-Gesetz dem Urheber das ausschließliche und umfassende Recht, sein Werk auf jede mögliche Art und Weise zu verwerten und andere von der Verwertung auszuschließen. Dem schließt sich eine beispielhafte Aufzählung möglicher Verwertungsformen an. Als Verwertung gilt danach insbesondere die Vervielfältigung, die Funksendung, die Weitersendung, die öffentliche Darbietung, die öffentliche Wiedergabe, die Übersetzung, die Umgestaltung, die Vermietung, der Verleih oder die Zugänglichmachung des Werkes an die Öffentlichkeit, einschließlich der Zugänglichmachung durch Computer, Internet, Informationsnetze, Kommunikationsnetze oder durch andere Mittel. Einige dieser Verwertungsformen werden in Art. 138 IP-Gesetz definiert[80]. Eine völlige Neuerung stellt Art. 147 Abs. 4 IP-Gesetz dar. Die Vor-

---

77 *Luṭfī, Ḫāṭir*, a.a.O. (Fn 42), S. 77; *As-Sanhūrī*, a.a.O. (Fn 16), Rn 240, S. 513 f.; *Luṭfī*, a.a.O. (Fn 6), S. 43. Vgl. *Doutrelepont*, GRUR Int. 1997, S. 299. Ein subjektiver Maßstab im Rahmen des Werkschutzrechts verstößt nicht gegen die RBÜ. Zwar sieht Art. 6$^{bis}$ Abs. 1 RBÜ die objektive Überprüfbarkeit vor. Bei den Rechten der RBÜ handelt es sich jedoch um Mindest- und nicht um Maximalrechte, so dass es den Verbandsländern freisteht, umfangreichere Rechte zu gewähren. Nicht zutreffend deshalb die Kritik *IIPA*, 2001 Special 301: Egypt, S. 100 (unter www.iipa.com).

78 Art 42 UrhG (1954).

79 Art. 5 Abs. 2, 6 UrhG (1954).

80 So etwa die Vervielfältigung in Art. 138 Nr. 9 IP-Gesetz; die Funksendung in Art. 13 Nr. 14 IP-Gesetz; die öffentliche Darbietung in Art. 138 Nr. 15 IP-Gesetz sowie das Recht der öffentlichen Wiedergabe in Art. 138 Nr. 16 IP-Gesetz. Letztgenanntes Recht ent-

schrift war in keiner der vorherigen Entwurfsfassungen enthalten und wurde erst bei der Diskussion und Abstimmung im Plenum der Volksversammlung in das Gesetz aufgenommen. Hat der Urheber sein Werk in irgendeinem Land verwertet oder vertrieben oder hat er einer anderen Person die Erlaubnis dazu erteilt, so erschöpft sich gem. Art. 147 Abs. 4 IP-Gesetz sein Recht, einem anderen zu verbieten, das Werk zu importieren, zu benutzen, zu verkaufen oder zu vertreiben. Die Norm führt mithin die internationale Erschöpfung des Verbreitungsrechts ein[81].

Als eine weitere Neuerung im Vergleich zum Urheberrechtsgesetz 1954 führt Art. 147 Abs. 3 IP-Gesetz ein Folgerecht ein, dass es dem Urheber oder seinem Rechtsnachfolger erlaubt, bei Weiterveräußerung der Originale seiner Werke Zahlung eines Geldbetrages zu verlangen. Erfasst werden die Originale sämtlicher Werke sowie alle Weiterveräußerungen. Die Höhe der Beteiligung darf 10 Prozent nicht überschreiten. Nach dem Wortlaut der Vorschrift ist der Urheber "an dem durch die Verfügung verwirklichten Überschuss" (*ziyāda*) zu beteiligen. Der Urheber wird somit nur an der Weiterveräußerung beteiligt, wenn der Weiterveräußerer dabei einen Gewinn erzielt hat. Das Folgerecht des ägyptischen Gesetzes richtet sich somit nach dem Gewinnanteilsystem[82].

## 6. Schranken der Nutzungsrechte

### A. Zeitliche Schranken

Wie bereits gesehen, bestehen die Urheberpersönlichkeitsrechte des Urhebers in Ägypten ewig. Die Verwertungsrechte gelten dagegen nur zeitlich beschränkt[83].

---

spricht inhaltlich dem Art. 8 WCT sowie Art. 10 und 14 WPPT, die als die größte Errungenschaften der beiden WIPO-Verträge gelten; siehe nur *v. Lewinski*, GRUR Int. 1997, S. 674 f.

81 Vgl. dazu Art. 4 Richtlinie 2001/29/EG des europäischen Parlaments und Rates vom 22. Mai 2001 Zur Harmonisierung bestimmter Aspekte des Urheberrechts und der verwandten Schutzrechte in der Informationsgesellschaft, Amtsblatt EG L 167/10 v. 22.6.2001; *Schricker/Loewenheim*, a.a.O. (Fn 14), § 17, Rn 1 ff.; *Joos*, Die Erschöpfungslehre im Urheberrecht, München 1991, S. 23 ff.; *Schack*, Urheber- und Urhebervertragsrecht, 2. Aufl., Tübingen 2001. Rn 392. Siehe auch Art. 6 TRIPS.

82 Art. 14[ter] RBÜ bezieht sich dagegen auf ein Erlösanteil-Folgerecht. Vgl. *Katzenberger*, GRUR Int. 1997, S. 309 f.

83 In der ägyptischen Literatur wird die zeitliche Begrenzung der Verwertungsrechte damit begründet, dass zwar einerseits der Urheber das Recht darauf habe, aus den Ergebnissen seiner geistigen Arbeit Nutzen zu ziehen, und dass sich dieses Recht auch auf die Erben

Sämtliche Entwurfsfassungen hatten eine Verlängerung der bisherigen 50-jährigen Schutzfrist post mortem auctoris auf 70 Jahre post mortem auctoris vorgesehen. Eine solche Regelung wäre in der gesamten arabischen Welt einzigartig gewesen. Selbst arabische Staaten, die ihr Urheberrechtsgesetz unlängst reformiert oder neu geschaffen haben, entschieden sich noch für die von TRIPS und der RBÜ vorgesehenen 50-jährigen Schutzfrist[84]. Im Plenum der Volksversammlung wurde an der Verlängerung der Schutzfrist jedoch nicht festgehalten. In den Art. 160 ff. IP-Gesetz ist es vielmehr bei der grundsätzlichen Schutzfrist von 50 Jahren post mortem auctoris geblieben. Bei Werken der angewandten Kunst endet der Schutz in Übereinstimmung mit Art. 7 Abs. 4 RBÜ 25 Jahre nach ihrer Veröffentlichung (Art. 164 IP-Gesetz)[85]. Das Plenum der Volksversammlung nahm eine weitere Norm des UrhG (1954) wieder in das IP-Gesetz auf, die in sämtlichen Entwurfsfassungen ersatzlos weggefallen war: Art. 8 UrhG (1954) hatte die Schutzfrist des Übersetzungsrechts für Übersetzungen in die arabische Sprache auf fünf Jahre beschränkt, es sei denn der Urheber oder Übersetzer des Werkes in eine andere Sprache hatten das Werk innerhalb dieser

---

der Urheber erstrecke; andererseits bestehe jedoch ein öffentliches Interesse daran, das Kulturgut und insbesondere das kulturelle Erbe frei zu nutzen. Die Schutzfristbegrenzung stelle einen angemessenen Ausgleich zwischen diesen beiden Interessen dar; *Ma'mūn*, Al-ḥaqq al-adabī li-l-mu'allif (Das Urheberpersönlichkeitsrecht), Kairo 1978, S. 101 u. S. 109 ff.

84 Art. 9 Abs. 2 TRIPS i.V.m. Art. 7 RBÜ. Bei einer 50-jährigen Schutzfrist blieb es etwa in Art. 30 des jordanischen Urheberrechtsgesetzes Nr. 22/1992, dass zuletzt durch das Gesetz Nr. 52/2001 vom 1.10.2001 geändert wurde; in den Art. 26 ff des marokkanischen Gesetzes Nr. 2/2000 zum Schutz des Urheberrechts und der verwandten Schutzrechte; ebenso in Art. 22 des syrischen Urheberrechtsgesetzes Nr. 12/2001; in Art. 7 ff. Gesetzes Nr. 37/2000 zum Schutz des Urheberrechts und der verwandten Schutzrechte des Sultanats Oman. Art. 25 des jemenitischen Gesetz Nr. 19/1994 zum Schutz der Rechte des geistigen Eigentums sieht sogar lediglich eine 30-jährige Schutzfrist p.m.a. vor.

85 Bezüglich der Inhaber verwandter Schutzrechte entspricht die jeweilige Schutzfrist den internationalen Vorgaben. Ausübende Künstler kommen in Bezug auf ihre Darbietung in den Genuss einer 50-jährigen Schutzdauer, beginnend mit dem Ersten des gregorianischen Kalenderjahres, das auf das Jahr folgt, in dem ihre Darbietung vollendet oder aufgenommen wird (Art 166 IP-Gesetz). Die Hersteller von Tonträgern genießen das ausschließliche Recht, ihre Aufnahmen gem. Art. 167 IP-Gesetz für die Dauer von 50 Jahren zu verwerten, beginnend mit dem Ersten des gregorianischen Kalenderjahres, das auf das Jahr folgt, in dem die Aufnahme vollendet oder veröffentlicht wurde. In beiden Fällen liegt die Schutzdauer des Gesetzes somit im Rahmen der von Art. 14 Abs. 5 TRIPS und Art. 17 WPPT geforderten 50-jährigen Schutzfrist. Sendeunternehmen wird bezüglich der Verwertung ihrer Sendungen die in Art. 14 Abs. 5 TRIPS vorgeschriebene 20-jährige Schutzfrist (Art. 168 IP-Gesetz) eingeräumt.

Zeit in die arabische Sprache übersetzt[86]. Schon Art. 8 UrhG (1954) war in der ägyptischen Literatur äußerst umstritten. *As-Sanhūrī* hält in Anschluss an den damaligen Gesetzgeber die Übersetzung ausländischer Werke in die arabische Sprache für entwicklungspolitisch so bedeutsam, dass er in Art. 8 UrhG (1954) die ausgewogene Lösung eines Problems sieht, das lange Zeit den Erlass eines Urheberrechtsgesetzes verhindert habe[87]. Dagegen sah *Aṣ-Ṣaddah*, dessen Kommentierung wie die *As-Sanhūrīs* aus dem Jahr 1967 stammt[88], bereits zu dieser Zeit in Art. 8 UrhG (1954) eine durch ihren Zweck nicht gerechtfertigte schwere Einschränkung des Urheberrechts. Vorzugswürdiger und ausreichend wäre seiner Meinung nach eine gesetzliche Lizenz gewesen, die dem Urheber oder demjenigen, der das Werk in eine andere Sprache übersetzt hat, zumindest eine angemessene Vergütung gewährleistet hätte[89]. Eine solche Schutzfristverkürzung für Übersetzungen steht nicht im Einklang mit der Berner Übereinkunft, in der mit Art. 8 bereits im Rahmen der Berliner Revisionskonferenz von 1908 ein zwingendes Übersetzungsrecht für die Dauer des Rechts am Originalwerk eingeführt wurde[90]. Da es sich bei Art. 8 RBÜ um ein sog. Mindestrecht handelt und die RBÜ nach ihrer Umsetzung in das ägyptische Recht gem. Art. 151 äg. Verf. den Status eines einfachen Gesetzes hat, gilt Art. 8 RBÜ für ausländische Urheber und Übersetzer ex juris conventionis (Art. 5 Abs. 1 RBÜ), mit der Folge, dass Art. 8 UrhG (1954) für alle verbandsangehörigen Urheber und Übersetzer ins Leere läuft[91]. Gleiches muss auch für den in das IP-Gesetz eingefügten Art. 148 IP-Gesetz gelten, der Art. 8 UrhG (1954) entspricht, das Übersetzungsrecht in die arabische Sprache über Art. 8 UrhG (1954) hinausgehend jedoch bereits 3 Jahre nach der ersten Veröffentlichung des Originalwerkes, bzw. der Übersetzung in eine andere Sprache erlöschen lässt. Die Wieder-

---

86 Gesetzesmotive bei *Ḫalīfa*, a.a.O. (Fn 5), S. 186; *Al Ani*, a.a.O. (Fn 2), S. 332 f.; *Lançon/Vilbois*, RIDA 5 (1954), S. 111 ff.; *Luṭfī, Ḫāṭir*, a.a.O. (Fn 42) S. 73 f.; *As-Sanhūrī*, a.a.O. (Fn 16), Rn 177, S. 389 f.; *Aṣ-Ṣaddah*, a.a.O. (Fn 42), S. 45 f.

87 *As-Sanhūrī*, a.a.O. (Fn 16), Rn 212, S. 466.

88 Also noch vor dem Beitritt Ägyptens zur RBÜ durch Präsidialerlass Nr. 591/1976; vgl. oben 1. Teil 2. Abschnitt: B. I. 2.

89 *Aṣ-Ṣaddah*, S. 46. Ebenso *Ma'mūn*, a.a.O. (Fn 83), S. 387 f.; *Kīra*, a.a.O. (Fn 45), S. 494, Fn 1.

90 *Luṭfī*, a.a.O. (Fn 6), S. 63. Vgl. auch *Bappert/Wagner*, Internationales Urheberrecht, München 1956, Art. 8 RBÜ, Rn 1 ff.

91 Die Möglichkeit Art. 8 UrhG (1954) konventionskonform als Zwangslizenz im Sinne von Art. II Anhang RBÜ auszulegen (so *Luṭfī*, a.a.O. (Fn 6), S. 62), scheitert bereits an der fehlenden Notifikation Ägyptens, dass es die dort genannten Befugnisse in Anspruch nehmen will, zur Zeit nicht abgegeben hat. Bei einer solchen Auslegung der Norm wäre überdies das Verhältnis zu Art. 170 IP-Gesetz fragwürdig, der bereits vom Wortlaut her an Art. II und III Anhang RBÜ angelehnt ist; siehe dazu nächster Unterpunkt.

aufnahme einer solchen Vorschrift, kann deshalb nur als herber Rückschritt betrachtet werden, mag sie auch entwicklungspolitisch noch so verständlich sein.

### B. Inhaltliche Schranken

Das IP-Gesetz enthält in den Art. 169 bis 172 vier zum Teil umfangreiche Normen zur Regelung der inhaltlichen Schranken der Verwertungsrechte, die kraft Verweis in Art. 173 IP-Gesetz gleichermaßen für die Inhaber verwandter Schutzrechte gelten.

Art. 169 IP-Gesetz enthält eine gesetzliche Lizenz zugunsten von Sendeunternehmen, wie sie bisher in Art. 35 UrhG (1954) vorgesehen ist. Sendeunternehmen ist es unter Wahrung des urheberpersönlichkeitsrechtlichen Namensnennungsrechts des Urhebers und gegen Zahlung einer angemessenen Vergütung erlaubt, an allen öffentlichen Orten dargebotene Werke zu senden. Art. 170 IP-Gesetz führt in Anlehnung an Art. II und III des Anhangs der RBÜ eine weitreichende Zwangslizenz ein, durch die das Vervielfältigungs- und Übersetzungsrecht eingeschränkt wird. Jeder darf bei dem zuständigen Ministerium eine persönliche Lizenz beantragen, die es ihm gestattet gegen Zahlung einer angemessenen Entschädigung an den Urheber oder seinen Rechtsnachfolger, jedes Werk ohne Erlaubnis des Urhebers zu vervielfältigen, zu übersetzen oder beides[92]. Die Lizenz darf nur für Unterrichts-, Studien- oder Forschungszwecke erteilt werden. Darüber hinaus unterliegt sie dem durch Art. 13 TRIPS auferlegten sog. Dreistufentest[93]: Die Erteilung der Erlaubnis darf weder die normale Verwertung des Werkes beeinträchtigen noch die berechtigten Interessen des Urhebers oder des Rechtsinhabers unzumutbar verletzen. Die Einführung dieser Zwangslizenz ist allerdings zweifelhaft, da Ägypten die 1990 beim Generaldirektor hinterlegte Notifikation über die Inanspruchnahme der in Art. II und III Anhang RBÜ geregelten Zwangslizenzen nicht verlängert hat. Es ist fraglich, ob eine solche Notifikation nach Ablauf der gem. Art. II Abs. 2 lit. (a) Anhang RBÜ vorgesehenen Verlängerungsfrist zu einem späteren Zeitpunkt erneut hinterlegt werden kann. Art. I Abs. 1 Anhang nennt als Gründe für die Inanspruchnahme der Ausnahmen, dass sich ein Entwicklungsland "auf Grund seiner wirtschaftlichen Lage und seiner sozialen oder kulturellen Bedürfnisse nicht *sogleich* imstande sieht", den Schutz aller in der RBÜ vorgesehenen Rechte zu gewährleisten. Andererseits darf eine Notifikation zu "jedem späteren Zeitpunkt" erfolgen. Dabei dürfte es keine Rolle spielen, ob es sich um eine erstmalige oder eine erneute Hinterle-

---

92 Dazu ausführlich *Ricketson*, The Berne Convention for the protection of literary and artistic works, London 1987, Rn 11.1 ff.

93 Vgl. auch Art. 9 Abs. 2 RBÜ, 10 WCT u. 16 WCT.

gung handelt. Ohne eine solche Hinterlegung verstößt Art. 170 IP-Gesetz gegen Art. 9 Abs. 2 TRIPS i.V.m. Art. 8 und 9 RBÜ[94].
Art. 171 IP-Gesetz enthält einen umfangreichen Katalog von Handlungen, die der Urheber, unbeschadet seiner Urheberpersönlichkeitsrechte nach Veröffentlichung des Werkes nicht verbieten darf. Die aufgelisteten erlaubten Handlungen reichen von der Darbietung des Werkes im Familienkreise[95] über das Vervielfältigungsrecht zum persönlichen Gebrauch[96], das Anfertigen einer Sicherungskopie eines Computerprogramms durch den rechtmäßigen Besitzer[97], die Analyse oder Auszüge aus einem Werk zum Zwecke der Kritik, Diskussion oder Information[98], das Vervielfältigen für Gerichtsverfahren oder behördliche Verfahren, zu Unterrichtszwecken sowie durch Kultureinrichtungen, Archive oder Bibliotheken[99] bis hin zur Erlaubnis der vorübergehenden Vervielfältigung eines Werkes während oder nach seiner digitalen Übertragung oder während einer Tätigkeit, die den Empfang eines digital gespeicherten Werkes zum Ziel hat, sofern sie im Rahmen des ordnungsgemäßen Ablaufs des Gerätes durch einen Berechtigten und mit Erlaubnis des Urhebers, des Rechtsinhabers oder kraft Gesetzes erfolgt[100]. Art. 172 IP-Gesetz enthält dagegen die auch bisher geregelten Einschränkungen zugunsten der Presse[101].

## 7. Rechtsnachfolge, Verwertungsgesellschaften

### A. Rechtsnachfolge

### I.) Vererbung des Urheberrechts

Inhaltlich hat sich für die Vererbung des Urheberrechts wenig geändert. Sie wird sich weiterhin nach den allgemeinen Regeln des Erbrechts richten. Das wird allerdings nicht mehr in einer gesonderten Bestimmung wie in den Art. 18 und 19 UrhG (1954) festgelegt, sondern bei der Regelung der Urheberpersönlichkeits- und der Verwertungsrechte berücksichtigt. Art. 143 Abs. 1 IP-Gesetz gewährt

---

[94] In diesem Sinne *IIPA*, 2001 Special 301: Egypt, S. 99.
[95] Art. 171 Nr. 1 IP-Gesetz.
[96] Art. 171 Nr. 2 IP-Gesetz.
[97] Art. 171 Nr. 3 IP-Gesetz.
[98] Art. 171 Nr. 4 IP-Gesetz.
[99] Art. 171 Nr. 5, 6, 7 und 8 IP-Gesetz.
[100] Art. 171 Nr. 9 IP-Gesetz.
[101] Vgl. Art. 14 und 15 IP-Gesetz.

die Urheberpersönlichkeitsrechte dem Urheber und "seinem allgemeinen Rechtsnachfolger". Nach Art. 147 IP-Gesetz stehen die Verwertungsrechte dem Urheber und "seinem Rechtsnachfolger" zu, d.h. seinem allgemeinen und besonderen Rechtsnachfolger. Weggefallen ist im IP-Gesetz eine ausdrückliche Vorschrift, die die Erben des Urhebers zwingt, seine letztwilligen Anordnungen bezüglich der Veröffentlichung seines Werkes zu befolgen. Die Beachtung letztwilliger Verfügungen ist freilich ein allgemeiner erbrechtlicher Grundsatz. Das IP-Gesetz enthält überdies keine Art. 23 UrhG (1954) entsprechende Vorschrift mehr. Die Rechtsnachfolger können also nicht mehr nach dem Tod zur Veröffentlichung eines Werkes gezwungen werden.

#### II.) Übertragung des Urheberrechts

Die einzige bedeutende Neuerung im allgemeinen Urhebervertragsrecht besteht in der Einführung einer Vertragsanpassungsnorm. Art. 151 IP-Gesetz ermöglicht es dem Urheber, beim Eingangsgericht die vertraglich vereinbarte Gegenleistung überprüfen zu lassen, wenn sich herausstellt, dass der Vertrag für die Rechte des Urhebers von Anfang an nachteilig ist oder durch nach Vertragsschluss eintretende Umstände nachteilig wird.

### B. Verwertungsgesellschaften

Auch im IP-Gesetz gibt es keine Regelungen zum Recht der Verwertungsgesellschaften. Die Entwurfsfassung von 1999 enthielt noch vier Vorschriften über die kollektive Wahrnehmung der Verwertungsrechte, die allerdings im Laufe des Gesetzgebungsverfahrens gestrichen wurden[102].

## 8. Folgen der Rechtsverletzung

Bei den Folgen der Rechtsverletzung finden sich nur bei den strafrechtlichen Sanktionen bemerkenswerte Änderungen. Art. 181 IP-Gesetz enthält zwei neue Straftatbestände, die beide technische Schutzmaßnahmen betreffen, die von den Urhebern oder den Inhabern verwandter Schutzrechte in Zusammenhang mit der Ausübung ihrer Rechte verwendet werden. Art. 181 Abs. 1 Nr. 5 IP-Gesetz stellt das Herstellen, das Montieren oder den Import solcher Vorrichtungen, Hilfsmittel und Geräte unter Strafe, deren Hauptzweck die Umgehung technischer

---

[102] Art. 47 bis 50 UrhGE (1999); *Lutfi*, a.a.O. (Fn 6), S. 596 f.

Schutzmaßnahmen ist[103]. Als technische Schutzmaßnahmen werden beispielhaft Verschlüsselungen genannt. Die Norm ist jedoch so offen formuliert, dass auch Anti-Kopiersysteme darunter fallen. Das Herstellen, das Montieren oder der Import von Umgehungsvorrichtungen ist allerdings nur dann strafbar, wenn deren Verkauf oder Vermietung beabsichtigt ist. Der Verkauf und die Vermietung allein, ohne dass zugleich eine der genannten Handlungen vorliegt wird nicht unter Strafe gestellt[104]. Art. 151 Nr. 6 IP-Gesetz stellt darüber hinaus die eigentlichen Umgehungshandlungen unter Strafe. Strafbar macht sich, wer absichtlich von Urhebern oder von Inhabern verwandter Schutzrechte verwendete technische Schutzmaßnahmen entfernt, blockiert oder beschädigt. Mit beiden Bestimmungen erfüllt Ägypten schon jetzt die Vorgaben von Art. 11 WCT und Art. 18 WPPT[105]. Art. 151 Nr. 6 IP-Gesetz ist darüber hinaus so weit formuliert, so dass ohne eine konkrete Definition von technischen Schutzmaßnahmen auch die von Rechtsinhabern verwendete Informationen über die Rechteverwaltung ("rights management information", Art. 12 WCT und 19 WPPT) unter die Vorschrift subsumiert werden könnten[106].

### 9. Verwandte Schutzrechte

Neu eingeführt wird in den Art. 155 ff. IP-Gesetz ein Schutz der ausübenden Künstler, Tonträgerhersteller und Sendeunternehmen. Damit werden zum ersten Mal in der ägyptischen Urheberrechtsgeschichte verwandte Schutzrechte geregelt. Dabei orientiert sich das IP-Gesetz nicht nur an Art. 14 TRIPS, sondern berücksichtigt auch das Rom-Abkommen[107] und den WIPO-Vertrag über Darbietungen und Tonträger.

---

[103] Das Gesetz spricht von Vorrichtungen, Hilfsmitteln oder Geräten, die zur Umgehung technischer Schutzmaßnahmen "entworfen wurden oder dazu bestimmt sind". Aus dieser Formulierung lässt sich nicht entnehmen, dass die Umgehung der technischen Schutzmaßnahmen der einzig beabsichtigte Zweck der genannten Vorrichtungen sein soll.

[104] Kritisch dazu *IIPA,* 2001 Special 301, Egypt:103 (unter www.iipa.com).

[105] Dazu *v. Lewinski*, GRUR Int. 1997, S. 676 f.; *Reinbothe/v. Lewinski*, a.a.O. (Fn 47),Art. 10 WCT Rn 20 ff.

[106] In diesem Sinne *IIPA,* 2001 Special 301: Egypt, S. 103 (unter www.iipa.com). Vgl. auch *v. Lewinski*, GRUR Int., S. 677: "Sowohl die Vorschriften zu technischen Schutzmaßnahmen als auch diejenigen zur "rights management information" enthalten keine Pflicht der Vertragsstaaten, solche technischen Maßnahmen bzw. Systeme einzuführen."

[107] Internationales Abkommen über den Schutz der ausübenden Künstler, der Hersteller von Tonträgern und der Sendeunternehmen vom 26.10.1961. Als einziger arabischer Staat ist der Libanon seit dem 12.8.1997 Mitglied des Rom-Abkommens.

## 10. Schlussbemerkungen

Auch wenn sicher noch manche Verbesserungsmöglichkeiten vorhanden sind, so verfügt Ägypten mit dem dritten Buch des IP-Gesetzes doch über ein modernes und den neuesten internationalen Entwicklungen entsprechendes Urheberrechtsgesetz. Gerade weil Ägypten im Vergleich zu vielen arabischen Staaten über eine relativ lange Urheberrechtstradition verfügt, hat es damit seine rechtliche Vorreiterrolle bestätigt. Es bleibt zu hoffen, dass das Gesetz zu einem breiteren Urheberrechtsbewusstsein in Forschung, Rechtswissenschaft und Praxis führt[108].

---

[108] Dann wird es vielleicht in der Zukunft nicht mehr nötig sein, dass selbst eine Interessenvereinigung der US-amerikanischen Verwerterindustrie angesichts des Ausmaßes, das die Urheberrechtspiraterie in Ägypten mittlerweile angenommen hat feststellt: " Piracy in Egypt continues to hurt U.S. copyrighted owners, *but is devastating to the once-vibrant Egyptian creative community.*" *IIPA*, 2002 Special 301: Egypt, S. 111 (unter www.iipa.com). Siehe auch *Guerrera*, Survey: Egypt: Investors rue weak patent protection: Intellectual Property, Financial Times, May 9, 2001, der die jährlichen Verluste der ägyptischen Film- und Musikindustrie auf etwa 750 Millionen äg. Pfund (etwa 180.000.000 Euro) schätzt.

# RECENT DEVELOPMENT IN INTELLECTUAL PROPERTY LAWS IN SYRIA[1]

Kanaan Al-Ahmar, LL.M., Attorney at Law, Damascus

## A. Introduction

Syria has a relatively sophisticated and well-established legal system based on the French law. It is not as yet a member of the World Intellectual Property Organisation ("WIPO"), or the Agreement on Trade-Related Aspects of Intellectual Property Rights ("TRIPS"). However, the Syrian Constitution[2] guarantees in Article 24 the protection of Intellectual Property Rights ("IPR"). Laws on almost all IPR have been enacted in Syria since more than one century when it was under the Ottoman Empire and after that under the French Mandate. Furthermore, it has in the recent years embarked on a reform process of its IPR in the context of which several regulations on industrial property and the new copyright law 12/2001were issued. Draft laws on patent, industrial designs and trademarks are said to be in the pipeline. In the following the mean features of these recent developments in Intellectual Right Law in Syria will be reviewed.

## B. International Conventions

Syria joined many of the international intellectual property conventions when it was still under the French Mandate[3]. Article 12 of the Mandate Document[4] "obliged the mandate authority to join the international conventions of

---

[1] The content of this article was presented in the Symposium on IPR in the Arab Countries October 19, 2001, MPI Munich.

[2] Article 24 of the Permanent Constitution of March 13, 1973 provides "(1) Science, scientific research, and all scientific achievements are basic elements for the progress of the socialist Arab society. Comprehensive support is extended by the state. (2) The state protects the rights of authors and inventors who serve the people's interests".

[3] Syria was under French Mandate from 1920 up to 1943 when it became independent, though the actual evacuation of the French forces was in 1946.

[4] The document in which the "League of Nations" on July 24, 1922, endorsed the French Mandate on Syria and Lebanon, see, e.g. *Fauad Shoubat,* Al-Markaz Al-Qanouni Lel-Ajaneb fi Souriya (the Legal Statutes of Foreigners in Syria), (Damascus University, Damascus 1985), P. 101.

intellectual property on behalf of the states of Syria and Lebanon"[5]. Accordingly, Syria joined the Paris Convention of Industrial Property as amended up to 2 June 1934 (the London Amendment), by Ordinance 152/L.R., issued by the French High Commissioner during the French Mandate on July 19, 1939. It also joined many other intellectual property conventions such as joining on August 1, 1924 the Berne Convention for the Protection of Literal and Artistic Works signed on July 9, 1886. However, when Syria united with Egypt on 1958 and lost its sovereignty as an independent state, it was deemed to have withdrawn from these conventions[6]. After the separation between Syria and Egypt in 1961, Syria confirmed by Decree No. 130 dated March 12, 1962 its membership to Paris Convention of Industrial Property (London Amendment). Also Syria was among the first countries that joined in 1947 the General Agreement for Tariff and Trade ("GATT")[7], but it withdrew from it in 1951, in protest of Israel's joining it. Syria follows the international classification of goods and services for the registration of trademarks, although it has not become a member to Nice Agreement that adopted this classification[8]. Recently on July 31, 2002 Syrian joined Stockholm document of Paris Convention by Legislative Decree No. 47/2002 issued by the Syrian president. Furthermore, the Syrian government announced that it would join the WIPO and has recently applied for joining the WTO. By joining the WTO, Syria will consequently have to apply the provisions of TRIPS and the main WIPO conventions, which TRIPS applies by reference.

### C. National Law

Industrial properties in Syria, which include patents, industrial designs and trademarks, are regulated mainly by Legislative Decree No. 47 of 1946 ("LD

---

5 See *Fauad Shoubat*, op. cit., p. 101; also see *Wahid ad-Deen Sewar*, Shareh al-qanoun al-madani - al-hoqouq al-ainiya al-assliya" (Commentary on the civil law-the real rights), 3rd ed. (*Matba'at al-daoudi*, Damascus 1979), p.135.

6 *Wahid ad-Deen Sewar*, op cit., p. 136.

7 "The Protocol of Provisional Application of the General Agreement on Tariffs and Trade was signed by 23 countries. These original "Contracting Parties" were Australia, Belgium, Brazil, Burma, Canada, Ceylon, Chile, China, Cuba, the Czechoslovak Republic, France, India, Lebanon, Luxembourg, Netherlands, New Zealand, Norway, Pakistan, Southern Rhodesia, Syria, South Africa, the United Kingdom, and the United States of America"; see. http://www.wto.org/english/thewto_e/whatis_e/eol/e/wto01/wto1_6.htm#note3, accessed on September 4th, 2002.

8 Nice Agreement Concerning the International Classification of Goods and Services for the Purposes of the Registration of Marks; Nice Agreement (1957), revised at Stockholm (1967) and at Geneva (1977), and amended in 1979 (Nice Union).

47")[9], which has been slightly amended with respect to the rates of fees, as specified therein, by Law No. 28 of 3 April 1980, and by Legislative Decree No. 8 of 8 April 1993. In general, L.D. 47 consists of 130 articles divided into six parts, covering patents, industrial designs and models, trade marks, temporary protection of markets and exhibitions in Syria and foreign countries, and commercial and industrial prizes, unfair competition in additions to providing for criminal sanctions supporting the protection of the mentioned rights. In addition to LD 47, there are many legal statutes that provide certain protection to industrial property in Syria. Among these other sources are chapter 6 of the Penal Code of 1949 that provides for the offences that are considered as trespasses on industrial property and the Customs Law No. 9 of July 16, 1975 that provides for certain boarder measures regarding the importation of infringing products[10]. These sources were in the recent years supplemented and reformed by several administrative regulations, which will be review below. However, draft laws on industrial property are said to be in the pipeline.

Until the issuance of the new Copyright Law No. 12 dated February 19, 2001 ("CL"), which will be reviewed below, copyrights and neighbouring rights in Syria were protected mainly by the Press Law No. 53 dated 1949 and chapter seven of the Penal Code. Article 32 of the Press Law defined the artistic and literal works and regulated their protection, and the Penal Code provided for criminal sanctions for infringing copyrights[11].

## D. Recent Developments

### *I. Industrial Property In general*

All industrial and commercial property rights regulated by LD 47 are subject to deposit with a single office, the Department of Commercial and Industrial

---

9 This law replaced Ordnance No. 2385 dated January 17, 1924, issued during the French Mandate on Syria and Lebanon, which is still in force in Lebanon regarding certain aspects of intellectual property rights. This Ordnance regulated almost all intellectual property rights, which were known at that time in Syria and Lebanon, see *Fauad Shoubat, op cit*, p. 210.

10 For the sources of industrial property in Syria and the related legal statutes see: Kanaan Al-Ahmar, Critical Review of the Trade Mark System in Syria, in the *International Review of Industrial Property and Copyright* (IIC). No. 01/1999, P.43 et seq.

11 For the Arabic texts of all legal statutes related to the protection of intellectual property in Syria, except the new Copyright Law and the Instructions No. 7 and Order No. 2084, see "The Collection of the Intellectual Property Provisions" printed and distributed in 1994 by the Chamber of Commerce in Damascus.

Property Protection ("Protection Office"), which is one of the departments of the Directorate of Commercial Organisation in the Ministry of Supply and Internal Trade ("Ministry"). Following the old French principles, L.D. 47 allows the deposit of patents, industrial designs and trademarks after verifying few formal requirements without conducting any substantive examination by the Protection Office. The Protection Office issues a "Deposit Certificate" without any guarantee to the legality and validity of the deposited right. This principle of automatic deposit of industrial property rights proved to be impracticable and brought about the issuance of new regulations by Instructions No. 7 of 1995 and Order No. of 2084[12] that aimed at curtailing its negative consequence, especially in relation to industrial designs and trademarks. Both of these regulations granted the Protection Office the power to exercise more control on the deposit process and provided for certain substantive requirements that an industrial design and a trademark have to fulfil in order to be eligible for deposit.

## 1. Trademarks[13]

Article 73 of L.D. 47 empowers the Protection Office to refuse the deposit of marks that represent domestic or foreign signs or emblems, or a symbol repugnant to public order and public morals. However, in a later stage, a series of legislative measures introduced further requirements, beside the requirements prescribed by LD 47, which a trademark must satisfy to be eligible for deposit. For instance, Decree No. 135 of 1961 requires that the trademark be written in Arabic characters, and the Israel Boycott Regulations required that the trademark should not contravene the Israel Boycott Rules[14]. Generally speaking, these requirements may be seen to be purely formal, for they stop short of dealing with the substance of the trademark and do not modify the nature of the automatic character of the deposit procedure. Only courts, and not the protection Office, has under LD 47 the authority to verify the substantive requirements that a mark has to comply with in order to be eligible for deposit, or to verify whether the mark collides with the rights of third parties. Thus, the validity of deposit is not guaranteed and the deposit is not sufficient to make the trademark foolproof.

---

[12] Instructions 7 of September 26, 1995 issued by the Minister of Supply and Internal Trade replaced by Order 2084 dated August 12, 1996 issued by the same Ministry.

[13] For this section on trademark see: Kanaan Al-Ahmar, op. cit., pp. 9-11.

[14] Law No. 286 of 1956 published in the Syrian Official Gazette issue No. 38 dated August 23, 1956, p. 5276.

When Syria started to open its economy up for private and foreign investment at the end of the eighties, pirating trademarks and industrial designs spread and became a phenomena that distorted the internal market and constituted a real barrier to market entry, especially for foreign investment. Infringers took advantage of the automatic deposit of industrial properties and deposited under their names rights that they do not own, especially well-known international trademarks. The Protection Office and the Ministry were faced by a situation where they were obliged under LD 47 to accept the applications for depositing trademarks and industrial designs although they knew that the applicants did not own these rights. So, in 1995 the Ministry took the initiative and issued Instructions No. 7[15] that reversed the entire deposit procedure. Instructions No. 7 provided for a long list of requirements, which a trademark must satisfy to be eligible for deposit. The Instructions were replaced by Order 2084 of 1996, which added some modifications and extended the list of requirements. This list included the requirement that a trademark should not deceive the public and many requirements related to the similarity and distinctiveness of the trademark. These requirements are similar to the requirements of the prior control registration procedure. The Order also gives a long and detailed list of what it considers as depositable and non-depositable trademarks according to these requirements.

Thus, the automatic deposit process provided by L.D 47 was changed to a prior control registration process mainly by Instruction 7 and Order 2084 which had no legal capacity to effect this change.

An important innovation of Order 2084 is the explicit protection accorded to internationally well-known trademarks. It provides that: "It shall not be allowed to register a trade mark which is identical or similar to an internationally well-known trademark. And if a registered trademark, for 60 days from its registration, proved to be a well-known trademark, by proving that it is registered in two other countries at least, the Office would cancel its registration automatically". This explicit protection, which was not provided in L.D. 47, expressed the intention of the Syrian government to upgrade the protection standards provided in L.D. 47.

### 2. Industrial Designs and Patent

Similar to trademarks, according to Articles 51-52 of LD 47, the Protection Office has to accept the deposit of an industrial design after verifying only

[15] Instructions No. 7 of September 26, 1995.

whether it contravenes public order and morals. The essence of the section related to industrial models and designs in Instructions No. 7 and Order 2084 is the same as that related to trademark. These two regulations aimed at empowering the Protection Office to refuse the deposit of industrial models and designs except for their real owners. So, Art.4 of Order 2084 came up with a completely new restrictive requirement for depositing industrial models and designs. This Article provides "the applicant for depositing a local industrial model or design has to prove, by all ways of evidence, that there is no similar design, neither in Syria, nor outside Syria. If the applicant fails to prove that, he has to undertake that he will waive his right to initiate a prosecution procedure against any person claiming to be the owner of the design, and that he will resort only to civil procedure against it". This requirement contravenes Articles 51-52 of LD 47 and is also unrealistic and impracticable. It is almost impossible for any one to prove that there is "no similar design, neither in Syria, nor outside Syria". Furthermore, this requirement ignores one of the basic principles in industrial property law, which is the territoriality of industrial property rights. Although certain exceptions have bee introduced by the international law, industrial property rights are still considered as territorial rights enjoyable within the boarders of the state that granted them. A state must not make the recognition of an industrial model or design within its boarders conditioned on proving that there is no similar model or design in the world. Curbing the phenomena of unlawful deposit of industrial models and designs does not justify imposing this restrictive unrealistic requirement. Rather by enacting a new up to date law that empowers the Protection Office to conduct a realistic substantive examination on the model or design before accepting its deposit with reserving the right of third parties to challenge any unlawful deposit. Keeping this unreasonable requirement would paralyze the whole registration system of industrial models and designs.

As for patents, Instructions 7 and Order 2084 did not come up with any important new rule rather they emphasized the application of the registration rules of Paris Convention.

## *II. Copyright*

The modernization of the intellectual property laws in Syria can be considered to have started with the enactment of the new Copyright Law No. 12 dated February 19, 2001 ("CL 12"). The Syrian parliament endorsed together with this law a recommendations prepared by the committee, which studied the law, that Syria should join the international copyright convention, in order to expand the protection to foreign rights holders. It is expected that new laws in the other intellectual property fields will follow this law. The Syrian government prepared this law without any help from the WIPO, which usually extends its help to the countries willing to reform their IP laws. However, this law adopts the main international protection standards that WIPO and the TRIPS promote. In the following the main features of this new law will be reviewed.

## 1. Subject Matter of Protection

Article 1 of CL provides for a profound definition of what is considered as a work protected under the law that covers all works that are universally protected under copyright law. Accordingly, "a work is any literary, scientific or artistic creative production no matter what its quality or importance is, and whatever means of expression are used, or the reason for its classification might be". Furthermore, Article 3 grants protection to all "works" and provides a list of the works that will be in particular included by the protection. This list includes: a) Written works such as books, booklets, brochures, pamphlets, manuscripts, lectures and similar written material; b) Artistic works (theatrical and musical whether in a digital encrypted form or not and whether accompanied by words or not in addition to cinematography, broadcast, televised, lyrical, pantomime and music composing works; c) Works of plastic and applied arts and photography; d) Works of drawings, geographic maps and designs related to topography, architecture or science; e) Works of computer software to include design documents and data thereof. Protection shall include the title of the work unless such title is a common term indicating the subject matter of the work. Article 4 of the new law excludes from protection the collections of official documents such as laws, decrees, regulations, international agreements, judicial judgements, decisions of the administrative authorities and all other official documents and the official translation thereof. In addition to that, excluded are daily news whether published, broadcast or publicly announced.

## 2. Performance Rights

The CL protects both the moral and financial rights of performers. Article 1 of CL gives a wide definition of who may be considered as a performer. Accordingly, performers are actors, musicians, singers, dancers, recitals and others who perform an artistic or literal work in any way. Then the CL provides in Article 27 that the moral rights of performers may not be assigned or expired. Article 28 protects the exclusive financial rights of performers and gives them the right to prevent the performance of their rights without a written authorization. The protection includes also preventing any broadcasting and televising of the performance or recording it on any medium, selling or renting such medium or reproducing it. The period of the protection is fifty years from the date of first public performance.

### 3. Authors Entitled for Protection

According to Article 2 of the CL, works of foreigners will not enjoy protection under this law except when their holders have a place of residence in Syria, and they publish the works in Syria, or when Syria is bound with an international convention with the country of the right holder. Taking in consideration that Syria has not become member to Bern convention, nor to TRIPS, most of the works of non-Syrians that are imported into the Syrian market, will not enjoy the protection afforded by this law. This gives the recommendations of the committee that prepared the law, that Syria should join the related international copyright convention, a special important.

### 4. Content of Right

In principle, the CL recognises the absolute exclusive rights of the owner on his works. It qualifies the author rights over his work as "an ownership" right, and defines in Article 1 this ownership right as including all material and moral rights that an author has over his work. Article 5 guarantees for the author an absolute exclusive right to "publish the work, to select the means of publishing it and to exploit it financially in the way he deems suitable". And "no third party shall have the right to make any exploitation of the work, unless by a written authorization from the author or his successors". The author has the right under Article 18 to claim damages against any an unauthorized exploitation of his work.

However, Article 37 CL provides for six exceptions to the said exclusive right, where certain uses of the work by third parties are allowed without the authorization the author. These exceptions are provided to protect the public interests and the need for establishing the technological base needed for economic development in a developing country as Syria. The Syrian government took in account its development needs, which might be affected by applying the high standards of protection for certain works, and tried to minimise the high costs of such protection by providing certain limitations. However, a sensitive balance between the rights of the owners and the public interest has to be made when applying these provisions by the administrations and courts, because the limitations must not jeopardise the legitimate interests of the authors.

### 5. Duration of Protection

According to Article 22 the period of protection extends during the life of the author and to 50 years after his death. The work published without mention of the author or under false name shall be entitled to the copyrights for fifty years as of the date of the first legitimate publication. If the identity of the author is revealed or there are no doubts any more as for specifying such before such period lapses, the period shall be calculated from the death date (Art. 23). The period for audio - visual, broadcast, televised or cinematography work shall be fifty years as of the date of producing the work. If the work is offered to the public with the author's consent during such period, the period will be fifty years as of such later date (Art. 24). As for photographic, fine arts or plastic arts the period shall be ten years as of the date of producing such work (Art. 25). All unprotected works or works with expired protection periods shall fall in the public domain (Art. 26).

### 6. Sanctions

The new law provides for relatively heavy punishments for the acts of infringements of copyrights. For example, according to Article 40, infringement is punishable of imprisonment for a period from three months up to two years and a fine not less than one hundred thousand Syrian Pound, or either. In comparisons, e.g., with the fines prescribed in other criminal provisions, the fine imposed in Art. 40 is considered very high. This reflects the intention of legislature to afford copyrights maximum protection.

## E. Enforcement

The main problem regarding the protection of IPR in Syria and the other developing countries is enforcement. Most of these countries have had substantive IP laws since the colonial times, but this has not proven to be enough to guarantee an adequate and effective protection of IPR. The most important reason behind this inadequacy is the absence of an effective enforcement and implementation of the law. Therefore, reforming the national substantive IPR laws in Syria and conforming them to the international standards has to be accompanied by an effective enforcement measures in order to produce its fruits.

## F. Conclusion

The regulations and pieces of legislation issued in Syrian recently, although it has not gone yet under an international obligation to issue them, reflect the serious intention of the Syrian government to reform its intellectual property system. These efforts came after the government had realised the negative consequences of the ineffective protection on its economy. However, in order for the reform process to achieve its objectives, the government must enact new laws regarding the IP fields which have not been properly reformed yet, such as trademark, industrial designs and patents. The reform process has also to be accompanied by more efforts to enforce and implement the IP laws. Furthermore, Syria must give a positive signal to foreign investors and right holders by joining the international IP conventions, which it has not joined yet, to extend the protection to foreign IP rights.

# DAS MODERNE ARABISCHE RECHT

RA Dr. Kilian Bälz, LL.M., Frankfurt am Main

## 1. Einleitung

Über das moderne arabische Recht zu reden, heißt über mehr als zwanzig verschiedene Rechtsordnungen zu berichten. Die Einheit, die früher das islamische Recht als das gemeine Recht der arabischen Welt gestiftet hat, besteht heute, im Zeitalter der Nationalstaaten, in dieser Form nicht mehr. Denn das islamische Recht wurde in den meisten Staaten ersetzt durch moderne, vom Staat erlassene Kodifikationen. Auch in den Bereichen, wo das heutige Recht weiterhin vom Anspruch her den islamischen Vorstellungen entspricht, wird es von modernen Gerichten verwaltet, die die überkommenen Regeln und Grundsätze vielfach neu interpretiert haben.

Im Folgenden werde ich mich auf das ägyptische Recht konzentrieren. Ägypten ist die zentrale Rechtsordnung der arabischen Welt. Das ägyptische Recht hat eine Vorbildfunktion und viele arabische Staaten haben die ägyptischen Kodifikationen und Gesetze übernommen, häufig sogar wörtlich. Ägyptische (und in Ägypten ausgebildete) Juristen üben als Rechtsanwälte und Verwaltungsangestellte einen großen Einfluss in der Beratung von Unternehmen und Regierungen aus, der weit über Ägypten hinausreicht. Sie vertreten die arabischen Staaten vielfach in internationalen Organisationen wie der International Chamber of Commerce (ICC) in Paris und dem International Court of Justice in Den Haag. Auch die Professoren an den vergleichsweise jungen Universitäten der Staaten des Arabischen Golfes stammen häufig aus Ägypten oder haben zumindest einen Teil ihres wissenschaftlichen Werdeganges dort zurückgelegt. Schließlich ziehen viele Gerichte anderer arabischer Staaten ägyptische Gerichtsentscheidungen und Rechtsliteratur zu Rate, wenn die eigene Rechtsordnung zu einer bestimmten Frage (noch) keine Lösung entwickelt hat; praktisch „gilt" im Zweifel also auch dort das ägyptische Recht. So heißt, sich mit dem modernen Recht der arabischen Staaten zu beschäftigen stets auch, sich mit der Rechtslage in Ägypten auseinanderzusetzen.

## 2. Die Entstehung des modernen Rechts

Die moderne ägyptische Rechtsgeschichte beginnt im frühen 19. Jahrhundert. Unter Muhammad Ali (1805-1848) wurden Reformen von Recht und

Gerichtsverfassung durchgeführt, mit denen die Anwendung des islamischen Rechts (šarī'a) und die allumfassende Zuständigkeit der Sheriats-Gerichte eingeschränkt wurden. Weitere und sehr viel einschneidendere Reformen folgten in der zweiten Hälfte des 19. Jahrhunderts. Im Jahr 1876 nahmen die so genannten Gemischten Gerichte ihre Tätigkeit auf, die mit ägyptischen und ausländischen Richtern „gemischt" besetzt waren. Sie waren für Rechtsstreitigkeiten zuständig, bei denen ausländische Interessen betroffen waren. Ergänzt wurde dieser Instanzenzug 1883 durch die Nationalen Gerichte, zuständig für Rechtsstreitigkeiten unter Ägyptern. Beide Gerichtszweige entschieden auf der Grundlage neuer Kodifikationen des Zivil- und Handelsrechts, die sich eng an europäischen, insbesondere französischen und italienischen Vorbildern orientierten. Der Dualismus der Gerichtsverfassung blieb bis zur Abschaffung der Gemischten Gerichte im Jahr 1949 bestehen. Die frühzeitige Hinwendung zu europäischen Vorbildern bei der Rechtsreform und die lange Tradition des Dialoges mit europäischen Juristen haben dabei nicht nur die ägyptische Rechtswissenschaft und Rechtsprechung nachhaltig beeinflusst, auch haben ägyptische Juristen wesentliche Beiträge zur europäischen Rechtsvergleichung geleistet, die nicht auf das islamische Recht beschränkt sind.

Seit dem ausgehenden 19. Jahrhundert sind so in Ägypten vom Staat erlassene Gesetze weitgehend an die Stelle des islamischen Rechts getreten, das bis dahin das gemeine Recht der arabischen Welt war. Das gilt heute auch für die meisten anderen arabischen Staaten, auch wenn gerade auf der arabischen Halbinsel dieser Prozess erst sehr viel später, und zwar in der zweiten Hälfte des 20. Jahrhunderts, eingesetzt hat und bis heute nicht abgeschlossen ist. Ausgenommen von dieser Entwicklung ist regelmäßig das Familien- und Erbrecht und das Recht der frommen Stiftungen (awqāf), Bereiche, die - jedenfalls im Grundsatz - weiter dem islamischen Recht unterliegen. Doch auch in diesen Bereichen erließ der Staat Gesetze, insbesondere um die überkommenen Bestimmungen des islamischen Rechts an die sich wandelnden sozialen und politischen Bedingungen anzupassen.

In Ägypten sind hier die Familiengesetze aus dem Jahr 1929 (zuletzt geändert im Jahr 2000) und das Erbgesetz aus dem Jahr 1943 hervorzuheben, die zwar auf dem islamischen Recht aufbauen, dieses aber versuchen zu modifizieren und fortzuentwickeln. Gerade die Reform des Familienrechts ist in den arabischen Staaten von anhaltenden rechtspolitischen Debatten begleitet. Etwa die Ausweitung der Scheidungsmöglichkeiten der Frau und die Einschränkung des Rechts des Mannes, durch Verstoßung (ṭalāq) die Ehe jederzeit und ohne

Begründung aufzulösen, halten Traditionalisten vielfach für nicht vereinbar mit den koranischen Bestimmungen.

Im Jahr 1923 trat in Ägypten erstmals eine Verfassung nach westlichem Vorbild in Kraft. Sie war Ausdruck der so genannten „liberalen Phase“, sah eine konstitutionelle Monarchie vor und wurde erst nach der nasseristischen Revolution von 1952 endgültig außer Kraft gesetzt. Die Verfassung von 1923 wurde abgelöst von verschiedenen Verfassungstexten der Nasser-Zeit, diese wiederum ersetzt durch die Verfassung von 1971, die (mit einigen Änderungen) noch heute in Kraft ist. Die politischen Entwicklungen im 20. Jahrhundert haben ihre deutlichen Spuren in den Verfassungstexten hinterlassen. In ihnen sind gut die unterschiedlichen politischen Strömungen zu erkennen, die Ägypten im 20. Jahrhundert dominiert haben und die in den Verfassungen teilweise recht unverbunden nebeneinander stehen: der arabische Sozialismus der Nasserzeit, das Bekenntnis zu Konstitutionalismus und bürgerlichen Freiheitsrechten aus der liberalen Periode und, in unterschiedlicher Intensität, die Bezugnahme auf den Islam als Staatsreligion und Grundlage der Verfassung.

## 3. Verfassungsrecht im Spannungsfeld von Sozialismus, Islam und Liberalismus

Alle arabischen Staaten verfügen heute über eine geschriebene Verfassung oder - wie Saudi Arabien und der Oman - zumindest über verfassungsähnliche Dokumente, die den Anspruch erheben, die Grundlagen der öffentlichen Gewalt zu regeln. Die arabischen Verfassungen orientieren sich durchweg mehr oder weniger eng an europäischen Vorbildern, und erst in den letzten Jahrzehnten haben manche Staaten den Versuch unternommen, Elemente der traditionellen islamischen Staatslehre in den geschriebenen Verfassungen stärker zu betonen.

Die ägyptische Verfassung aus dem Jahr 1971 sieht eine präsidiale Demokratie vor, mit einer Trennung der Gewalten in Legislative, Exekutive und Judikative, enthält einen umfassenden Grundrechtskatalog und eine ausführliche Regelung der Wirtschaftsverfassung. Die Verfassung hat sich als erstaunlich beständig erwiesen, bedenkt man das Ausmaß des wirtschaftlichen, aber auch politischen Wandels im Land in den letzten drei Jahrzehnten. Politische Praktiken haben sich dabei teilweise auch neben Wortlaut und Geist der Verfassung entwickelt, was sich zum Beispiel in der Gesetzgebung zeigt, auf die die Exekutive faktisch großen Einfluss ausübt. So werden viele Gesetze nicht als Parlamentsgesetze, sondern durch Präsidialdekret erlassen, was der verfassungsmäßig angelegten Kompetenzverteilung nicht entspricht.

Eine wesentliche Rolle in der Konkretisierung und Interpretation der ägyptischen Verfassung spielt in Ägypten der seit 1979 bestehende Verfassungsgerichtshof, der sich in seinen Entscheidungen häufig an die amerikanische und französische Rechtsprechung anlehnt. Das Gericht hat die bürgerlichen Freiheitsrechte in den letzten Jahren in vielen Bereichen entschieden verteidigt. Der Verfassungsgerichtshof hat sich für die Freiheit der Meinung ausgesprochen, Justizgrundrechte gestärkt und dem Gleichbehandlungsgrundsatz zur Geltung verholfen. Auch hat er den Schutz des Privateigentums ausgebaut und den politischen Partizipationsanspruch der Bürger verteidigt, indem er mehrfach Parlamentswahlen mit der Begründung annullierte, es sei bei ihnen gegen die geltenden Wahlgesetze verstoßen worden. Dies haben manche Beobachter als Teil eines umfassenden Demokratisierungsprozesses interpretiert, in dem der Judikative eine zentrale Rolle zukommt. So positiv die Rolle des Verfassungsgerichtshofes ist, sollte in diesem Zusammenhang allerdings nicht unterschätzt werden, dass eine unabhängige Judikative auch eine das System insgesamt stabilisierende Funktion haben kann, indem sie politische Konflikte absorbiert; es ist fraglich, ob Erfahrungen mit Rechtsstaatlichkeit und Demokratisierung in Mittel- und Osteuropa oder Südamerika ohne weiteres auf die arabischen Staaten übertragen werden - können.

Der ägyptische Verfassungsgerichtshof hat auch maßgeblich dazu beigetragen, das Verhältnis zwischen dem islamischen und dem staatlich gesetzten Recht neu zu definieren. Nach Art. 2 der ägyptischen Verfassung (in der Fassung von 1980) sind die „Prinzipien des Islamischen Rechts" die „Hauptquelle der Gesetzgebung". Der Verfassungsgerichtshof legt diese Bestimmung dahingehend aus, dass der Verfassungsartikel nicht etwa bedeutet, das islamische Recht solle insgesamt an die Stelle der vom Staat erlassenen Gesetze treten. Vielmehr sei es dem parlamentarischen Gesetzgeber weiter gestattet, Gesetze zu erlassen. Hierbei sei der Gesetzgeber alleine an die zwingenden Bestimmungen des islamischen Rechts gebunden. Neben diesen zwingenden Bestimmungen gäbe es allerdings Bestimmungen, die dem Wandel von Zeit und Ort unterworfen seien. In einer Reihe von Verfahren war geltend gemacht worden, Gesetze - unter ihnen die Reform des Scheidungsrechts, das Verbot des Gesichtsschleiers in staatlichen Schulen oder auch das Verbot der Geschlechtsverstümmelung an Frauen (FGM) - verstießen gegen die Bestimmungen des islamischen Rechts. Der Verfassungsgerichtshof hat sich in diesen Entscheidungen durchweg für eine zeitgemäße Auslegung des islamischen Rechts ausgesprochen und die betreffenden Gesetze islamisch legitimiert.

Ähnlich ist der Verfassungsgerichtshof mit dem sozialistischen Erbe der Nasser-Zeit verfahren. So hat das Gericht entschieden, dass die Verfassungsbestimmungen über die sozialistische Wirtschaftsordnung mit Blick auf die marktwirtschaftlich orientierte Reformpolitik neu zu interpretieren seien. Aus diesem Grund sprach sich der Verfassungsgerichtshof dafür aus, dass die Bestimmungen über das sozialistische Eigentum und den öffentlichen Sektor in der Verfassung von 1971, die noch ganz im Geiste der staatskapitalistischen Wirtschaftspolitik der Nasser-Zeit abgefasst sind, im Lichte der veränderten wirtschaftlichen Bedingungen auszulegen seien. Der Verfassungsgerichtshof hat den Schutz des Privateigentums, wesentliches Element einer marktwirtschaftlichen Wirtschaftsordnung, stark ausgeweitet und in einem Aufsehen erregenden Urteil zudem entschieden, dass die Privatisierung von Staatsunternehmen mit der sozialistisch geprägten Eigentumsordnung vereinbar ist. Der wirtschaftliche und politische Wandel wurde folglich weniger über Änderungen des Verfassungstextes als durch die Rechtsprechung des Verfassungsgerichtshofes aufgefangen, der sich zu einem unabhängigen politischen Akteur im Verfassungsgefüge entwickelt hat.

## 4. Das ägyptische Zivilgesetzbuch von 1948 - Modell für die arabische Welt

Das ägyptische Zivilgesetzbuch von 1948 ist die zentrale arabische Zivilrechtskodifikation. Geschaffen wurde es maßgeblich von dem ägyptischen Juristen Al-Sanhūrī (gest. 1971), der sich zum Ziel gesetzt hatte, mit dieser Kodifikation eine Synthese zwischen dem islamischen Recht und den rezipierten Bestimmungen des europäischen Rechts zu schaffen. Das Ergebnis ist eine Kodifikation des Vertrags- und Sachenrechts, die in vielen arabischen Staaten mehr oder weniger wörtlich übernommen wurde und in Ägypten noch heute in Kraft ist. Die Einheit, die in den arabischen Staaten durch die Rezeption des ägyptischen ZGB und Übernahme der darauf aufbauenden ägyptischen Rechtsprechung und Kommentarliteratur entstanden ist, insbesondere der von Al-Sanhūrī dazu verfasste Kommentar „Al-Wasīṭ“, der auch die Abweichungen in den arabischen Nachbarstaaten erläutert, ist ein eindrucksvolles Beispiel der Rechtsvereinheitlichung, das gerade mit Blick auf die aktuellen Diskussionen in Europa Beachtung verdient.

Umstritten ist allerdings weiterhin, wie „islamisch" die ägyptische Kodifikation ist, und der Rekurs auf die Tradition des islamischen Rechts als dem gemeinen Recht der arabischen Welt hat sicher nur bedingt zur Verbreitung des Gesetzbuches weit über die ägyptischen Landesgrenzen hinaus beigetragen. Zwar beinhaltet das ZGB durchaus einige Bestimmungen, die dem islamischen Recht entlehnt sind, etwa die Regelung des dinglichen Vorkaufsrechts (šufʿa). Auch versuchte Al-Sanhūrī, allgemein nach Lösungen zu suchen, die im Einklang mit dem Geist des islamischen Rechts stehen. Aus diesem Grund entschied sich das ägyptische ZGB etwa für die dem deutschen Rechtskreis zugeschriebene „objektive" Theorie der Willenserklärung, nach der eine Erklärung vorrangig nach ihrem Wortlaut und nicht nach dem „inneren Willen" des Erklärenden auszulegen ist und gegen die dem französischen Recht zugeschriebene „subjektive Tendenz", die im Zweifel den inneren Willen des Erklärenden für ausschlaggebend hält. Im Übrigen aber ist die Kodifikation stark vom französischen Code Civil und seinen Nebengesetzen beeinflusst. Das zeigt zum Beispiel ein Blick auf die Regelung des Deliktsrechts, das mehr oder weniger wörtlich die französische Rechtslage widerspiegelt. Die französische Ausrichtung der Kodifikation wird verstärkt durch eine Interpretation, die häufig vor dem Hintergrund der französischen Rechtsprechung und Literatur erfolgt, weil viele der ägyptischen Juristen in führenden Positionen in Frankreich studiert haben, so auch Al-Sanhūrī selbst. So ist die Kodifikation zwar vom Anspruch her islamisch, in der Praxis aber setzt sich im Zweifel der französische Einfluss durch.

## 5. Handels- und Gesellschaftsrecht

In Ägypten wurde 1999 ein neues Handelsgesetzbuch erlassen. Das Handelsgesetzbuch trat an die Stelle des bisher geltenden Handelsgesetzbuches von 1983, das für die Nationalen Gerichte entworfen worden war. Das neue Handelsgesetzbuch ist eine umfangreiche Kodifikation des Handelsrechts und regelt neben dem Handelsstand und den handelsrechtlichen Verträgen auch das Bank- und Wertpapierrecht sowie das Insolvenzrecht. Hervorzuheben sind insbesondere die Abschnitte über den Technologie-Transfer und das Vertriebsrecht, Gebiete, die bislang nicht gesetzlich geregelt waren. Inwieweit die Bestimmungen des neuen HGB in jeder Hinsicht den heutigen Anforderungen entsprechen, ist umstritten. Manche Abschnitte, wie etwa die Regelung des Technologie-Transfers, gehen noch auf Entwürfe zurück, die stark im Denken der späten sechziger Jahre verhaftet sind und mit der neuen marktwirtschaftlichen Wirtschaftspolitik und der Öffnung für den internationalen Wirtschaftsverkehr schwer in Einklang zu bringen sind.

Das wichtigste gesellschaftsrechtliche Gesetz ist das Gesetz über die Kapitalgesellschaften aus dem Jahr 1981. Es regelt die Aktiengesellschaft und die Gesellschaft mit beschränkter Haftung, die in der Praxis am weitesten verbreiteten Gesellschaftsformen. Weitere Bereiche des Wirtschaftsrechts (zum Beispiel das Kapitalmarktrecht, Bankaufsichtsrecht und Devisenrecht) sind in Einzelgesetzen geregelt. Die Reform des Wirtschaftsrechts ist dabei in Ägypten noch nicht abgeschlossen. So sind weitere Gesetzgebungsvorhaben in der Diskussion, zum Beispiel eine umfassende Kodifikation des Schutzes des geistigen Eigentums und des Kartellrechts.

## 6. Privatisierung des öffentlichen Sektors und private Infrastrukturfinanzierung

Die Privatisierung ist ein wesentliches Element der wirtschaftlichen Reformpolitik, wie sie in zahlreichen arabischen Staaten seit etwas mehr als einem Jahrzehnt verfolgt wird. Rechtsgrundlage für die Privatisierung von Staatsunternehmen in Ägypten ist ein Gesetz aus dem Jahr 1991, das ein dreistufiges Privatisierungsverfahren vorsieht. In der ersten Phase wurden die insgesamt 314 Staatsunternehmen in Aktiengesellschaften umgewandelt, deren Aktien von 16 staatlichen Holdinggesellschaften gehalten werden. In der sich anschließenden zweiten Phase sollen die Staatsunternehmen nach betriebswirtschaftlichen Grundsätzen restrukturiert und „fit für den Markt" gemacht werden, wobei auch die Löhne der Arbeitnehmer im Lichte der Produktivität des Unternehmens neu festgesetzt werden können. In der dritten Phase folgt dann die eigentliche Privatisierung, indem die Aktien der Staatsunternehmen über die Börse oder im Wege eines Private Placement veräußert werden. Wenn der ägyptischen Privatisierungspolitik häufig ein eher bescheidener Erfolg bescheinigt wird, so ist dies nicht in erster Linie auf ihre rechtliche Grundlagen zurückzuführen. Das dem Privatisierungsgesetz zugrunde liegende Konzept der Kapitalprivatisierung ist international weit verbreitet und wurde auch bei den Privatisierungen in den Neuen Bundesländern und in Mittel- und Osteuropa erfolgreich eingesetzt.

Neben der Privatisierung durch die Veräußerung von Unternehmen des öffentlichen Sektors spielt auch die Aufgabenprivatisierung eine zunehmende Rolle. Seit einigen Jahren versucht der ägyptische Staat, seiner Infrastrukturverantwortung weitgehend durch die Vergabe von Konzessionen im Rahmen sogenannter BOT-Projekte gerecht zu werden, deren rechtliche Rahmenbedingungen durch eine Reihe von Gesetzen geschaffen wurden.

Ägypten folgt so dem globalen Trend, privatwirtschaftliche Initiative bei der Verbesserung und Entwicklung der öffentlichen Infrastruktur zu nutzen. Inwieweit BOT und ähnlich Modelle einen nachhaltigen Beitrag zur Bewältigung der Infrastrukturprobleme arabischer Staaten leisten können, bleibt abzuwarten. Gerade Ägypten kann bei der Konzessionsvergabe auf eine lange und durchaus wechselhafte Geschichte zurückblicken. Schon der Bau des Suezkanals in der zweiten Hälfte des 19. Jahrhunderts wurde mit einer Art Konzessionsmodell realisiert, bekanntlich mit verheerenden wirtschaftlichen Folgen für den ägyptischen Staat.

## 7. Marktöffnung und Förderung ausländischer Investitionen

Wie in den meisten Staaten der Region besteht in Ägypten ein „Investitionsgesetz", das besondere Anreize und Vergünstigungen für ausländische Investoren beinhaltet, die in bestimmten, volkswirtschaftlich für vordringlich erachteten Bereichen, investieren. Das derzeitige Investitionsgesetz stammt aus dem Jahr 1997 und wurde seither mehrfach geändert. Es enthält einen Katalog privilegierter Vorhaben und regelt die Investitionsanreize, neben anderem Steuervorteile, Vergünstigungen beim Warenimport und Erleichterungen bei der Gesellschaftsgründung und dem Grunderwerb durch Ausländer. Hervorzuheben ist, dass unter dem Investitionsgesetz „wholly foreign owned companies" zulässig sind, also Gesellschaften, deren gesamtes Kapital sich in ausländischer Hand befindet. Darüber hinaus beinhaltet das Gesetz die üblichen Investitionsgarantien (Schutz gegen entschädigungslose Enteignung und Sequestration) und regelt die Errichtung von und die Geschäftstätigkeit in den Freizonen, die in einer Reihe von ägyptischen Städten bestehen (einschließlich Kairo, Alexandria, Port Said und Suez). Zuständige Behörde für Projekte unter dem Investitionsgesetz ist die General Authority for Investment and Free Zones (GAFI) mit Sitz in Kairo. Die ägyptische Regierung hat dabei in den vergangenen Jahren beachtliche Anstrengungen unternommen, die Rahmenbedingungen für ausländische Direktinvestitionen zu verbessern. Gerade langwierige und wenig transparente Verwaltungsverfahren tragen jedoch weiter dazu bei, dass Ägypten kein einfacher Standort für ausländische Investoren ist.

## 8. Gerichte und Schiedsgerichte

In allen arabischen Staaten bestehen heute moderne Gerichte mit einem hierarchischen Instanzenzug, die die traditionellen Schariagerichte ganz oder jedenfalls weitestgehend ersetzt haben. Dies gilt auch für Ägypten, wo die moderne Justiz eine lange Tradition hat, die bis ins 19. Jahrhundert zurückreicht. Der Aufbau der ordentlichen Gerichtsbarkeit ist in Ägypten dreistufig. Eingangsinstanz für Zivilsachen sind, abhängig vom Streitwert, die „allgemeinen Gerichte" oder die „Gerichte der ersten Instanz", gegen deren Urteile Rechtsmittel zu den Appellationsgerichten gegeben sind, die in den meisten größeren Städten Ägyptens bestehen. Oberste Instanz ist der Kassationshof mit Sitz in Kairo, der Urteile allerdings nur in rechtlicher Hinsicht überprüft und diese im Falle eines Gesetzesverstoßes aufhebt. Neben der ordentlichen Gerichtsbarkeit bestehen Verwaltungsgerichte sowie zahlreiche Sondergerichte, wie die Staatssicherheitsgerichte und Militärgerichte. Diese Gerichte sind neben anderem für die Verfolgung politisch motivierter Straftaten zuständig und auch Instrument des Staates bei der Repression der Opposition, nicht nur der islamischen. Die Tendenz, politisch relevante Sachverhalte der ordentlichen Gerichtsbarkeit zu entziehen und auf Sondergerichte zu übertragen, wird von internationalen Menschenrechtsorganisationen seit langem kritisiert.

Der Verfassungsgerichtshof entfaltet seine politische Wirkung vor allem in den (zahlreichen) Verfahren der konkreten Normenkontrolle. Einen Rechtsbehelf vergleichbar mit der deutschen Verfassungsbeschwerde, die die verfassungsgerichtliche Kontrolle sämtlicher Hoheitsakte ermöglicht, kennt das ägyptische Recht nicht.

Bei wirtschaftsrechtlichen Streitigkeiten spielt die Schiedsgerichtsbarkeit eine wichtige Rolle. Ägypten ist bereits im Jahr 1959 der New York Convention beigetreten, dem zentralen internationalen Übereinkommen über die Anerkennung und Vollstreckung von Schiedssprüchen im internationalen Wirtschaftsverkehr; zahlreiche arabische Staaten sind dem ägyptischen Beispiel gefolgt, unter ihnen in den letzten Jahren auch Saudi-Arabien. Gleichwohl darf der bloße Beitritt zur New York Convention für die Praxis nicht überschätzt werden. Zentrale Fragen - unter ihnen die der Schiedsfähigkeit einer Streitigkeit - richten sich weiter nach den Bestimmungen des nationalen Rechts. Dies erlaubt, wichtige Gebiete, wie etwa das Vertriebsrecht oder Streitigkeiten mit öffentlichen Unternehmen, von der Schiedsgerichtsbarkeit auszunehmen und den nationalen Gerichten vorzubehalten.

Das ägyptische Schiedsrecht wurde im Jahr 1994 auf Grundlage internationaler Vorbilder grundlegend ergänzt und überarbeitet und entspricht heute dem internationalen Standard des UNCITRAL-Modellgesetzes. Mit dem Cairo Centre for International Commercial Arbitration besteht ein leistungsfähiges Schiedszentrum, das international Anerkennung genießt und Schiedsverfahren mit Bezug zu Ägypten und den arabischen Nachbarstaaten übersieht. So besteht in Ägypten mittlerweile auch eine lokale Infrastruktur für internationale Schiedsverfahren. Ähnliche Bestrebungen bestehen in weiteren arabischen Staaten.

## 9. Deutsch-arabische Zusammenarbeit auf juristischem Gebiet

Aus der Rechtsgeschichte erklärt sich, dass viele arabische Juristen sehr gute Kontakte nach Frankreich haben und traditionell eine enge Anbindung an Frankreich und das französische Recht besteht. So bestehen etwa verschiedene Kooperationsprogramme zwischen Frankreich und Ägypten, die den Rahmen für einen Austausch unter Wissenschaftlern und Praktikern ermöglichen; an dem der Kairo Universität angegliederten französischen Institut du Droit des Affaires International werden zudem ägyptische Juristen im internationalen Wirtschaftsrecht ausgebildet. Erst in den letzen Jahren hat diese ägyptisch-französische Kooperation nennenswerte Konkurrenz bekommen, und zwar in erster Linie von amerikanischer Seite. Die US-Entwicklungsagentur USAID ist zunehmend auch in der Rechts- und Gesetzgebungsberatung tätig und hat bei der Ausgestaltung des Privatisierungsprogramms und den in diesem Zusammenhang erlassenen Gesetzen eine wichtige Rolle gespielt. Hinzu kommt der Einfluss des amerikanischen (und teilweise auch englischen) Rechts durch die Tätigkeit internationaler Anwaltskanzleien, der auch in den arabischen Staaten zu spüren ist.

Gleichwohl bestehen ebenfalls Ansatzpunkte für eine deutsch-ägyptische Kooperation auf juristischem Gebiet. Einige Professoren an ägyptischen Universitäten haben in Deutschland studiert, so dass sich hier die Ansatzpunkte für eine bislang allerdings wenig entwickelte wissenschaftliche Kooperation bieten. Hinzu kommt, dass Ägypten ebenso wie andere arabische Staaten (wenngleich nur sehr vereinzelt) auch Vorschriften des deutschen Rechts rezipiert hat und so durchaus ein Interesse am deutschen Recht besteht. Schließlich hat auch auf deutscher Seite das Interesse am ägyptischen Recht stark zugenommen. Das zeigt zum einen die wachsende Zahl an Dissertationen und sonstigen Veröffentlichungen, die Fragen des ägyptischen Rechts zum Thema haben. Zum anderen aber ist in diesem Zusammenhang die 1997 gegründete Gesellschaft für Arabisches und Islamisches Recht (GAIR) zu nennen, zu deren Zielen auch der wissenschaftliche Austausch mit arabischen Juristen gehört und die sich in kurzer Zeit zu einer mitgliederstarken Juristenvereinigung entwickelt hat.

**Weiterführende Literatur (Auswahl):**

*Amereller/Grapentin/Bälz/Wicht*, Wirtschaftsrecht in Ägypten: Ein Leitfaden, Kairo 1999;

*Bälz*, Versicherungsvertragsrecht in den Arabischen Staaten, Karlsruhe, 1997;

*Bälz*, Die „Islamisierung" des Rechts in Ägypten und Libyen: Islamische Rechtsetzung im Nationalstaat, Rabels Zeitschrift für ausländisches und internationales Privatrecht 62 (1998), 437-463;

*Bälz*, Europäisches Privatrecht jenseits von Europa? Zum fünfzigjährigen Jubiläum des ägyptischen Zivilgesetzbuches (1948), Zeitschrift für Europäisches Privatrecht, 2000, 51-76;

*Ballantyne*, Commercial Law in the Arab Middle East: The Gulf States, London, 1986;

*Bernard-Maugiron/Dupret* (Hrsg.), Le Prince et son juge. Droit et politique dans l'Egypte contemporaine, Egypte Monde Arabe no. 2, 2/1999;

*Dies*. (Hrsg.), Egypt and Its Laws, London/Den Haag/New York, 2002.

*Börner*, Die Anerkennung ausländischer Titel in den arabischen Staaten, Heidelberg, 1996;

*Botiveau*, Loi islamique et droit dans les sociétés arabes. Mutations des systèmes juridiques du Moyen-Orient, Paris/Aix-en-Provence, 1993;

*Boyle/Sherif*, Human Rights and Democracy: The Role of the Supreme Constitutional Court of Egypt, London/Den Haag/Boston, 1996;

*Brown*, The Rule of Law in the Arab World: Courts in Egypt and the Gulf, Cambridge U.K., 1997;

*Comair-Obeid*, Les contrats en droit musulman des affaires, Paris, 1995;

*Cotran/Mallat* (Hrsg.), Yearbook of Islamic and Middle Eastern Law, London/Den Haag/Boston, (enthält Länderberichte zu den einzelnen Rechtsordnungen mit jährlichen Updates) 1994 ff.;

*Cotran/Yamani*, The Rule of Law in the Middle East and the Islamic World, London/New York, 2000;

*Davies*, Business Law in Egypt, Deventer, 1984;

*Ebert, Hans-Georg*, Das Personalstatut arabischer Länder, Frankfurt a.M., 1996;

*ders.* (Hrsg.), Beiträge zum Islamischen Recht, Frankfurt a.M. 2000;

*El-Ahdab*, Arbitration with the Arab Countries, 2. Aufl., Den Haag/London/Boston 1999;

*Elwan*, Gesetzgebung und Rechtsprechung, in: Steinbach/Robert, Der Nahe und Mittlere Osten, Bd. 1, 1988, 221-254;

*Feiler*, The Middle East in the New Millenium: Economic Development and Business Law, Den Haag/London/Boston; 2000

*Grapentin, Sabine*, Das Markenrecht in Ägypten, Köln/Berlin/Bonn/ München, 1999;

*Jung*, Ägyptisches internationales Vertragsrecht, Tübingen, 1999;

*Kronke/Reinhart/Witteborg* (Hrsg.), Islamisches und arabisches Recht als Problem der Rechtsanwendung, Frankfurt a.M. 2001;

*Krüger*, Überblick über das Zivilrecht der Staaten des ägyptischen Rechtskreises, Recht van de Islam 14 (1997), 67-131;

*ders.*, Fragen des Schiedsrechts in arabischen Staaten, Betriebs-Berater, 2001, Beilage 7, 2-11;

*Nasir*, The Islamic Law of Personal Status, 3. Aufl., Den Haag/London/New York 2002;

*Rohe*, Das neue ägyptische Familienrecht: Auf dem Weg zu einem zeitgemäßen Islamischen Recht, Das Standesamt 2001, 193-207;

*Saleh*, Commercial Agency and Distributorship in the Arab Middle East: A Study in Sharia and Statute Law, Den Haag, Loseblatt 1995 ff;

# DIE TÄTIGKEIT INTERNATIONALER ORGANISATIONEN IN DEN ARABISCHEN STAATEN AM BEISPIEL VON EUROMED

RA Dr. Andreas Börner, Frankfurt am Main

Weitgehend unbemerkt von der Öffentlichkeit hat sich in den mittlerweile 7 Jahren seit der 1995 abgehaltenen Konferenz von Barcelona ein Prozess der Integration und Zusammenarbeit zwischen der EU und den anderen an das Mittelmeer grenzenden Staaten etabliert. Dieser Prozess zeichnet sich gegenüber früheren politischen Annäherungsversuchen insbesondere durch seine Hartnäckigkeit gegenüber den Unbilden der Ereignisse im Nahen und Mittleren Osten aus. Ziel des Beitrags war es, den Stand der Beziehungen der EU zu den Mittelmeerländern nach der am 22./23. April 2002 beendeten Konferenz von Valencia zu skizzieren. Ausgehend von diesem Beispiel kann man sich auch einen Eindruck von den Tätigkeiten internationaler Organisationen in den arabischen Ländern verschaffen.

Anders als in der Vergangenheit steckte die Konferenz von Barcelona das politische Spielfeld nicht kulturell oder ethnisch ab, sondern strebte eine Vertiefung der geographisch durch das Mittelmeer vermittelten Nachbarschaft an. Bilaterale Assoziationsabkommen zwischen der Europäischen Union und den zur Liga arabischer Staaten gehörenden Mittelmeeranrainerstaaten sollen den rechtlichen Rahmen der Zusammenarbeit bilden. Sie werden auf der Grundlage der Abschlusserklärung von Barcelona verhandelt und abgeschlossen. Wirtschaftspolitisches Ziel dieses Dialogs ist es, innerhalb eines Übergangszeitraums von 12 Jahren nicht nur den Handel zwischen den Mittelmeeranrainerstaaten und der EU, sondern auch zwischen den Mittelmeeranrainerstaaten so weit zu liberalisieren, dass eine das gesamte Mittelmeer umfassende Freihandelszone entsteht, die in die europäische Infrastruktur, insbesondere die Transport-, Energie- und Telekommunikationsnetze eingebunden ist.

Anders als die rein wirtschaftlich ausgerichteten Kooperationsabkommen der 70er Jahre bezieht diese zweite Generation der Assoziierungsabkommen politische Themen wie zum Beispiel Demokratie, Menschenrechte, Migration, kulturelle Beziehungen, die Zivilgesellschaft und die Zusammenarbeit auf den Gebieten des Rechts und der inneren Sicherheit ganz bewusst in den Dialog mit ein. Man versteckt die ohnehin vorhandene Verknüpfung von wirtschaftspolitischen Zielen und politischen Entwicklungen nicht mehr diplomatisch im Hintergrund, sondern thematisiert sie offen. Dies kann zur Stabilität der Beziehungen und zur nachhaltigen Vermittelbarkeit und Akzeptanz des Assoziierungsprozesses beitragen.

Die erweiterte Palette von Gegenständen, die nicht in die handelspolitische Vertragsabschlussbefugnis der EU fallen, hat zur Folge, dass jedes bilaterale Abkommen den Ratifizierungsprozess in jedem der 15 EU-Mitgliedsstaaten durchlaufen muss. Dadurch kann es in jedem Fall auch zum Gegenstand politischer Debatten werden, was in der Vergangenheit zu erheblichen Verzögerungen geführt hat. Bisher konnten erst die Assoziierungsabkommen mit den Palästinensischen Autonomiegebieten, Israel, Marokko, Tunesien und - am 1. Mai 2002 - Jordanien in Kraft treten. Die Abkommen mit Libanon, Ägypten, Algerien und Marokko sind zwar unterzeichnet, aber noch nicht in Kraft getreten. Seit der im Jahr 2000 abgehaltenen Marseille-Konferenz hat sich die Europäische Union dazu bereit erklärt, bei ihren Mitgliedsstaaten auf eine Beschleunigung des Ratifizierungsprozesses zu drängen.

Nur mühsam kam auch die Verteilung der im MEDA-Programm bereitgestellten finanziellen Mittel in Gang. Vordergründig lag das daran, dass jeder Schritt von der Antragstellung über die Vergabe bis zur Endabnahme auch der kleineren Projekte in komplizierten und viele Stellen betreffenden Verwaltungsverfahren der EU-Kommission bewertet, überwacht und vollzogen wurde. Es bedarf keiner großen Phantasie, um sich auszumalen, wie politisch oder in anderer Weise motivierte Einflussnahme auf die Entwicklungsbürokratie die Schwerfälligkeit dieses Prozesses noch verstärkten. Ende 2000 waren jedenfalls über 50% der bereitgestellten Mittel nicht abgerufen.

Erst die Neufassung der 1996 von der EU erlassenen MEDA-Verordnung im Jahr 2000 setzte eine Verbesserung in Gang. Seit Anfang 2001 entscheidet die Europäische Kommission über die Vergabe der Zuschüsse nicht mehr einzelprojektbezogen. Die für den Zeitraum 2000 bis 2006 bereitgestellten Mittel von immerhin EUR 7,4 Milliarden werden in Projektpaketen freigegeben, die für mindestens zwei Jahre unter stärkerer Einbeziehung der betroffenen Regierungen und Regionen zentral durch den sogenannten MED-Ausschuss der Europäischen Kommission verhandelt werden. An diesem MED-Ausschuss sind auch Vertreter der Europäischen Investitionsbank beteiligt. Das erleichtert eine effizientere Kombination von Zuschüssen mit den von der EIB zur Verfügung gestellten sonstigen Finanzierungsinstrumenten wie Krediten und Eigenkapitalzuschüssen mit einem Gesamtrahmen von EUR 6,4 Milliarden für den Zeitraum von 2000 bis 2007. Die Umsetzung der Programme obliegt nach der zweiten MEDA-Verordnung der von der Europäischen Kommission eingerichteten Agentur EuropeAid. Ab 2003 soll der Prozess weiter dezentralisiert werden. Die vor Ort eingerichteten Delegationen der EU-Kommission, bisher neun an der Zahl, übernehmen einen Großteil der Umsetzungsbefugnisse von EuropeAid.

Eine außerordentlich lange Anlaufphase hatte auch die intraregionale Zusammenarbeit. Erst im Jahr 2000 steckten sich Ägypten, Jordanien, Tunesien und Marokko mit der Agadir-Initiative das Ziel, untereinander eine Freihandelszone zu schaffen. Die Initiative steht auch dem Beitritt weiterer arabischer Mittelmeerstaaten offen. Viele Kernprobleme sind hier technischer Art. Viele Behörden müssen erst lernen, die relativ komplizierten, aber im europäischen Rahmen durchaus bewährten Herkunftsregeln bei Gütern, deren Wertschöpfung sich in verschiedenen Staaten vollzieht, zu verstehen und kompetent anzuwenden. Die bilateralen Assoziierungsabkommen sehen zum Teil vor, die durch die Liberalisierung entstehenden Ausfälle bei Zolleinnahmen durch direkte Zuschüsse auszugleichen.

Die Tätigkeit der EU in den arabischen Staaten illustriert in vieler Hinsicht die Schwierigkeiten, mit denen auch die anderen nationalen und internationalen Institutionen der Entwicklungszusammenarbeit kämpfen: Eine Zersplitterung von Zuständigkeiten, politischer Sand im Getriebe komplizierter Vergabe- und Controllingverfahren, Konkurrenz bei der Auftragsvergabe und mangelnde Kenntnisse über lokalpolitische Gegebenheiten auf Seiten der Geber, und auf Seiten der Begünstigten Misstrauen gegen politische Einmischung, Verteidigung von Privilegien und teilweise mangelnde technische Kompetenz. Angesichts dieser Häufung von Hindernissen ist es umso bemerkenswerter, dass sich die Euro-mediterrane Zusammenarbeit nicht nur halten, sondern in den sieben Jahren ihres Bestehens sogar eine kontinuierliche Beschleunigung ihrer Fortschritte erzielen konnte.

Insgesamt zeichnen sich daher für junge am Mittelmeerraum interessierte Juristen durchaus interessante berufliche Perspektiven ab. Allerdings muss man bereit sein, die relativ große Instabilität einer solchen Karriere in Kauf zu nehmen, und sich bewusst zu sein, dass man in der Entwicklungsarbeit von diesem Weg aus nur auf wenige andere Bereiche wie zum Beispiel die politischen Stiftungen, Nicht-Regierungsorganisationen (NGO's) und Consultants ausweichen kann.

# ARABISCH INTENSIV IN BOCHUM

Professor Dr. Hinrich H. Biesterfeldt, Bochum

Vor die grünen Auen der arabischen Literatur, die Plantagen der islamischen Jurisprudenz und die weiten Gärten der islamischen Geschichte hat Gott bekanntlich das Dickicht der arabischen Sprache gepflanzt, dessen Dornen schon manchen abgeschreckt und dessen Schneisen – in Form von Übersetzungen oder Zubereitungen zweiter Hand – manch anderen frustriert haben. Sprachgenies wie Richard Burton oder Heinrich Schliemann oder Enno Littmann sind selten; und der institutionalisierte Arabischunterricht in den Volkshochschulen oder Universitäten war und ist auch nicht immer geeignet, den Weg zu den oben genannten und weiteren Islamwissenschaften freizumachen. Das hat verschiedene Gründe. Ein prinzipieller Grund besteht in der Tatsache, dass der akademische oder sonstige konventionelle Unterricht in der Regel nur einige Wochenstunden umfasst und der Lernfortschritt der Kursteilnehmer durch mancherlei andere Pflichten und Ablenkungen unterbrochen wird oder gar zum Stillstand kommt. Speziell für den akademischen Unterricht des Arabischen, dessen Methodik im übrigen kaum Gegenstand öffentlicher Reflexion ist, muss das Dilemma konstatiert werden, dass in relativ kurzer Zeit, und in der Regel von Null an, gute Kenntnisse im Schriftarabischen vermittelt werden sollen, meistens verbunden mit einer gewissen Sprechfertigkeit in einem Dialekt und mit Lektürefähigkeit in mindestens einer weiteren orientalischen (vor allem Islam-)Sprache, ganz abgesehen von den Erfordernissen der nicht-orientalistischen Nebenfächer.

Eines der Prinzipien der Sprachkurse des „Landesspracheninstituts NRW" (LSI), wenn nicht seine didaktische Leitidee, ist die Intensität des Unterrichts. Bevor ich dazu weitere Bemerkungen mache, sollen einige Informationen über die Geschichte und Konzeption des Instituts folgen. Im Jahre 1973 wurde in Bochum das Russicum gegründet. Diese Initialzündung für das LSI war hochschul- bzw. bildungspolitisch motiviert: Das Russicum sollte in kompakten Intensivkursen die sprachlichen Voraussetzungen der Russisch-Studenten denen der Anglisten und Romanisten angleichen; die Kurse hatten für das Studium also eine propädeutische Funktion. Daneben war diese Gründung Teil der auswärtigen Kulturpolitik, konkret der Öffnung der Bundesrepublik nach Osten. Die nachfolgenden Gründungen des Sinicums (1980), des Japonicums (1981) und des Arabicums (1985) waren im Kontrast zu den ursprünglichen Aufgaben des Russicums einem eigenständigen Weiterbildungskonzept des Landes

Nordrhein-Westfalen verpflichtet, das sich primär an Vertreter der Wirtschaft, an Journalisten, Mitarbeiter des Auswärtigen Amtes und politischer Stiftungen richtete und Teil eines strukturpolitischen Programms des Landes zur Förderung des Wirtschaftsstandortes Ruhrgebiet war. Jenes Spektrum von Teilnehmerkreisen prägt bis heute die Arbeit der vier Institute: In den Kursen des Arabicums etwa finden sich neben Studenten der Islamwissenschaft und der Arabistik Studierende und Dozenten anderer Philologien, der Politologie, der Geschichtswissenschaft, der Kunstgeschichte, der Wirtschaftswissenschaften usw. Der Ingenieur, die Ärztin und der Mitarbeiter der GTZ, die für eine gewisse Zeit in einem arabischen Land arbeiten wollen, lernen hier zusammen mit dem Journalisten, der nicht auf die Meldungen der Agenturen und die Schablonen selbsternannter Nahost-Experten angewiesen sein will. Neben den „Sprachensammler" und der Liebhaberin arabischer Kalligraphie tritt ein Kind aus einer arabisch-deutschen Ehe, das endlich lernen möchte, sich mit seinen Großeltern in Damaskus arabisch zu unterhalten.

Die heterogene Zusammensetzung der einzelnen Kurse verlangt Flexibilität in den äußeren Bedingungen und in der Methodik des Unterrichts. Vielleicht ist „Variation" das Stichwort, welches neben „Intensität" am ehesten das Konzept der Kurse des LSI charakterisiert. Kleine Unterrichtsgruppen (sechs bis acht Teilnehmer) mit der Möglichkeit des Wechsels ermöglichen direkten Austausch zwischen Lehrendem und Lernendem, eine Kommunikation, die durch kein noch so differenziertes Computer-Lernprogramm zu ersetzen ist; die Zusammensetzung des Dozententeams aus Muttersprachlern und deutschen Arabisten trägt den Spracherwerbs-Aspekten „von innen" und „von außen" Rechnung; und der Wechsel der Methoden – analytisch, textbezogen, in Rollenspielen verschiedener Konstellationen usw. – verhilft dazu, die strukturellen und kommunikativen Seiten ein- und desselben Kurselements kennen zu lernen und einzuüben. Erst diese Elemente von Variation ermöglichen es, den ganz verschiedenen Voraussetzungen (Lebensalter, beruflicher Hintergrund, Lerntemperament) der Teilnehmer Rechnung zu tragen.

Zum anderen ist es Variation, die Intensität erst ermöglicht. Intensiv, das heißt in der Regel drei Wochen Kursdauer, mit sieben oder acht Stunden Unterricht am Tag und Nachbereitung in Form von zusätzlicher Einzelberatung, von Hausaufgaben oder mit Materialien elektronischer Lernprogramme. Die von Tag zu Tag spürbare Progression ist für jeden Kursteilnehmer außerordentlich motivierend. Auch wenn es für ihn zwischendurch kurze Momente gibt, in denen das bewusste Dickicht schier undurchdringlich scheint, so wird doch der Verlauf des Kurses durch eine Vielzahl von Situationen geprägt, in denen gerade die sprachlichen Zusammenhänge deutlich werden und konkret die Möglichkeiten der Kommunikation sich spürbar erweitern. Es ist nicht zu euphorisch, eine Gruppe von intensiv Lernenden, die im Idealfall auch im institutseigenen Internat untergebracht ist, einer Gruppe von Bergsteigern zu vergleichen, die in begrenzter Zeit und in steilem Aufstieg einen Gipfel, mindestens einen Aussichtspunkt, erreichen. Freilich ist auch klar, dass man kurze Intensivkurse nicht ohne weiteres gegen lange „Streukurse" (an Volkshochschule oder Universität) ausspielen kann. Der entscheidende Unterschied zwischen beiden Kurstypen liegt wohl in den Lernzielen: Streukurse sind tendenziell offen hinsichtlich Progression und Lernziel, Intensivkurse sind nur sinnvoll, wenn sie ihre Ziele nach Niveau bzw. kommunikativen Kompetenzen begrenzt formulieren.

Die Varietät der Kurstypen des Arabicums hat sich, ebenso wie seine für den Intensivunterricht konzipierten Lehrmaterialien, in *trial and error* entwickelt. Zum einen hat sich naturgemäß eine vertikal aufsteigende Folge herausgebildet – vom Grund- zum Aufbaukurs –, zum anderen berücksichtigen Verzweigungen in Richtung mündliche bzw. schriftliche Kommunikation die verschiedenen Interessen der Fortgeschrittenen; schließlich werden gelegentlich auch Spezialkurse für ganz bestimmte Adressaten angeboten, z.B. einwöchige Kurse für Eilige, sozusagen „zum Überleben", oder einwöchige Seminare für Bibliothekare oder zweiwöchige Kurse für Absolventen zwei- oder dreisemestriger Einführungen in die arabische Schriftsprache, also Studenten, die nicht selten ein Defizit in den mündlichen Sprachkompetenzen empfinden.

Gegenüber den sprachlichen Fertigkeiten, die das Bochumer Arabicum vermittelt, stehen landeskundliche, historische und politische Informationen über die arabische Welt im Hintergrund. Nennenswert für diese Dimension sind immerhin eine Reihe von Texten, die in den Kursen für Fortgeschrittene behandelt werden (und die sinnvollerweise auch beständig aktualisiert werden müssen), die Einbeziehung von dokumentarischem Material (Filme, Videosequenzen) und von Vorträgen im Rahmen eines Kurses oder für die größere Öffentlichkeit und nicht zuletzt vielfältige Kontakte mit Institutionen der arabischen Welt, mit denen zusammen das Arabicum seine Auslandskurse, etwa in Damaskus oder Fes, durchführt oder die Gastdozenten, etwa aus Kairo, für ein oder zwei Jahre nach Bochum entsenden. Insofern hat das Bochumer Arabicum neben der Aufgabe, das Dickicht der *'arabīya* durchschaubar zu machen, auch die Chance, Durchblicke auf einige Problemfelder der heutigen arabischen Welt zu eröffnen.

Weitere Informationen:

Zum Arabischunterricht vgl. *Biesterfeldt*, Arabisch, in: K.-R. Bausch, H. Christ, H.-J. Krumm (Hgg.), Handbuch Fremdsprachenunterricht, 3. Aufl. Tübingen, Basel 1995, 343-346;

Zum LSI vgl. *Pleines* (Hg.), Sprachen und mehr. Globale Kommunikation als Herausforderung, Wiesbaden 1998; über das aktuelle Programm des LSI informiert die Website www.lsi-nrw.de.

# LEBEN UND STUDIEREN IN KAIRO

Katharina Lack, cand. phil., Heidelberg

Studienaufenthalte im Ausland sind nützlich, erweitern den Horizont und bieten die Möglichkeit, über den fachlichen Inhalt hinaus wertvolle Erfahrungen zu machen. Dies hat sich mittlerweile an den Universitäten als Erkenntnis durchgesetzt. Dennoch lässt sich feststellen, dass die Studierenden in der Mehrheit ins westliche Ausland (Australien & Neuseeland inklusive) streben. Das akademische Niveau, vergleichbare Hochschulsysteme und die relative sprachliche Nähe lassen Großbritannien, die USA, Frankreich und Spanien vielen günstiger erscheinen als Indien, Iran oder auch Ägypten. Dazu gesellen sich manchmal Vorstellungen von politischer Instabilität und kulturelle Vorurteile, die das Ausland jenseits der OECD irgendwie „unheimlich" und „unberechenbar" aussehen lassen.

Dennoch gibt es gute Gründe, den Auslandsaufenthalt in einem weniger üblichen Staat der „Dritten Welt" zu verbringen. Zum einen kann es sprachlich-kulturelle Gründe geben, die es geradezu unumgänglich machen, in ein bestimmtes Land zu gehen, wie es bei den orientalistischen Fächern der Fall ist. Darüber hinaus bieten viele größere Universitäten und einige private Hochschulen im Vorderen Orient Studiengänge in englischer Sprache an. Verwiesen sei hier auf die *American University in Beirut* (AUB) oder die *American University in Cairo* (AUC), deren Lehrprogramm mit Dozenten aus den jeweiligen Gastländern sowie aus den USA und Europa auf Englisch gestaltet wird. Auch an der Universität Kairo können einige Fächer, z.B. Politikwissenschaft oder Jura, (*Ǧāmiʿat al-Qāhira*) teilweise auf Englisch und/oder Französisch studiert werden. Die in der englischen oder französischen Abteilung der Fakultät für Rechtswissenschaft erbrachten Studienleistungen werden sogar an deutschen Universitäten anerkannt, da sie international üblichen Standards entsprechen. Allerdings sollte der Erwerb von Scheinen nicht das zentrale Interesse an einem Auslandsstudium ausmachen. Selbst im Rahmen europäischer Austauschprogramme, wie z.B. ERASMUS/SOKRATES, gibt es nicht immer die Möglichkeit, alle Leistungen in der Heimatuniversität anerkennen zu lassen. Mein Arabisch-Kurs in Kairo wurde mir in Heidelberg in keiner Hinsicht angerechnet. Aber meines Erachtens überwiegen der sprachliche Nutzen und insbesondere der reiche Erfahrungsschatz eindeutig diese formalen Nachteile.

Über diese beiden Aspekte möchte ich nun berichten:

*Mā btimšīš id-dinyā illā zayy kidā !!!*

Selbstverständlich hätte ich diese ägyptische Redewendung im Frühjahr 1998 noch nicht verstanden. Und ich meine nicht einmal den „Gehalt" dieses Satzes. Arabische Dialekte an deutschen Universitäten zu lernen ist nicht ganz einfach. In den ersten drei bis vier Semestern quält man sich mit den Grundlagen der arabischen Hochsprache und verwendet wahrscheinlich eher wenige Gedanken an das Kaleidoskop von Varietäten - Dialekten und Soziolekten mit ihren regionalen und sozio-kulturellen Lautverschiebungen, Lexikalismen und sonstigen Besonderheiten -, welche die arabische Sprache beinhaltet. Doch ein Aufenthalt in einem arabischen Land genügt, um einem zu verdeutlichen, dass sich das so genannte *Modern Standard Arabic* in der Kommunikation als nicht viel mehr als „graue Theorie" erweist.
Im Frühjahr 1998 hatte ich gerade an der Universität Heidelberg einen dreisemestrigen Kurs hinter mich gebracht und das „Arabicum" erworben. Im September des gleichen Jahres befand ich mich schließlich in Kairo mit der Absicht, mein Arabisch zu verbessern und erst im März 1999 zurück nach Deutschland zu fliegen.

*Mā btimšīš id-dinyā illā zayy kidā ! - so ist nun mal der Gang der Welt!*

Diesen Satz lernte ich innerhalb der folgenden Monate in sprachlicher Hinsicht verstehen. Doch seine inhaltliche Relevanz sollte mich beschäftigen...

## *I. Semesterkurs Arabisch in Kairo ...*

Von Oktober 1998 bis Februar 1999 nahm ich am „Semesterkurs Arabisch in Kairo" teil. Es handelte sich um ein Stipendium des DAAD, wobei der Kurs von den Universitäten Bamberg und Erlangen-Nürnberg organisiert worden war. Die Durchführung lag in den Händen von Lehrern der Universität Kairo.
Dieses Sprachkursprogramm bietet der DAAD bis heute an (Stand: Sommer 2002). Der Kurs richtet sich an Studierende der Islamwissenschaft und anderer mit dem Arabischen verbundenen Fächer, die bereits eine Grundausbildung von drei bis vier Semestern intensiven Arabischunterricht (das „Arabicum") abgeschlossen haben. Der DAAD hält eine Auswahlprüfung, bestehend aus einem Sprachtest und einem persönlichen Gespräch über die arabischen Länder und die eigene Motivation, ab. Dahinter liegt auch die Absicht, eine möglichst

homogene Gruppe zu bilden, was wichtig ist, da die Studierenden in Kairo 5 Monate miteinander im selben Kurs zurechtkommen müssen.

## I. 1. Der Kursaufbau

Unser fünfmonatiger Arabisch-Kurs in Kairo umfasste drei verschiedene Phasen. In der ersten Phase konzentrierten wir uns 3 Wochen lang auf die Kairoer Umgangssprache, die *'āmmīya*.

Dieses System empfanden wir alle als sehr sinnvoll, denn der Unterschied zwischen der Hochsprache (*fuṣḥā*) und den Dialekten ist doch erheblich.

Wer versucht, sich mit Hocharabisch in Kairo zurechtzufinden, stößt wohl fast immer auf zwei Probleme: zum einen, ist es schwierig, Leute zu verstehen, die in der *'āmmīya* antworten. Außerdem reagieren die meisten Ägypter eher amüsiert auf Ausländer, die sich in der Hochsprache versuchen. Möglicherweise lässt sich der Eindruck ein wenig mit dem vergleichen, den ein Mensch hinterlassen würde, der in London darauf beharrt, „Shakespeare-Englisch" zu sprechen, oder der in Texas sein *Oxford English* zur Schau stellen möchte.

In der Phase 2 erhielten wir weiterhin Unterricht im Dialekt. Dazu kamen nun aber verschiedene Fächer in der Hochsprache: darunter Grammatikunterricht, Konversation, Wortschatzerweiterung, Übungen im Sprachlabor, Übersetzen ins Arabische und Landeskunde. Sehr sinnvoll erscheint mir die Übersetzung *ins* Arabische, die in Deutschland außerhalb der Übersetzerstudiengänge fast nie angeboten wird. Doch man lernt so recht gut, den Wortschatz und die Nuancen des Ausdrucks zu verbessern. Der Nutzen einer solchen Veranstaltung ist daher immens.

Schließlich veränderte sich das Programm noch einmal in der dritten Phase, die bei unserem Jahrgang nach Weihnachten begann, neuerdings aber vorgezogen worden ist, was die Mehrheit in unserem Kurs auch angeregt hatte. Denn hier lockert sich das Gefüge der Veranstaltungen erneut auf und die Gruppe wird mit verschiedenen Gastvorträgen von ägyptischen Professoren konfrontiert. Zu Themen aus Geschichte, Jura, Kunst und Geografie hörten wir Vorlesungen. Diskussionen schlossen sich an die Vorträge an und gaben uns Gelegenheit, die aktiven Sprachkenntnisse anzuwenden und zu erweitern. Schließlich wurden noch betreute Exkursionen z.B. zum ägyptischen Parlament (*Maǧlis aš-Ša'b*) veranstaltet. Ich glaube, dass wir alle von dieser letzten Phase am meisten profitierten. Hier stellten wir fest, dass die vorausgegangenen Monate sich auf unser Hörverstehen und unsere Möglichkeiten des Ausdrucks tatsächlich positiv ausgewirkt hatten.

Nebenbei stand uns noch der Besuch von 4 Stunden Wahlpflichtvorlesungen an der Universität Kairo, in erster Linie an der Philosophischen Fakultät (*Kullīyat al-Ādāb*), offen. Leider erhielten wir die Zulassungsbestätigung und die Ausweise für das Betreten des bewachten Universitätscampus erst Mitte November. In meinen Augen lohnt es sich aber zweifellos, auch eine entsprechend kürzere Zeit zu nutzen, um noch andere Veranstaltungen und damit ja auch Studierende kennen zu lernen. Sehr interessant fand ich beispielsweise die Bekanntschaft mit einer Gruppe chinesischer Stipendiaten, die relativ fließend und korrekt - wenn auch mit einem für meine Ohren gewöhnungsbedürftigen Akzent - Hocharabisch sprachen.

Was uns allen ebenfalls recht schnell klar wurde, war die Tatsache, dass man sich in Kairo kaum vor dem Interesse schützen kann, das man als ausländischer Besucher erweckt. Auf dem Uni Campus musste man nur eine Weile herumstehen und sofort kam man mit ägyptischen Studierenden ins Gespräch. Auf diese Weise kann man sehr gut den Dialekt einüben, sofern man nicht ins Englische auswich. Ich lernte dabei auch einige Freunde und Tandem-Partner kennen. Allerdings gebe ich zu, dass ich zu vielen jungen Ägyptern zunächst keine tiefere Beziehung aufbauen konnte. Viele Gespräche blieben recht oberflächlich. Das ägyptische Bildungssystem bringt es mit sich, dass die meisten schon mit 17 oder 18 Jahren die Universität besuchen. Der Altersunterschied zu unserer Gruppe erwies sich häufig als ein gewisses Hindernis, so dass wir uns auf dem Campus nicht selten an die Stimmung auf einem gymnasialen Pausenhof erinnert fühlten.

Hinsichtlich des Kursklimas hatten wir zunächst einige Probleme mit dem Gewicht, das der Hierarchie der Lehrkräfte zukam. Zu offenen Diskussionen mit uns Studenten und konstruktiver Kritik erklärten sich meistens nur die Assistenten bereit, die uns altersmäßig näher standen und viel Motivation mitbrachten.

## I. 2. Ergebnis

5 Monate Arabisch-Kurs verbessern deutlich das Sprachniveau. Es liegt vielleicht in der Natur der Sache, dass der Gebrauch des Hocharabischen eher passiv auf das Schriftliche beschränkt blieb. Die Ägypter ziehen in allen Alltagssituationen den Dialekt vor. Was ich sinnvoll fand, war, dass der *'āmmīya* -Crash-Kurs und die weiteren Stunden uns doch einen gewissen Einblick in die grammatikalische Struktur der Kairoer Umgangssprache vermittelten. Die Lehrer bemerkten oft halb ernst, halb im Scherz, dass der

Dialekt „keine Grammatikregeln" besitze. Vielleicht sind diese den Muttersprachlern nicht bewusst, doch uns half es schon, eine gewisse Systematik auf den Dialekt anzuwenden. So kann man sich schneller von vorgegebenen Sätzen lösen und eigenständig Gedanken ausdrücken. Durch die ständige Übung mit ägyptischen Freunden wurde mir die *'āmmīya* zur geläufigen Sprache.

Persönlich habe ich stark profitiert. Bei der Bewältigung arabischer Texte habe ich, zurück in Heidelberg, eine große Erleichterung empfunden. Das Hörverstehen hatte sich in einem solchen Maße verbessert, dass ich in Heidelberg in der Lage war, einem Seminar zu folgen, das ein Gastdozent auf Arabisch hielt. Auch mein Magisterthema - ein Vergleich von zwei arabischen Romanen aus Ägypten - verdankt dem Kairo-Aufenthalt viel.

## *II. Alltag und Besonderheiten in Kairo*

Kairo ist groß, laut, hektisch und verschmutzt...

Die Hektik überträgt sich auf die Bewohner, die häufig ziemlich gestresst, ja gereizt wirken. Alexandria hebt sich im Vergleich dazu als wesentlich ruhiger ab. Assuan oder die Oase Siwa erscheinen wie ein anderer Stern...

Dazu kommt am Anfang, dass man sich als Ausländer eventuell leicht überfordert fühlt, da man die Umgangssprache nicht beherrscht. Versuche im Hocharabischen, die man zwangsläufig unternehmen wird, sobald man mit Englisch nicht weiterkommt, stoßen bei der Mehrheit der Leute auf Belustigung. „Bewunderung" für Sätze in *fuṣḥā* fand ich eigentlich nur bei ägyptischen Freunden, die sich gerade durch die obligatorischen Zusatzkurse in Hocharabisch an der Universität quälten. Ansonsten wirkt die *fuṣḥā* ziemlich „aufgesetzt".

Die wichtigste Erkenntnis für den Kairoer Alltag besteht meines Erachtens darin, dass man sich nicht aus der Ruhe bringen lassen darf, wenn die Dinge nicht so laufen, wie man sich vorstellt, dass sie laufen sollten!

## II. 1. Kleidung und Auftreten

Im Unterschied zu Iran oder Saudi-Arabien gibt es in Ägypten keine bestimmte Kleiderordnung für Ausländer und Ausländerinnen. Nun verstoßen aber Damen in Träger-Shirts, Shorts oder Miniröcken in den Augen vieler Ägypter gegen „die guten Sitten". Männer in Shorts oder mit Muskel-T-Shirts, wirken zwar nicht anstößig, werden aber als Kuriosum belächelt. Sicher kann man an einschlägigen *places of interest*, z.B. vor den Pyramiden von Gizeh, Touristinnen im Badeanzug oder Herren mit nichts weiter als einer Badehose bekleidet antreffen. Die ägyptischen Fremdenführer und Souvenirverkäufer finden das eher peinlich. Angesichts der Sonnenstärke ist so ein Auftreten wohl auch ziemlich unverantwortlich.

T-Shirts stellen aber prinzipiell kein Problem dar, solange die Schultern bedeckt sind; Hosen sollten über die Knie reichen. In einer *ḥiṭṭa šaʿbīya*, also einem traditionelleren oder ärmeren Viertel, rate ich doch dazu, als Frau die Arme und Beine ganz bedeckt zu halten, um die Leute, d.h. auch einheimische Frauen, nicht zu beleidigen. Selbstverständlich *kann* man sich freizügiger kleiden. Doch wird man dann einfach einen anderen Eindruck erwecken. Wer ein wenig um Kontakte zu den Menschen bemüht ist, sollte nicht unbedingt von vornherein provozieren. Die Verbreitung emanzipatorischer Ideen, falls man dies denn anstrebt, gelingt meiner Meinung nach sowieso nicht über Äußerlichkeiten.
Ein Kopftuch habe ich nur beim Besuch der Al-Azhar-Moschee übergezogen. Die meisten Moscheen verlangen das gar nicht. Auch als ich Freunde in Dörfern des Delta besuchte, verlangte niemand von mir, dass ich meine Haare bedecke.

## II. 2. Einige Bemerkungen zu Kontakten mit den Menschen

Kairo ist zwar eine Riesenmetropole, doch schon im Vergleich zu einer mittelgroßen deutschen Stadt wird der Besucher in Ägypten mit relativ wenig Anonymität oder Distanziertheit der Menschen konfrontiert. Dieses Phänomen trifft auf viele Metropolen in der Dritten Welt zu. Möglicherweise nimmt Ägypten eine Sonderstellung ein. Beispielsweise ist auch im Iran der „Höflichkeitsabstand" zwischen den Menschen größer als in Ägypten. Auf den ersten Blick dürfte es daher nicht schwerfallen, in Kairo Kontakte zu knüpfen.
Diese Neugierde kann sich aber durchaus negativ äußern. Unter Belästigungen (*muʿākasa*) und einer Art geschlechtsspezifischen Anmache, den Zischlauten (*basbasa*), die junge gelangweilte Ägypter Angehörigen des weiblichen

Geschlechts zuwerfen, leiden Ägypterinnen - auch solche mit Kopftuch - und Ausländerinnen anscheinend gleichermaßen. Schade fand ich, dass sich selbst Spaziergänge in Parks aufgrund dieser Belästigungen als ziemlich entnervend erwiesen.
Nette Bekanntschaften machte ich hingegen in der Universität, im Theater und dank eines speziellen Tandem-Projektes, das damals von der Deutschdozentin an der Mädchenfakultät (*Kullīyat al-Banāt*) der Azhar den weiblichen Teilnehmern unseres Kurses angeboten wurde. Tandempartner für *'āmmīya* oder *fuṣḥā* kann man auch auf andere Art finden: über die Aushänge am Schwarzen Brett im *Goethe-Institut* oder über die Universität. Schließlich trifft man oft interessante Menschen, indem man sich einfach unter die Leute mischt und an unterschiedlichen kulturellen Aktivitäten teilnimmt. Ich glaube allerdings, dass man eine kleine Grundsatzentscheidung treffen muss: will man eher Ägypter der Oberschicht, z.B. aus dem Umfeld der *American University* (AUC), kennen lernen oder Leute aus den Mittel- und Unterschichten? Die Versuchung, alle Gespräche nur auf Englisch zu führen, liegt bei Angehörigen der Oberschicht recht nahe. Diese sind meistens auf englischsprachigen Privatschulen ausgebildet worden und beherrschen Englisch oft besser als die arabische Hochsprache.
Die Sprache - in erster Linie der Dialekt -, für Zeitungslektüre und Literatur aber natürlich auch die *fuṣḥā*, bildet für mich den Schlüssel zu den Menschen. Die Kommunikation mit den unterschiedlichsten Menschen, das Eintauchen in die einfachen Viertel, das Erleben von Festen (z.B. den *mawālid*) zu Ehren von Lokalheiligen) und Hochzeiten gewinnt einfach eine intensivere Qualität, wenn man mit allen direkt sprechen kann. Darüber hinaus eröffnet der Zugang zu arabischen Zeitungen und Büchern andere Perspektiven auf das Weltgeschehen. Damit möchte ich allerdings niemanden entmutigen, der ohne Arabischkenntnisse ein Auslandsstudium in Ägypten plant! Es existieren einerseits verschiedene interessante Periodika auf Englisch (z.B. *Al-Ahram Weekly*) oder Französisch, die sich ebenso eignen, Einblicke in ägyptische Debatten zu gewinnen. Sicher unterliegen alle ägyptischen Medienprodukte einer gewissen Regierungskontrolle. Aber auch das kann ja aufschlussreich sein. Andererseits wird man gerade unter Studierenden genügend Gesprächspartner finden, die Englisch beherrschen.

### II. 3. Wohnen

Der DAAD übernahm die Wohnungssuche nicht für uns. Als erste Anlaufstelle empfahl er uns eine Pension im westlich geprägten Stadtteil Zamalek, in der

Nähe des DAAD-Büros. Man findet einige Pensionen in Zamalek oder auch im Stadtzentrum, östlich des zentralen Platzes *Mīdān at-Taḥrīr*, in denen man nicht zu teuer, aber doch bequem wohnen kann.

Grundsätzlich kann man sich, wenn man eine *ša"a mafrūša*, also eine möblierte Wohnung, sucht, an einen Makler (*simsār*) wenden. Dieser wird einem auch bei den Verhandlungen mit dem Vermieter behilflich sein. Aushänge in größeren Supermärkten, im *Goethe-Institut* oder in der AUC bieten ebenfalls möblierte Wohnungen an. Außerdem kann man sich über Annoncen in der *Middle East Times* informieren. Es gibt noch die Möglichkeit, in Vierteln mit relativ vielen Wohnungen, die an Ausländer vermietet werden, von Tür zu Tür zu ziehen. Der obligatorische Pförtner (*bawwāb*) führt dann die Wohnungen eventuell vor oder vermittelt den Kontakt zu den Vermietern. Dieses Verfahren kann ziemlich viel Zeit verschlingen, da man gerade anfangs über wenig Ortskenntnis verfügt und wahrscheinlich nicht an den günstigsten Punkten sucht. Doch manche in unserer Gruppe hatten mit dieser Methode Erfolg. Als Stadtteile kommen z.B. Doqqi, Mohandesin oder Agouza in Frage. Die Sh. Mohammed Shahin und Umgebung (Doqqi) scheint recht erfolgversprechend zu sein.

Ich persönlich hatte das Glück, dass eine Freundin von mir eine ägyptische Familie kannte, die uns bei der Wahl des Maklers und der Wohnungssuche half.

Es empfiehlt sich, die Wohnungssuche langsam anzugehen. Die Wohnung stellt eine Art „ruhigen Hafen" dar, den man als Ausländer und Ausländerin bestimmt benötigt, wenn man die Metropole über einen längeren Zeitraum erleben und „ertragen" möchte. Hingegen kann die Nähe von Schulen oder Kindergärten zu recht lautstarken Beeinträchtigungen führen. Größere Straßen gehen in Kairo zwangsläufig mit einer enormen Schadstoffbelastung einher. Außerdem benutzen Autofahrer in Ägypten ihre Hupen oft und ausgiebig: diese Geräuschkulisse hatte uns in unserer Wohnung an einer entsprechenden Hauptverkehrsader enorm gestört, aber voll Freude, einen eigenen Rückzugspunkt in Kairo gefunden zu haben, dachten wir am Anfang, dass der Lärm leicht zu ertragen wäre...

## II. 4. Fortbewegung

Für Mobilität sorgen in Kairo Taxis, Busse (*utūbīs*) und Kleinbusse (*minībās* und *mukrūbās*), das Wassertaxi (*markib*) sowie die Metro, deren Netz stetig ausgebaut wird.

Für europäische Verhältnisse sind alle Transportmittel ziemlich billig. Doch Fortbewegung in Kairo läuft häufig nicht ganz so problemlos ab, wie es in Industrieländern mittlerweile Standard zu sein scheint: zum einen herrscht

häufig Stau. Wenn man in weniger häufig frequentierten Gegenden unterwegs ist, kann es wiederum zu Auseinandersetzungen mit Taxi-Fahrern kommen. Sobald diese an die Grenzen ihrer Ortskenntnis stoßen - und das geschieht in einer Riesen-Metropole wie Kairo häufig -, fragen sie ganz natürlich die Fahrgäste oder Passanten, wie man denn bitte schön zu dem gewünschten Ziel gelange. Falls man sich nun dazu berufen fühlt, Taxis sowieso als das dekadente Fortbewegungsmittel der Ausländer und Oberschichtler abzulehnen, und daher konsequent Busse benutzen möchte, muss man wohl auf Arabisch- und *'āmmīya*-Kenntnisse zurückgreifen. Denn um sich angesichts fehlender Fahrpläne und Zeittafeln zurechtzufinden, wird man alle möglichen Leute fragen. Dabei lernt man wirklich eine ganze Menge. Das Problem bei Bussen ist, dass das Fahrtziel nur auf arabisch auf den Fahrzeugen steht. Das Erkennen der wichtigsten Haltestellen stellt das Auge des ungeübten Besuchers vor eine ziemliche Herausforderung. Bei den Kleinbussen schreien die Fahrer bzw. ihre Mitarbeiter das Ziel den potentiellen Gästen am Straßenrand zu. Neben Dialektkenntnissen benötigt man daher auch eine gewisse Orientierung.
Ich habe die Erfahrung gemacht, dass man am schnellsten mit der Metro zum Ziel kommt. Allerdings kann in den Stoßzeiten das Gedränge (*zaḥma*) schwer erträgliche Ausmaße annehmen. Frauen können sich überlegen, den ersten Wagen, der für das weibliche Geschlecht reserviert ist, in Anspruch zu nehmen. In den übrigen gemischten Waggons könnte frau durchaus „handgreiflich" belästigt werden. Neugierige Blicke und unter Umständen auch seltsames Gekicher oder Getuschel muss man im Frauenabteil jedoch auch manchmal in Kauf nehmen. Ägypterinnen finden es mitunter ungewöhnlich, wenn eine angeblich „reiche Europäerin" ein „Massenverkehrsmittel" benutzt.
Innerhalb Ägyptens kann man ganz gut die Bahn und die Überlandbusse nutzen. Zusätzlich kommen noch Inlandsflüge und in der Saison auch die Nilschiffe in Frage.

## II. 5. Kulturangebote

Bars, Pubs, Clubs und Discos etwa im Stil der Mittelmeerländer gibt es in gewissen reicheren Vierteln wie Zamalek oder Mohandesin. Aber fährt man dafür nach Kairo?

Informationen über das Kulturleben Kairos lassen sich am besten über die Wochenzeitung *Al-Ahram Weekly* beziehen. Die Mehrheit der Theaterstücke, Filme, laufenden Ausstellungen und wissenschaftlichen Vorträge werden darin

aufgeführt. Daneben gibt es noch die Möglichkeit, einen Blick in die *Cairo Today* oder das etwas teurere Monatsmagazin *Egypt Today* zu werfen.
Die Opernanlage auf der Nilinsel Gezira südlich von Zamalek lohnt sich für verschiedene Aktivitäten. Falls man kein großer Liebhaber klassischer Musik ist, kann man das Programm der kleinen Halle wahrnehmen, wo Jazz, Weltmusik und arabische Musik aufgeführt werden. Ende November wird dort ein Festival (*mahraǧān*) für arabische Musik abgehalten.
Die Kinos zeigen meist nur ägyptische Unterhaltungsprodukte und westliche Actionfilme. Anspruchsvollere ägyptische Filme gibt es in den Kulturinstituten zu sehen oder auf Videos.
Sobald es die Dialekt-Kenntnisse halbwegs erlauben, empfehle ich die kleineren Theater Kairos auszuprobieren. Dort werden interessante Stücke aufgeführt, die im Gegensatz zu den großen Produktionen des ägyptischen Star-Mimen Muḥammad Ṣubḥī nicht ausschließlich um lustige Unterhaltung bemüht sind. Man sollte ab und zu auch bei der AUC vorbeischauen, da dort mitunter sehenswerte Theaterstücke in englischer oder arabischer Sprache dargeboten werden - oft Produkte des Theater-Workshops der *American University*.
Man beachte besonders die kulturellen Aktivitäten während des Fastenmonats Ramadan. Im Bereich des *Mīdān al-Ḥusain* um die al-Azhar-Moschee werden Koranrezitationen, Sufi-Musik, Lesungen aus Tausendundeiner Nacht und Aufführungen anderer Art veranstaltet. Auch Theaterstücke kommen oft im *Bait Ḥarāwī* hinter der al-Azhar zur Präsentation. Außerdem bieten die verschiedenen Kulturinstitute manchmal spezielle Ramadan-Programme an. Empfehlen kann ich besonders das *Instituto Cervantes*, das *Goethe-Institut*, den *British Council* und das *Centre Culturel Français*.
Ende des Jahres findet zudem in Kairo ein internationales Film-Festival statt, in dem unzensierte Filme aus aller Welt zu sehen sind. Das lohnt sich wirklich. Allerdings wird dieses Festival fast nur von ägyptischen Männern oder Ausländern frequentiert. Die Tatsache, dass die Filme unzensiert gezeigt werden, verleiht ihm die Aura des Anrüchigen, was wiederum bedeutet, dass viele ägyptische Frauen das Festival für *'ib* (Schande / etwas, das man eben nicht tut) halten und nicht hingehen (dürfen).
Eine in meinen Augen noch größere Attraktion stellt die Buchmesse dar, die Ende Januar in Kairo stattfindet. Dort erhält man praktisch alles, was man sucht, aber für weniger Geld als den Rest des Jahres über. Leider lässt die Organisation der Hallen zu wünschen übrig, und man kann oft von Glück sagen, das gesuchte Buch wirklich zu finden.
Internet gab es 1998/99 für Studierende nur in Internetcafés, nicht aber in der Universität (mit Ausnahme der AUC).

## II. 6. Vorbereitung der Reise

Ein Visum ist derzeit (Sommer 2002) für Deutsche nicht vorgeschrieben. Doch kann sich das wieder ändern. 1998 war es noch nötig. Da in unserem Fall die Beantragung eines Studentenvisums in Kairo aus unbekannten Gründen scheiterte, kann ich darüber nicht informieren. Die Beschaffung eines Touristenvisums (max. 2 Monate) läuft grundsätzlich über zwei Wege: a) in Deutschland: über Generalkonsulat oder Botschaft, entweder per Post (halbe Woche) oder persönlich (ein paar Stunden); oder b) in Ägypten: am Flughafen Kairo kann man vor dem Zoll das Visum kaufen. Ein Sichtvermerk aus Israel im Pass stellt kein Problem dar.

Was man noch beachten sollte: in Ägypten kommen einige Krankheiten (z.B. Hepatitis A und B, regional auch Polio u. Malaria) vor, mit denen man in Deutschland nicht rechnet. Daher sollte man sich rechtzeitig (am besten schon ein halbes Jahr vor Antritt der Reise) beim Hausarzt informieren, denn manche Impfungen erfordern bestimmte Zeitabstände. Das Leitungswasser in Kairo wird gechlort und gilt als trinkbar. Andererseits meinen manche, dass schadhafte Rohre die Qualität wieder mindern. Fertiggerichte von der Straße stellten für niemanden aus unserem Kurs ein Problem dar. Doch sollte man Essensstände, die völlig ungeschützt das Fleisch aushängen oder direkt an einer Hauptstraße liegen, eher meiden. In jedem Fall lohnt es sich, die Dinge langsam anzugehen!
Bezüglich der Reiseapotheke kann man davon ausgehen, dass ägyptische Apotheken (*ṣaidalīya* oder *aǧzaḫāna*) recht gut ausgestattet sind und die Pharmazeuten in der Regel auf Englisch ausgebildet wurden, so dass sich das Sprachproblem entschärft.

## *III. Fazit: Warum sollte man sich Kairo aussetzen?*

Insgesamt ist Kairo eine faszinierende Stadt: man wird Menschen aus allen Schichten und mit den verschiedensten Lebensstilen kennenlernen und ein Gefühl für die Spannungen, Ungleichzeitigkeiten und Konflikte, aber auch für die Dynamik Ägyptens entwickeln. Vielleicht erhält man auch ein neues Verständnis für die Probleme und Herausforderungen, vor denen viele Entwicklungs- und Schwellenländer stehen.
Modernisierung, Säkularisierung und Individualisierung sind Prozesse, die heute eigentlich alle Ägypter mehr oder weniger stark betreffen. Dazu kommen die Probleme der Großstadt, der Wirtschaftslage und besonders des Arbeitsmarktes. Frauen und Männer v.a. der neu in die Hauptstadt zugewanderten Familien

stehen zwischen dem traditionellen Wertesystem und seinen Rollenbildern einerseits und den Anforderungen bzw. Möglichkeiten der Großstadt andererseits. Die Reaktionen auf all diese Vorgänge, die Versuche sowohl der Erschließung neuer Handlungsoptionen als auch der Gewährleistung von Stabilität fallen freilich bei jedem Einzelnen ganz unterschiedlich aus.
Der politische Diskurs und das Kulturleben sind von staatlicher Zensur, aber auch vom Einflussanspruch traditionell religiöser Kreise und islamistischer Bewegungen geprägt. Mit all dem setzen sich die ägyptischen Intellektuellen unermüdlich auseinander. Das Spektrum der Haltungen und Einstellungen in der Bevölkerung ist wohlgemerkt sehr vielfältig. Zwischen enormer Kritikfähigkeit einerseits und seltsam anmutender Hierarchie-Gläubigkeit andererseits wird man auf eine verblüffende Mischung von Meinungen und Lebenskonzepten treffen. Ich habe in Ägypten in erster Linie Individuen kennengelernt, die mir gezeigt haben, dass es das „ägyptische Volk“ oder „die Mentalität“ der Ägypter nicht gibt.

## *IV. Nützliche Adressen:*[1]

### IV. 1. Freizeit und Kultur

Kulturinstitute:
AUC (Ecke Midan at-Tahrir / Sh. Mohammed Mahmoud); *British Council* (192, Sh. An-Nil, 'Agouza); *Centre Culturel Français* (1, Madrasat al-Huquq al-Faransiyya, al-Mounira); *Goethe Institut* (s.u.); *Instituto Cervantes* (20, Sh. Boulos Hanna, Doqqi); *Istituto Italiano* (8, Sh. Al-Sheikh al-Marsafi, Zamalek); *Niederländisches Kulturinstitut für Archäologie und arabische Studien* (1, Sh. Mahmoud 'Azmi, Zamalek); *Russisches Kulturinstitut* (127, Sh. At-Tahrir, Doqqi)

Theater und Oper:
Das Opernhaus/*al-Ūbrā* (auf der Gezira südlich von Zamalek); *Masraḥ Radio* (Sh. Tala'at Harb, Innenstadt); etwas avantgardistischere Stücke sieht man im *Masraḥ at-Ṭalī'a* (Midan al-'Ataba, Innenstadt) oder in *al-Masraḥ al-Qawmī / National Theatre* (Midan al-'Ataba).

---

[1] Die Adressangaben im Anhang erfolgen größtenteils in der jeweils gebräulichsten latinisierten Schreibweise und somit nicht in wissenschaftlicher Umschrift.

Buchgeschäfte:
*The AUC Bookshop* (im Hill House der AUC, am besten via Eingang Sh. Mohammed Mahmoud); ein breites Sortiment an Wörterbüchern aller Art, aber auch arabische Literatur findet man bei *Madbouli* (Midan Tala'at Harb, Innenstadt) oder *Dar ash-Shurouq* (gegenüber); deutsche Bücher, Wörterbücher, Sprachlehren und schöne Postkarten gibt es bei *Lehnert und Landrock* (Sh. Sharif); französische Bücher bietet *Les Livres de France* (Sh. Qasr an-Nil); *L'Orientaliste* (Sh. Qasr an-Nil) ist ein Antiquariat.

Bibliotheken:
*Library of the AUC* (22, Sh. Sheikh Rihan, Bab al-Louk); *Präsenzbibliothek des Deutschen Archäologischen Instituts* (31, Sh. Abu al-Feda, Zamalek); *Dār al-Kutub* (Corniche an-Nil); *Mubarak Library* (Nähe Institut in Richtung Kubri al-Gala').

## IV. 2. Kontaktadressen für Sprachkurse und Praktika in Ägypten

*1) Kontakte für Sprachkursprogramm des DAAD „Arabisch in Kairo“:*

**Deutscher Akademischer Austauschdienst (DAAD)**
Kennedyallee 50
53175 Bonn
Postfach 200404
53134 Bonn
Tel.: 0228-882-0; Fax: 0228-882416

Aktuelle Informationen über die Stipendienprogramme bietet die Homepage des DAAD ...

*2) Weitere Sprachkurse in Ägypten:*

**The American University in Cairo (AUC)**
113, Sh. Qasr Al-Ayni oder
28, Falaki St., Bab el Louk
Arabic Language Institute of the AUC
P.O. Box 2511
Tel.: 00202-3542964; Fax: 00202-3557565
Cairo

**Ayn Shams University**
Al Alsun Faculty
Dept. of Arabic Studies
Kairo-Heliopolis

**British Council**
192, Sh. El Nil
Agouza, Kairo
Tel.: 00202-3448445; Fax: 00202-3443076

**Egyptian Centre for International Cooperation**
11, Sh. Shagaret El Dorr
Zamalek, Kairo

**University of Alexandria**
Faculty of Arts
Centre for Teaching Arabic as a Foreign Language
Chatby
Alexandria

Informationen über Arabischsprachkurse in Deutschland und anderen arabischen Ländern bietet auch die Homepage des DAAD ...

*3) Diplomatische Vertretungen:*

**German Embassy in Cairo**
8, Hassan Sabri St.
Zamalek , Kairo
Tel.: 0202-739 96 00; Fax: 0202-736 05 30
E-Mail: germem@gega.net

**Generalkonsulat der Arabischen Republik Ägypten**
Eyssenecksstr.34
60322 Frankfurt/Main

*4) Weitere deutsche Einrichtungen in Ägypten:*

**German Academic Exchange Service (DAAD)**
11, Sh. Saleh Ayoub (Ecke Sh. 26 July)
Zamalek , Kairo

Tel.: 00202-735 27 26; Fax: 00202-737 07 22
E-Mail:daadkairo@link.com.eg

**German University in Cairo**
Dependenz der Universitäten Stuttgart und Ulm
Studiengänge: Ingenieurs- u. Medienwissenschaften
Abschlüsse gleichwertig mit deutschen Abschlüssen
Eröffnung der Universität: demnächst (...in šā' Allāh...)

Nähere Informationen im Internet ...

**Goethe-Institut Kairo**
Bibliothek, Programmabteilung und Verwaltung:
5, Sh Bustan
Tel: 00202-5759877; Fax.: 00202-5771140
Sprachabt.:
13, Hussein Wassef
Messaha,
Tel: 00202-7484500, 7484501; Fax: 00202-3354702

**Goethe-Institut Alexandria**
10, Rue de Ptolémées
Azarita, Alexandria
Tel: 00203-4879870; Fax: 00203-4874852

**Deutsch-Arabische Handelskammer**
3, Abo El Feda Str.
Zamalek, Kairo
Tel.: 00202-736 36 62-4; Fax: 00202-736 36 63
E-Mail: media@ahk-mena.com

**Deutsche Gesellschaft für Technische Zusammenarbeit (GTZ)**
4d El Gezira Str.
Zamalek, Kairo
Tel.: 00202-735 97 50; Fax: 00202-738 29 81
E-Mail: GTZ-Aegypten@eg.gtz.de

**Deutsches Archäologisches Institut DAI**
31, Abo El Feda Str.
Zamalek, Kairo

Tel.: 00202-735 14 60, 735 23 21; Fax: 00202-737 07 70
E-Mail: daik@soficom.com.eg

## *V. Bücher*

### V. 1. Sprache: ägyptischer Dialekt

Hans-Hermann Elsässer: *Sprachführer Ägyptisch-Arabisch*, Leipzig, 1989, Hg.: Wolfgang Reuschel u. Günther Krahl (recht nützlich, wenn man sich für die Unterschiede im Vergleich zum Hocharabischen interessiert; deckt relativ viele Alltagssituationen ab).
Abbas El-Tonsi: *Egyptian Colloquial Arabic. A Structure Review*, 2 Bd., 1992 (erhältlich zusammen mit anderen Nachschlagewerken zur Grammatik des Kairoer Dialekts im Buchgeschäft der AUC).
Manfred Woidich: *Ahlan wa Sahlan. Eine Einführung in die Kairoer Umgangssprache*, Wiesbaden, 1990 (Die Standardeinführung!).

### V. 2. Orientierung

*Cairo A-Z. The Complete Cairo Streetfinder*. (Das beste Mittel, um auch kleine Straßen und Plätze innerhalb Kairos, Giza, Heliopolis und Medinat Nasr ausfindig zu machen; enthält neben sehr detaillierten Karten der Stadt, einen Metroplan, ein sehr gutes Straßenregister sowie einen Index, in dem man wichtige Adressen von Notdienst, Banken, Botschaften bis zu Restaurants, Museen, Fluggesellschaften usw. zur Hand hat)
*Falk-Plan: Kairo* (führt nur den Kern Kairos auf, z.B. ist Mohandesin nicht ganz eingezeichnet).
Stadtpläne aller Art erhält man im *AUC Bookshop*, bei *Lehnert und Landrock* sowie den meisten größeren Buchgeschäften. Touristische Kartenwerke bieten auch die Buchläden der größeren Hotels an.

### V. 3. Kultur und Reise

*Lonely Planet: Egypt* (auf praktische Aspekte der Individualreise konzentriert, großes Kapitel über Kairo)
*Tondok Ägypten* (Betonung der kulturellen und künstlerischen Perspektive).
*Dumont Kunstführer Ägypten und Sinai* (das Standardwerk für alle archäologisch und kunsthistorisch Interessierten).

Man kann jedoch auch in Kairo (z.B. AUC Bookshop) selbst weiterführende Literatur über einzelne Aspekte erhalten, z.B.
Gawdat Gabra: *Cairo: the Coptic Museum and Old Churches*, Kairo: 1993, und *A Short Introduction to Islamic Monuments in Cairo*.

**LEIPZIGER BEITRÄGE ZUR ORIENTFORSCHUNG**

Herausgegeben von Hans-Georg Ebert
Begründet von Günter Barthel

Band 1 Lutz Knörnschild: Zur Geschichte der Nilwassernutzung in der ägyptischen Landwirtschaft von den Anfängen bis zur Gegenwart. 1993.

Band 2 Henner Fürtig / Rolf Müller-Syring (Hrsg.): Ursachen gewaltförmiger Konflikte in der Golfregion. Internationale und zwischenstaatliche Faktoren. 1993.

Band 3 Ingelore Goldmann (Hrsg.): Beiträge zur Fachdidaktik Arabisch. Didaktische und methodische Probleme des modernen Arabischunterrrichts. 1993.

Band 4 Roland Kühnel: Die sprachliche Situation an Hochschulen des Maghreb und die offizielle Sprachpolitik – Eine soziolinguistische Untersuchung. 1995.

Band 5 Henk Knaupe / Ulrich G. Wurzel: Aufbruch in der Wüste. Die Neuen Städte in Ägypten. 1995.

Band 6 Wolfgang Reuschel: Aspekt und Tempus in der Sprache des Korans. 1996.

Band 7 Hans-Georg Ebert: Das Personalstatut arabischer Länder. Problemfelder, Methoden, Perspektiven. Ein Beitrag zum Diskurs über Theorie und Praxis des Islamischen Rechts. 1996.

Band 8 Uwe Pfullmann: Politische Strategien Ibn Sa$^{c}$ūds beim Aufbau des dritten saudischen Staates. Eine historische Studie unter besonderer Berücksichtigung deutschen Archivmaterials. 1996.

Band 9 Hans-Georg Ebert (Hrsg.): Beiträge zum Islamischen Recht. 2000.

Band 10 Anja Wünsch: Innenansichten ökonomischer Restrukturierung. Wirkungen und Wirksamkeit der Strukturanpassung in Jordanien, 1989-1999. 2001.

Band 11 Thoralf Hanstein: Islamisches Recht und Nationales Recht. Teil 1 und 2. Eine Untersuchung zum Einfluß des Islamischen Rechts auf die Entwicklung des modernen Familienrechts am Beispiel Indonesiens. 2002.

Band 12 Hans-Georg Ebert / Thoralf Hanstein (Hrsg.): Beiträge zum Islamischen Recht II. 2003.

Thoralf Hanstein

# Islamisches Recht und Nationales Recht Teil 1 / Teil 2

**Eine Untersuchung zum Einfluß des Islamischen Rechts auf die Entwicklung des modernen Familienrechts am Beispiel Indonesiens**

Frankfurt/M., Berlin, Bern, Bruxelles, New York, Oxford, Wien, 2002.
Teil 1: 693 S.,Teil 2: 965 S., Schuber, 8 Abb., zahlr. Tab.
Leipziger Beiträge zur Orientforschung.
Herausgegeben von Hans-Georg Ebert. Bd. 11
ISBN 3-631-39281-8 · br. € 98.–*

Die Einflußnahme des Islamischen Rechts auf die Entwicklung des modernen Familienrechts in der arabischen Welt war schon wiederholt Thema von umfangreichen Studien. Dieses Werk behandelt nun die Implementierung des Islamischen Rechts in das Nationale Recht der Republik Indonesien.
In komperativer Form wird nicht nur die chronologische Entwicklung der Ehegesetzgebung Indonesiens detailliert dargestellt, sondern durch Quellenedition und Aufnahme der wichtigsten Gesetzestexte und Dokumente in Band II wird auch die Möglichkeit für weitergehende Studien gegeben. Die wichtigsten Gesetze wurden z.T. erstmals ins Deutsche übertragen. Alle Dokumente wurden auf einer CD-ROM digitalisiert, die u.a. eine Volltextsuche und einen direkten Textvergleich auf geteiltem Bildschirm ermöglicht.

*Aus dem Inhalt*: Islamisches und Nationales Recht in Indonesien · Das Verhältnis von Staat und Islam · Chronologie der Ehegesetzgebung · Das Ehegesetz Nr. 1/1974 · Das Gesetz zur Religiösen Gerichtsbarkeit Nr. 7/1989 · Die Kompilasi Hukum Islam von 1991

Frankfurt/M · Berlin · Bern · Bruxelles · New York · Oxford · Wien
Auslieferung: Verlag Peter Lang AG
Moosstr. 1, CH-2542 Pieterlen
Telefax 00 41 (0) 32 / 376 17 27

*inklusive der in Deutschland gültigen Mehrwertsteuer
Preisänderungen vorbehalten

**Homepage http://www.peterlang.de**

FSC
www.fsc.org
MIX
Papier | Fördert
gute Waldnutzung
FSC® C083411

Kolibri 360 GmbH
Ferdinand-Jühlke-Straße 7
99095 Erfurt, Deutschland
produktsicherheit@kolibri360.de

Druck:
CPI Druckdienstleistungen GmbH
im Auftrag der
Kolibri 360 GmbH
Ferdinand-Jühlke-Str. 7
99095 Erfurt